Susanne Fengler · Bettina Vestring

Politikjournalismus

Kompaktwissen Journalismus

Herausgegeben von
Susanne Fengler und Sonja Kretzschmar

Eine neue Reihe – ein neues Konzept: Wissenschaftler und Praktiker schreiben gemeinsam Lehrbücher für die neue Journalistengeneration. Für jeden Band zeichnen mindestens zwei Autoren verantwortlich: Kommunikationswissenschaftler stellen praxisrelevante Forschungsergebnisse vor, erfahrene Journalisten geben Einblick in die Arbeitsweise ihrer Ressorts. Gemeinsam analysieren sie, welchen Herausforderungen sich Journalisten künftig stellen müssen.

Kompakt, verständlich und aktuell führen die Lehrbücher in die verschiedenen Arbeitsbereiche des Journalismus ein. Zielgruppe sind Wissenschaft und Praxis: Studierende und ihre Dozenten an Universitäten, Fachhochschulen und Journalistenschulen, Einsteiger in den Beruf des Journalisten – aber auch gestandene Praktiker mit Lust am Nach- und Querdenken.

Die Herausgeberinnen:

Prof. Dr. Susanne Fengler: Studium der Publizistik- und Kommunikationswissenschaft an der Freien Universität Berlin sowie an der Columbia University, New York. Freie Journalistin bei Zeitung und Radio. Wissenschaftliche Mitarbeiterin am Journalisten-Kolleg der Freien Universität Berlin/Europäische Journalisten-Fellowships, 2001 Promotion über Medienjournalismus in den USA. Berufstätigkeit in der Politischen Kommunikation. Oberassistentin am Institut für Publizistikwissenschaft und Medienforschung (IPMZ) der Universität Zürich. Seit 2008 Professorin für Internationalen Journalismus am Institut für Journalistik der Technischen Universität Dortmund und Wissenschaftliche Leiterin des Erich-Brost-Instituts für Journalismus in Europa.

Dr. Sonja Kretzschmar: Studium der Journalistik und Politikwissenschaft in Dortmund und Edinburgh, Volontariat bei der „Berliner Zeitung", anschließend freie Journalistin bei Print-, Online- und elektronischen Medien. Promotion 2001 am Institut für Journalistik der Universität Dortmund, 2001-2004 Redakteurin bei den Tagesthemen. Wissenschaftliche Mitarbeiterin an den Universitäten Erfurt und Münster, Hochschuldozentur an der Universität Leipzig. Lehraufträge an den Universitäten München und Dortmund, Gast-Stipendium für die „Annenberg School of Journalism" der University of Southern California (USC). Seit 2006 Arbeit an der Habilitation zum Thema „Journalismus und Mobilkommunikation" am Institut für Kommunikationswissenschaft der Westfälischen Wihelms-Universität Münster.

Susanne Fengler
Bettina Vestring

Politik-
journalismus

VS VERLAG FÜR SOZIALWISSENSCHAFTEN

Bibliografische Information der Deutschen Nationalbibliothek
Die Deutsche Nationalbibliothek verzeichnet diese Publikation in der
Deutschen Nationalbibliografie; detaillierte bibliografische Daten sind im Internet über
<http://dnb.d-nb.de> abrufbar.

1. Auflage 2009

Alle Rechte vorbehalten
© VS Verlag für Sozialwissenschaften | GWV Fachverlage GmbH, Wiesbaden 2009

Lektorat: Barbara Emig-Roller

VS Verlag für Sozialwissenschaften ist Teil der Fachverlagsgruppe
Springer Science+Business Media.
www.vs-verlag.de

Das Werk einschließlich aller seiner Teile ist urheberrechtlich geschützt. Jede Verwertung außerhalb der engen Grenzen des Urheberrechtsgesetzes ist ohne Zustimmung des Verlags unzulässig und strafbar. Das gilt insbesondere für Vervielfältigungen, Übersetzungen, Mikroverfilmungen und die Einspeicherung und Verarbeitung in elektronischen Systemen.

Die Wiedergabe von Gebrauchsnamen, Handelsnamen, Warenbezeichnungen usw. in diesem Werk berechtigt auch ohne besondere Kennzeichnung nicht zu der Annahme, dass solche Namen im Sinne der Warenzeichen- und Markenschutz-Gesetzgebung als frei zu betrachten wären und daher von jedermann benutzt werden dürften.

Umschlaggestaltung: KünkelLopka Medienentwicklung, Heidelberg
Satz: Anke Vogel, Ober-Olm
Druck und buchbinderische Verarbeitung: Krips b.v., Meppel
Gedruckt auf säurefreiem und chlorfrei gebleichtem Papier
Printed in the Netherlands

ISBN 978-3-531-15403-9

Inhalt

Vorwort von Uwe Vorkötter 11
Vorwort von Susanne Fengler und Bettina Vestring 15

Kapitel 1: Politikjournalisten und Politiker

Sichtweisen der Praxis 17
    Gespräch am Schiefen Turm: Abstand und Nähe im
    Politikjournalismus 18
    Tauschgeschäfte zwischen Journalisten und Politikern 20
    Kontakte machen – Kontakte pflegen 22
    „Gelbe Karte" für Eingeweihte: Die Hintergrundkreise 24
    Wie wird man Politikjournalist? 27
    Weiterführende Literatur 28

Perspektiven der Forschung 29
    Information, Kritik, Kontrolle: Aufgaben des Politikjournalismus 30
    Werden die Medien immer einflussreicher? Die These von der
    „Mediatisierung" der Politik 32
    Weiterführende Literatur 37

Kapitel 2: Quellen des Politikjournalismus

Sichtweisen der Praxis 38
    Pressesprecher: Vom Umgang mit den Vermarktungs-Profis 40
    Kommunikationsagenturen: Von harmlos bis bedenklich 44
    Anonyme Quellen: Man achte auf das Motiv 47
    Verbände: Keine objektiven Quellen – aber trotzdem nützlich 49
    Die Nachrichtenagenturen: Unverzichtbare Dienstleister 51
    Weiterführende Literatur 53

Perspektiven der Forschung 54
   Steuert die PR den Journalismus? Die Determinations-Hypothese .. 55
   PR muss sich nach den Spielregeln der Medien richten 56
   PR und Journalismus im „Marktmodell" 56
   Weiterführende Literatur 59

Kapitel 3: Agenda und Akteure des Politikjournalismus
Sichtweisen der Praxis 60
   Planung im Politikressort: Wie steuern Redaktionen die
   Berichterstattung? 62
   Berichterstattung aus der Hauptstadt: Gefragt sind Spezialisten 64
   Berichterstattung aus der Hauptstadt: Die Termine 66
   Berichterstattung aus den Ländern und Kommunen:
   Mehr Bürgernähe auch für die Medien 69
   Berichterstattung aus Brüssel und dem Ausland:
   Erklären, erklären, erklären 71
   Weiterführende Literatur 75

Perspektiven der Forschung 76
   Innenpolitik beherrscht die Schlagzeilen 77
   Im Mittelpunkt steht der Kanzler oder die Kanzlerin:
   Der Amtsbonus in der Politikberichterstattung 78
   Nachrichtenwerte steuern die Berichterstattung:
   Selektionskriterien der Journalisten 78
   Sind die Politikjournalisten schuld an der Politikverdrossenheit? 80
   Weiterführende Literatur 83

Kapitel 4: Medien der Politikberichterstattung
Sichtweisen der Praxis 84
   Leitmedien oder: Wer ist wichtig in der Medienwelt 85
   Die Agenturen: Das Medium der Medien 87
   Zitiert werden: Ein neue Zielvorgabe für Journalisten 88
   Spiegel Online: Neues Leitmedium? 89
   Weiterführende Literatur 91

Inhaltsverzeichnis

Perspektiven der Forschung 92
   Medienangebot im Wandel: Harte Konkurrenz um die
   Aufmerksamkeit des Publikums 93
   Rechts, Links, Mitte: Leitmedien und ihre redaktionellen Linien 94
   Yahoo! und T-Online: Neue Konkurrenz im digitalen Zeitalter? 96
   Mehr Partizipation in der „E-Democracy"? 97
   Weiterführende Literatur 100

Kapitel 5: Darstellungsformen im Politikjournalismus

Sichtweisen der Praxis 101
   Täglich Brot des Politikredakteurs: Die Nachricht 102
   Meist noch kräftig nachbearbeitet: Das Interview 105
   Politik in der Nahaufnahme: Reportage und Porträt 110
   Mit oder ohne Blattlinie: Der Kommentar 112
   Weiterführende Literatur 116

Perspektiven der Forschung 117
   Politisches auf dem Rückzug? Politikjournalismus im Wandel 118
   Wird der Politikjournalismus „bunter" und oberflächlicher? 120
   Vom Beobachter zum Selbstdarsteller? 122
   Weiterführende Literatur 123

Kapitel 6: Parteien und Parteilichkeit als Herausforderung für den Politikjournalismus

Sichtweisen der Praxis 124
   Abstand halten: Kardinaltugend im Politikjournalismus 125
   Kein Rederecht für die NPD? Vom schwierigen Umgang mit
   extremistischen Parteien 127
   Weiterführende Literatur 128

Perspektiven der Forschung 129
   Grün bevorzugt? Politische Sympathien der Journalisten in
   Deutschland 130
   Nach angelsächsischem Vorbild? Rollenverständnis deutscher
   Journalisten im Wandel 133

Unparteilichkeit als Ideal: Ein Rückblick in die
Journalismusgeschichte 135
Weiterführende Literatur 137

Kapitel 7: Recherche im Politikjournalismus

Sichtweisen der Praxis 138
   Von der Idee zum Beitrag: Strategien für die Recherche 140
   Hände weg von E-Mail-Interviews: Quellen und Recherche
   im Internet 143
   Weiterführende Literatur 145

Perspektiven der Forschung 146
   Journalistenberuf im Wandel: Immer weniger Zeit für
   Recherche 147
   „Wetten, dass..?" und „Lindenstraße": Konkurrenz für den
   Politikjournalismus? 151
   Online-Journalismus: Keine Zeit für Recherchen? 152
   Weiterführende Literatur 154

Kapitel 8: Politikjournalisten und ihr Publikum

Sichtweisen der Praxis 155
   Dem Publikum auf der Spur: Nutzerforschung
   im Politikjournalismus 156
   Neue Möglichkeiten der Publikumsbindung: Politikjournalisten
   im Internet 158
   Weiterführende Literatur 159

Perspektiven der Forschung 160
   Wie mächtig sind die Medien? Politikjournalisten und das
   (wählende) Publikum 161
   „TV-Duelle" als Beispiel für Medienwirkungsforschung 163
   Der Wähler im Visier des Politikjournalismus: Medien und
   Demoskopie 167
   Weiterführende Literatur 169

Kapitel 9: Verantwortung im Politikjournalismus

Sichtweisen der Praxis 170
    Rechte und Pflichten von Journalisten 171
    Echte und falsche Kampagnen im Politikressort 172
    Die Kanzlerin am Pool: Ethische Grenzen der Berichterstattung 173
    Weiterführende Literatur 176

Perspektiven der Forschung 177
    Verantwortung in der Politik – Verantwortung im Journalismus 178
    Gestufte Verantwortung für Missstände in den Medien 180
    „Auch Journalisten können gelegentlich irren":
    Qualitätssicherung im Politikjournalismus 182
    Weiterführende Literatur 184

Nachwort 185

Literaturverzeichnis 187

Links 194

Register 195

Vorwort
Uwe Vorkötter

Angeblich interessieren sich die Menschen nicht mehr für Politik. Journalisten berichten vorzugsweise über die Verdrossenheit der Bürger an der Politik. Essays werden geschrieben über die schwindende Bedeutung der Res Publica und den Rückzug der Menschen ins Private. Politik, das ist offenbar zusehends eine Angelegenheit älterer Herren, die aus dem vergangenen Jahrhundert übrig geblieben sind. Zeitungen, Zeitschriften, Radio- und Fernsehprogramme müssen jünger und weiblicher werden – so reden wir Chefredakteure und Medienmanager unisono. Jünger und weiblicher, das heißt vermutlich auch: weniger politisch.

Politischer Journalismus scheint unter diesen Umständen keine sonderlich attraktive Berufsperspektive zu sein. Wer bucht schon gern die Fahrt auf dem untergehenden Schiff? Aber, so seltsam es auch scheint: Die Fahrt ist nicht nur ausgebucht, sondern vielfach überbucht. Praktikanten, Volontäre, Journalistik-Studenten drängt es gerade ins Politik-Ressort. Ein Job im Berliner Regierungsviertel gehört zu den attraktivsten Aufgaben, die Redaktionen zu vergeben haben. Und obwohl jede Art der Leserforschung darauf hindeutet, dass das Interesse des Publikums an politischen Vorgängen im Ausland erst recht gering ist, hat kein Medium je ein Problem damit gehabt, einen Korrespondentenposten in Brüssel, Washington oder Moskau zu besetzen.

Ist das ein Widerspruch? Nicht wirklich. Es gibt zwar Landtagswahlen, bei denen fast die Hälfte der Wahlberechtigten gar nicht erst von ihrem Stimmrecht Gebrauch macht. Es gibt Bundestagssitzungen, die interessieren nicht einmal die Abgeordneten, geschweige denn ihre Wähler. Es gibt politische Themen, die beim besten Willen keinem breiten Publikum zu vermitteln sind. Es gibt eine Art der institutionellen Politik-Berichterstattung über das Innenleben von Parteien und Fraktionen, die das Publikum nicht fesselt, sondern langweilt. Aber all das ist bestenfalls die halbe Wahrheit.

Die andere Hälfte der Wahrheit lautet: Politik interessiert. Jedenfalls dann, wenn das Ergebnis für die Bürger relevant ist. Zum Beispiel wenn es um Erziehungsgeld und Krippenplätze und Vätermonate geht, wenn die Steuern erhöht oder gesenkt werden, wenn das Soziale in Konflikt mit der Ökonomie gerät. Politik interessiert, wenn Journalisten sie transparent machen, wenn Hintergründe ausgeleuchtet werden, wenn aufgedeckt wird, was offizielle Stellen lieber unter den Teppich kehren wollen. Auch Politiker sind interessant. Wenn sie aufsteigen oder zurücktreten, wenn sie Position beziehen und Klartext reden. Oder wenn sie in ihrem privaten Leben erleben, was Leser, Hörer und Zuschauer selbst erleben: Liebe, Glück, Trennung... Keine Angst vor der Homestory – Politik ist eine öffentliche Angelegenheit, Politiker sind öffentliche Personen.

Journalisten, die über Politik und Politiker schreiben, werden folglich auch künftig gebraucht. Das Berufsbild des Politik-Journalisten wird sich allerdings wandeln. Vor allem wird es differenzierter werden. Es wird den Rechercheur geben, der die harte, auch investigative Geschichte schreibt, die in deutschen Medien noch immer die Ausnahme ist. Es wird den Flaneur geben, der das sensible Porträt, die große Parteitags-Reportage schreibt. Außerdem den Kommentator und Analytiker, möglicherweise den Interview-Spezialisten. Und in der Zentralredaktion natürlich den versierten Blattmacher, der als Generalist die Themen bewertet, ordnet, ins Blatt oder auf Sendung bringt. Und den Video-Journalisten, der die Politik für die Online-Medien aufbereitet, mit einfachen technischen Mittel, aber als Profi seines Fachs. Der traditionelle Berliner, eigentlich noch aus Bonner Zeiten übrig gebliebene Korrespondent, der alles und jedes macht, solange es sich nur im Regierungsviertel der Hauptstadt abspielt, wird dagegen an Bedeutung verlieren. Keiner kann alles, erst recht nicht mehr in einer immer stärker fragmentierten Medienwelt.

Susanne Fengler und Bettina Vestring beschreiben auf den folgenden Seiten ausführlich und aus intimer Kenntnis der politischen wie der journalistischen Szenerie, wie sich Arbeitsweisen des Politik-Journalisten ändern. Wer als Nachwuchs-Reporter dieses Terrain besetzen will, muss diese Entwicklungen kennen – und sich darauf einlassen. Politischer Journalismus war schon immer anders als das Proseminar für Politische Wissenschaft, aber die Unterschiede zwischen dem akademischen und dem medialen Ansatz waren nie größer als heute. Ein Politik-Studium muss deshalb keine schlechte Voraussetzung für den Einstieg in diesen Beruf sein, aber die entscheidende ist es nicht. Ebenso wenig wie das persönliche politische Engagement, sei es für die Jugendorganisation einer der großen Parteien, sei es in einer Nicht-Regierungs-Organisation – politische Journalismus braucht den kühlen Kopf, nicht das heiße Herz für die Sache. Wer die Politik gestalten will, soll Politiker werden. Oder PR-Berater. Journalisten sind dazu da, sie zu beschreiben. Und zu analysieren. Und zu kommentieren.

Wer ein Faible dafür hat, wer das journalistische Handwerk beherrscht, wer sich durch die Nähe zur Macht nicht korrumpieren lässt, der wird künftig gute Chancen im politischen Journalismus haben. Der Bedarf ist da. Denn die Politik bleibt das Herzstück von Zeitungen und Magazinen, sie wird auch künftig im Zentrum der Informationsangebote der elektronischen Medien stehen, und sie hat ihren festen Platz in den Online-Angeboten der Medien längst erobert. Aller tatsächlichen oder vermeintlichen Verdrossenheit der Bürger zum Trotz.

Dr. Uwe Vorkötter
Chefredakteur Frankfurter Rundschau

Vorwort
Susanne Fengler und Bettina Vestring

Das vorliegende Buch richtet sich an alle Leser, die sich dafür interessieren, nach welchen Spielregeln Politikjournalismus funktioniert. Berufseinsteiger, Volontäre und Studierende will dieser Band vorbereiten auf die Arbeit im Politikressort: Was muss man heute als angehender Politikjournalist über den Umgang mit Politikern und über Quellen und Recherche im politischen Milieu wissen? Welche Medien spielen eine besondere Rolle für die Politikberichterstattung, welche Darstellungsformen eignen sich – und wie ist es um die Verantwortung von Politikjournalisten gegenüber ihrem Publikum bestellt? Zugleich wendet sich das Buch aber auch an interessierte Beobachter des Politikbetriebs und an erfahrene Journalisten, die sich kritisch mit der eigenen Berufspraxis und mit aktuellen wissenschaftlichen Studien auseinandersetzen möchten.

Ziel dieses Buches ist es, Praxiswissen und Forschungsergebnisse zum Politikjournalismus miteinander zu verknüpfen. Neun Kapitel führen in zentrale Themenfelder der Politikberichterstattung ein. Die Fragestellungen dieses Buches haben sich für Bettina Vestring nicht zuletzt aus der Erfahrung als Volontärsausbilderin bei der *Berliner Zeitung* und für Susanne Fengler aus der Diskussion mit Studierenden sowie aus mehrjähriger Berufstätigkeit in der Politischen Kommunikation ergeben.

Jedem Themenfeld nähern wir uns zum einen aus praktischer, zum anderen aus kommunikationswissenschaftlicher Perspektive. Auf diese Weise wollen wir Strategien für die Politikberichterstattung ebenso vermitteln wie Hintergrundwissen zur Aufgabe von Politikjournalisten in einer demokratischen Gesellschaft unter den verschärften journalistischen wie politischen Wettbewerbsbedingungen der „Berliner Republik", wie wir sie in unserer Berufspraxis in politischen Redaktionen und politischen Organisationen erlebt haben.

Zu den wissenschaftlichen Ausführungen ist anzumerken, dass hier aus Platzgründen aus der Fülle der vorliegenden Forschungsergebnisse zur Politikberichterstattung sowie zur Politischen Kommunikation nur ein kleiner Ausschnitt vorgestellt werden kann. Ausgewählt wurden daher wichtige theoretische Ansätze und insbesondere aktuelle Forschungsdaten zum Politikjournalismus im deutschsprachigen Raum, die angehenden Politikjournalisten als Anregung und Hilfestellung dienen können – sei es in Diskussionen in der Redaktion über Qualität versus Quote, sei es bei schwierigen Entscheidungen über den Umgang mit einem offensichtlich interessegeleiteten Informanten.

Jedes Kapitel schließt mit einer Empfehlung für eine weiterführende Lektüre. Hierfür haben wir einige Titel auf dem Literaturverzeichnis ausgewählt und um weitere Lesetipps ergänzt.

Für eine kritische Durchsicht des Manuskripts, Anregungen und Vorschläge für Ergänzungen danken wir Judy Dempsey, Christoph Neuberger, Barbara Emig-Roller, Jörg Karenfort, Sonja Kretzschmar, Stephan Ruß-Mohl, Jakob Schlandt und Marlene Stube. Wir freuen uns sehr, dass Uwe Vorkötter das Vorwort zu diesem Buch beigesteuert hat. Durch seine Vermittlung ist im Sommer 2006 das Autorenteam zustanden gekommen. Dafür sind wir ihm verbunden.

Berlin/Dortmund, im Juli 2008

Kapitel 1: Politikjournalisten und Politiker
Sichtweisen der Praxis

Seit ein paar Minuten fliegt der Airbus „Konrad Adenauer" Richtung Osten. Der Pilot hat die Bundeskanzlerin und die übrigen Fluggäste an Bord begrüßt, und die Flugbegleiter in Luftwaffen-Uniform haben eine erste Runde Drinks serviert. In den engen Reihen der Economy-Class im hinteren Teil des Flugzeugs steigt die Spannung. Zwei Dutzend Journalisten sitzen hier: die Büroleiter der wichtigsten Fernsehsender, der größten Zeitungen und Magazine, die Kanzleramtskorrespondenten der Nachrichtenagenturen, einige wenige Radiojournalisten und Fotografen. Sie alle schauen immer wieder den Gang entlang nach vorne.

Eine halbe Stunde verstreicht, bis sie sich blicken lässt: Schnellen Schrittes kommt Angela Merkel den Gang hinunter, lässt den Blick einmal durch die Kabine schweifen und begrüßt dann jeden Journalisten per Handschlag. Einige spricht sie mit Namen an, mit zwei oder drei Korrespondenten – vor allem Vertretern konservativer Zeitungen – wechselt sie mit gedämpfter Stimme ein paar Sätze. Hinter der Kanzlerin wartet der Regierungssprecher. Später, wenn Merkel wieder in ihrer Kabine weit vorn im Flugzeug Platz genommen hat, wird er sich zu dem einen oder anderen Journalisten kurz dazusetzen, aber vorläufig folgt er nur seiner Chefin. Schließlich hat Merkel die Reihen abgearbeitet und bleibt in der Mitte der Economy-Kabine stehen.

Das ist das Startsignal für die Journalisten, sich dicht um die Kanzlerin zu quetschen. Es werden Fragen gestellt: Nach Merkels Verhältnis zum russischen Präsidenten, nach den Aussichten für deutsche Firmen im Erdgas-Geschäft und natürlich auch nach der deutschen Innenpolitik.

Die Kanzlerin gibt sich recht freundlich und geduldig; manche Antworten sind sogar erstaunlich offen. Die Journalisten lauschen den Antworten, lachen bereitwillig über jeden Scherz und schreiben alles mit, obwohl diese Gespräche im Flugzeug nur für ihren Hintergrund bestimmt sind. Wenn sie die Kanzlerin auf kritische Punkte ansprechen, drücken sie sich besonders höflich aus. Aggressive Nachfragen gibt es nicht. Hoch über den Wolken herrschen andere Regeln als bei einer Pressekonferenz am Boden.

Unter Merkel ist der Ton an Bord der Regierungsflieger weniger kumpelhaft als unter ihrem Vorgänger Gerhard Schröder. Wo er mit den Journalisten frotzelte und über Fußball fachsimpelte, wahrt sie Abstand. Und trotzdem: Wer die Journalisten in der Traube um die Kanzlerin beobachtet, fühlt sich auf unangenehme Weise an einen Hofstaat erinnert.

Lernziele

- Welche Tauschgeschäfte gehen Journalisten und Politiker ein?
- Welche Besonderheiten kennzeichnen das Verhältnis von Journalisten und Politikern?
- Wie kann man sich als Journalist ein Netzwerk von Kontakten zu Politikern aufbauen?

Gespräch am Schiefen Turm: Abstand und Nähe im Politikjournalismus

In Berlin ist die wichtigste Person der Kanzler oder die Kanzlerin; in den Landeshauptstädten der Ministerpräsident; in Brüssel der Kommissionspräsident; in den Städten der Bürgermeister. Ihnen gegenüber den richtigen Ton zu treffen, ist für die jeweilige Korrespondentenschar stets ein Balance-Akt. Aber auch der angemessene Umgang mit Ministern, Staatssekretären, Abgeordneten und Parteivertretern ist nicht immer leicht.

Politiker sind für Politikjournalisten das wichtigste Sujet der Berichterstattung. Sie sind es, die gewählt werden, Ämter übernehmen, Entscheidungen treffen und sich durchsetzen, aber auch Krisen durchleben und Niederlagen erleiden. Was sie tun, liefert den Journalisten die Schlagzeilen. Zugleich sind Politiker die wichtigsten Quellen für den politischen Journalismus. Was sie aus Sitzungen und Versammlungen berichten, wie sie die Lage einschätzen, ob sie den getroffenen Entscheidungen zustimmen oder nicht und – nicht zuletzt – was sie über ihre Kollegen sagen, liefert den Journalisten den Stoff für ihre Berichte.

In keinem anderen Bereich des Journalismus sind die Beziehungen so eng. Kein Wirtschaftsreporter hat solche Verbindungen zu Managern; kein Feuilletonist ist mit Musikern oder Schriftstellern so gut bekannt; kein Wissenschaftsjournalist arbeitet so eng mit Forschern zusammen. Gerichtsreporter wechseln mit den Hauptpersonen ihrer Berichte, den Angeklagten im Strafprozess, in der Regel noch nicht einmal ein Wort.

Der wichtigste Grund für diese Sonderbeziehung im politischen Ressort ist die große Zahl von Politikern auf jeder Ebene. Ob in der Stadtverordnetenversammlung oder im Europa-Parlament – die Politiker sind immer so zahlreich, dass sie miteinander heftig im Wettbewerb stehen. Eine entscheidende Rolle für das Fortkommen jedes Einzelnen spielt dabei die Öffentlichkeit. Über Artikel in der Lokalzeitung machen sich Nachwuchspolitiker beim Wahlvolk bekannt, über die überregionalen Blätter, die Nachrichtenmagazine und elektronischen Medien profilieren sich Minister, Abgeordnete und Parteifunktionäre. Politiker sind auf Journalisten in einem völlig anderen Ausmaß angewiesen als es Richter, Unternehmenschefs oder Professoren sind.

Für Politikjournalisten ist der direkte Zugang zu den Politikern natürlich von großem Nutzen. Aber er bringt auch Gefahren mit sich. So ist es leicht, Politiker kennenzulernen – aber es ist schwer, immer den nötigen Abstand für die Berichterstattung zu wahren. Es ist interessant, den Großen und Mächtigen zuzuschauen – aber man darf ihnen nicht devot begegnen. Es ist eine schöne Erfahrung, bei wichtigen Ereignissen dabei zu sein – aber man muss der eigenen Eitelkeit und der Versuchung widerstehen, selber mitmischen zu wollen. Und noch etwas: Den richtigen Abstand zu halten, die richtige Einstellung zu wahren, kritisch zu bleiben, aber nicht zynisch zu werden, das ist umso schwerer, je länger man im politischen Journalismus arbeitet.

„Guten Tag, hier ist... Ich habe ein paar kurze Fragen. Wo störe ich Sie?"
„Ich laufe mit meiner Familie gerade um den schiefen Turm von Pisa."
„Ach, Entschuldigung. Soll ich lieber später noch einmal anrufen?"
„Nein, es macht gar nichts, wir können jetzt reden."

Diese Unterhaltung hat es wirklich gegeben; der Gesprächspartner war ein bekannter Bundestagsabgeordneter. An diesem Beispiel zeigt sich, wie die Erfindung des Handys den politischen Journalismus revolutioniert hat: Wer will, ist heute immer erreichbar, auch unterwegs, auf Dienstreisen, im Feierabend oder im Urlaub. Und von den Politikern wollen viele – oder meinen wenigstens, wollen zu müssen. Für Journalisten ist das außerordentlich praktisch. Viel leichter als früher ist es möglich, Gesprächspartner und Informanten selbst am Wochenende aufzustöbern. Manchmal lässt sich per Handy auch der Pressesprecher umgehen, über den sonst die Gespräche organisiert werden mussten. Es ist also nicht erstaunlich, dass eine der wichtigsten Fragen an neue Kontakte in der Politik lautet „Kann ich Ihre Handy-Nummer haben?" Adressenverzeichnisse mit vielen Handy-Nummern sind Gold wert.

Nicht jeder Politiker rückt seine Nummer sofort raus. Manche bestehen auf dem früher üblichen Weg über den Assistenten oder Sprecher. Andere lassen sich erst eine SMS zuschicken, um dann selbst zu entscheiden, ob und wann sie zurückrufen. Überhaupt haben die Kurznachrichten Einzug gehalten in die Politik. Sie sind schließlich der rascheste und diskreteste Weg, wie jemand seinen Lieblingsjournalisten informieren kann, noch während er in der Sitzung hockt...

Hoffähig wurden die SMS durch Angela Merkel, die sie lange, bevor sie Kanzlerin wurde, für die politische Kommunikation entdeckte. Unter der Parteivorsitzenden Merkel eignete sich die gesamte christdemokratische Spitze frühzeitig die Tipp-Technik auf dem Handy an. Die Union zeigte sich damit deutlich moderner als die übrigen Parteien im Bundestag: Die allermeisten Abgeordneten von SPD, Grünen oder FDP wussten erst Jahre später, wie man eine SMS verschickt.

Tauschgeschäfte zwischen Journalisten und Politikern

Das Geschäft zwischen Journalisten und Politikern beruht auf einem simplen Tauschhandel: Die Journalisten bekommen Informationen, die Politiker Publizität. Wenn ein mächtiger CDU-Ministerpräsident im Fernseh-Interview die CDU-Kanzlerin angreift, vollzieht sich der Tausch in einem einzigen Schritt: Was der Ministerpräsident gesagt hat, ist nach

Einschätzung des Senders so interessant, dass es einem Millionenpublikum gezeigt wird.

Häufig praktiziert wird der Tausch aber auch in zwei Etappen:
- Ein Politiker verrät einem Journalisten, was in einer vertraulichen Sitzung passiert ist, oder er gibt ihm vielleicht sogar ein Dokument, das nicht zur Veröffentlichung bestimmt ist.
- Dieser Politiker wird ganz sicher nicht in dem Bericht des Journalisten genannt werden wollen – das wäre Publizität unerwünschter Art. Stattdessen kommt er ein paar Tage später bei einem anderen Thema ausführlich zu Wort.

Meist werden solche Geschäfte abgewickelt, ohne dass es dazu einer besonderen Vereinbarung bedarf. Der Journalist weiß, dass ihm der Politiker geholfen hat, und er bedankt sich bei der nächsten passenden Gelegenheit dafür. Der Politiker wiederum profitiert davon, dass der Journalist ihm wohl gesonnen ist. Solange beide Seiten dabei auf ihre Kosten kommen, ist die Geschäftsbeziehung stabil.

Manchmal wird der Tausch aber auch explizit ausgehandelt.
- Ein Politiker verlangt als Preis für eine besonders interessante Information, dass ein Interview mit ihm zu seinem Lieblingsthema geführt wird.
- Der Journalist muss dann abwägen, wie viel ihm das Dokument wert ist. Wenn er Glück hat, ist das Lieblingsthema des Politikers einigermaßen interessant... Jedenfalls findet der aufmerksame Zeitungsleser immer mal wieder einen Artikel oder ein Interview, dessen Zustandekommen am besten durch ein solches Geschäft erklärt werden kann. Das ist nicht schön, aber manchmal unvermeidlich.
- Noch unfeiner geht es zu, wenn der Journalist von sich aus ein „Honorar" für eine Information auslobt. So ist es tatsächlich vorgekommen, dass ein Nachrichtenmagazin einem relativ unbekannten Bundestagsabgeordneten ein Wortlaut-Interview versprach, wenn der im Gegenzug ein vertrauliches Papier herausrücken würde. Die Versuchung ist dann umso größer, als die Magazine wenig Interviews drucken und ein Gespräch dort deswegen besonderes Ansehen verleiht.

⇨ Manche Magazinjournalisten bieten allerdings nicht nur Belohnungen für willig kooperierende Politiker. Sie operieren auch mit Strafen: Ein Politiker, der sich weigert, vertrauliche Informationen weiter zu geben, muss unter Umständen damit rechnen, in der Berichterstattung in ein schlechtes Licht gerückt zu werden. Mit Journalismus haben solche Praktiken nichts zu tun.

So ist es kein Wunder, dass viele Politiker auf Journalisten ziemlich schlecht zu sprechen sind. Zu den häufigsten Vorwürfen gehört, dass Journalisten nicht sauber arbeiten: Auf der Jagd nach einer Schlagzeile würden sie Zitate sinnentstellend aus dem Kontext reißen. Ein weiteres Problem sei, dass die Reporter eine vorgefasste Meinung hätten, die sie per Kurzinterview nur noch bestätigt sehen wollten. Schließlich verhalten sich die Medien nach Ansicht der Politiker wie Herdentiere: Einen Tag loben sie den Politiker X allesamt über den grünen Klee, ein paar Wochen später wird er dann von allen genauso einmütig verrissen – ohne dass sich an den Tatsachen in der Zwischenzeit viel verändert hat.

Leider treffen diese Vorwürfe oft zu. Es gibt genug Beispiele für aus dem Zusammenhang gerissene Zitate, vorgefasste Meinungen und den medialen Herdentrieb. Ebenso gibt es Beispiele für ungute Kumpanei und für unappetitliche Tauschgeschäfte. In einer Zeit, wo der Druck auf die Journalisten sehr groß geworden ist, Exklusiv-Geschichten zu liefern, häufen sich solche Begebenheiten. Gerade im Verhältnis von Journalisten und Politikern ist es oft schwierig, die Grenzen einzuhalten. Man darf den Abstand nicht verlieren, aber zugleich muss man seine Quellen in der Politik gut genug kennen, um die nötigen Informationen zu erhalten. Und noch etwas: Wer Journalist sein will, muss in der Lage sein, seine eigenen politischen Überzeugungen zurückzustellen: Er muss Beobachter sein und nicht heimlich davon träumen, zu den Entscheidern zu gehören.

Kontakte machen – Kontakte pflegen

Die Abhängigkeit der Politiker von ihrer Öffentlichkeit bringt es mit sich, dass es für Journalisten leicht ist, politische Entscheidungsträger kennen zu lernen. Wer ein Mandat hat oder anstrebt, reagiert meist hocherfreut auf die höfliche Anfrage nach einem Kennenlern-Treff. Allein im Deutschen Bundestag sitzen über 600 Politiker, von denen die meisten immerfort darüber nachdenken, wie sie ihr Profil schärfen können. Dazu arbeiten sie auf ihren Fachgebieten, brüten Initiativen aus, suchen Kontakt zur Fraktionsführung, verbünden sich mit Gleichgesinnten – und sprechen mit Journalisten.

- Wer sich als Journalist auf Steuerpolitik spezialisiert, sollte sich deswegen unbedingt die Mühe machen, sich nicht nur beim Minister und seinen Staatssekretären vorzustellen, sondern auch die Finanzexperten der Fraktionen aufzusuchen. Mit anderen Vorzeichen gilt das genauso für Journalisten, die sich auf Verteidigungspolitik, Innenpolitik oder das Soziale verlegt haben.
- Wer über eine Partei berichtet, tut gut daran, neben der Bundesspitze auch die wichtigsten Landesvorsitzenden und ihre Generalsekretäre kennen zu lernen.
- Hinzu sollten Kontakte zu den stellvertretenden Fraktionsvorsitzenden, den parlamentarischen Geschäftsführern der Fraktion und anderen profilierten Abgeordneten kommen.
- Schließlich kann es sich als sehr nützlich erweisen, talentierten Jungpolitikern besondere Aufmerksamkeit zu widmen. Je weiter sie die Karriereleiter hochsteigen, desto wertvoller werden solche Kontakte.

Verabredet man sich einzeln, geht man frühstücken oder Mittag essen. Sehr nützlich können aber auch die Abendtermine sein: die Empfänge einzelner Landesgruppen im Bundestag oder Vorträge wichtiger Politiker mit anschließendem Empfang. Dort begegnet man auf zwanglose Weise vielen Leuten, die es lohnt kennenzulernen.

Erlaubt sei an dieser Stelle ein ungewöhnlicher Einschub: Ein kleines Loblied auf die Zunft der Politiker. Viele von ihnen sind interessante, kluge Leute, die in Berlin und in ihrem Wahlkreis hart arbeiten und für ihren Einsatz im Vergleich zur Privatwirtschaft relativ wenig Geld verdienen. Dass sie abgehoben wären, ist ein Vorurteil: Bundestagsabgeordnete haben in der Regel mehr Kontakte zu Bürgern als viele Journalisten. Es ist nicht selten, dass ein Politiker in einem Dutzend Vereinen aktiv Mitglied ist, weil ihm das die Kontakte zu normalen Leuten verschafft, die er unbedingt braucht. Und noch etwas: Politiker wissen, dass sie unter intensiver Beobachtung durch die Öffentlichkeit stehen. Das macht nicht jeden von ihnen ehrlich, und es vermeidet auch nicht alle Interessenskonflikte. Aber trotz aller öffentlichen Vorurteile gegen „die Abzocker da oben" gibt es sehr viel mehr Politiker als Journalisten, die ihre Putzfrau legal beschäftigen.

Zu den konkreten Vorteilen des Umgangs mit Politikern gehört auch, dass sie in der Regel relativ gelassen mit kritischer Berichterstattung und Kommentierung umgehen. Ja, es kommt sogar vor, dass ein gut begründetes, kritisches Stück einem Journalisten Respekt einbringt. Unternehmenschefs und ihre Presseabteilungen reagieren da häufig empfindlicher und strafen das kritische Medium durch den Entzug von Werbeaufträgen ab. Auch in der Medienwelt selbst sind die Sensibilitäten groß. Gerade unter den Verlegern, Herausgebern und Chefredakteuren gibt es schwierige Interviewpartner, die bei der Autorisierung (siehe Kapitel Stilformen) große Probleme machen und jedes kritische Wort übel nehmen. Womöglich liegt das daran, dass gerade sie die Macht der Medien besonders hoch einschätzen.

Natürlich lesen auch Politiker lieber Lob als Kritik, und natürlich ordnen auch sie die Journalisten ein in Freunde und Feinde. Wie nachtragend Bundeskanzler Helmut Kohl gegenüber dem Magazin *Spiegel* war, ist legendär. Sein Nachfolger Gerhard Schröder zog sogar wegen eines Berichtes über seine Haarfarbe vor Gericht. Aber die meisten Berufspolitiker wissen um das Auf und Ab in der öffentlichen Wertschätzung. Im Laufe ihrer Karriere müssen sie sich ohnehin eine dicke Haut zulegen. Sonst würden sie weder mit dem rüden Ton des politischen Gegners noch den Manövern der Parteifreunde fertig.

„Gelbe Karte" für Eingeweihte: Die Hintergrundkreise

Spitzenpolitiker lassen sich selbstverständlich nicht so leicht persönlich kennen lernen wie Hinterbänkler aus dem Parlament. Mit dem Kanzler oder der Kanzlerin, den wichtigen Ministern, den Fraktionsvorsitzenden und anderen Leuten dieses Kalibers kann man sich nicht einfach auf einen Kaffee im Bundestagsrestaurant verabreden. Den besten Zugang zu ihnen bekommt man über die berühmten Hintergrundkreise, die in Berlin großen Einfluss auf das journalistische Geschehen haben. Sie tragen Namen wie „Gelbe Karte", „Vino Rosso" oder „Das Kartell" und sind Zusammenschlüsse von Journalisten, die gemeinsam Politiker zum Hintergrundgespräch einladen. In manchen von ihnen haben sich Journalisten mit gemeinsamen politischen Grundüberzeugungen zusammengefunden, in anderen haben sich jüngere Journalisten verbündet, dritte vereinen bestimmte Fachjournalisten. Es gibt auch Kreise nur für Journalistinnen. Am exklusivsten ist der „Wohnzimmerkreis", in dem eine kleine Handvoll führender Journalisten reihum Politiker zu sich nach Hause einladen. Bewerben kann man sich für die meisten dieser Kreise nicht; man muss auf eine Einladung warten. Die aber hängt vom journalistischen Ruf und vom Gewicht des Mediums ab. Und mehr als einen Vertreter je Zeitung, Agentur oder Sender gibt es in einem Kreis in der Regel auch nicht.

Für Gespräche mit Politikern hat sich ein Kode etabliert, der festlegt, wie Informationen verwendet werden dürfen:

- „Unter eins" bedeutet, dass alles Gesagte vollständig verwendet werden kann.
- „Unter zwei" heißt, dass zitiert werden darf, aber ohne den Urheber mit Namen zu nennen. So kommt es zu „aus Regierungskreisen verlautete...".
- Gespräche in den Hintergrundkreisen werden stets „unter drei" geführt, sind also in keiner Weise für die Berichterstattung zitierfähig.

Die Politiker, die beim Hintergrundkreis zu Gast sind, können unter diesen Bedingungen offener über ihre Gedanken und Einschätzungen sprechen als wenn sie mit ihren Bemerkungen namentlich genannt würden. Sie können den Hintergrund ihrer Entscheidungen erklären, und sie haben die Möglichkeit, Ideen und Vorschläge zu testen, die noch nicht völlig ausgereift sind. Natürlich nutzen Politiker die vertrauliche und anonyme Bühne der Hintergrundkreise auch dazu, Informationen in die Welt zu setzen, mit denen sie nicht in Verbindung gebracht werden wollen. Und genauso hoffen sie auch, ihre Sicht der Dinge den Journalisten nahe zu bringen. Deswegen sind Spitzenpolitiker willens, Zeit für Besuche in den Hintergrundkreisen aufzubringen. An manchen Abenden gibt es kaum ein Restaurant in der Berliner Reinhardtstraße, wo kein solches Treffen im Hinterzimmer stattfindet.

Auch für Journalisten können die Kreise sehr nützlich sein; sie bergen aber auch Gefahren. Teilnehmer erhalten Informationen aus erster Hand, die zwar nicht direkt verwendbar sind, aber doch in Reportagen oder Meinungsstücke einfließen können oder Ansätze zum Nachrecherchieren bieten. Außerdem bieten die Zusammenkünfte eine gute Gelegenheit, Politiker einen Abend lang beobachten zu können. Das hilft der eigenen Einschätzung der Machtverhältnisse und Abläufe, es liefert aber auch Material für Porträts. Allerdings ist es unerlässlich, wachsam zu bleiben gegenüber den Manipulationsmöglichkeiten, die in der Natur der Hintergrundgespräche liegen. Eine zweite Gefahr liegt im Abnutzungseffekt der Informationen: Wer bereits in seinem Hintergrundkreis alle Details eines Ereignisses erfahren hat, ist oft nicht mehr neugierig genug, wenn der Sachverhalt beginnt, an die Öffentlichkeit zu gelangen. Vielleicht wird er abwinken und eine Geschichte für uninteressant erklären, nur weil er sie selbst schon kennt. Sicher ist jedenfalls, dass er in diesem Fall mehr Disziplin benötigt, um der Angelegenheit mit Nachdruck hinterher zu recherchieren. Die wichtigste Warnung gilt schließlich nicht allein den Begegnungen in den Hintergrundkreisen, sondern überhaupt dem persönlichen Umgang mit Politikern: Er ist zwar für die Informationsbeschaffung unverzichtbar, birgt aber immer das Risiko, dass der nötige Abstand verloren geht.

Eine zu große Nähe ist Gift für den kritischen Blick. Und trotzdem gibt es viele Journalisten, die sich mit Politikern oder deren Pressesprechern duzen. Bei Parteitagen verbringt man gemeinsame Nächte an der Bar; womöglich lädt einen der Politiker sogar nach Hause ein. Solche Nähe zu den Mächtigen mag schmeichelhaft sein – aber wie verträgt sie sich mit dem professionellen Abstand? Wer mit einem Politiker befreundet ist, sollte nicht über ihn berichten.

Sichtweisen der Praxis

Wie wird man Politikjournalist?

Für politische Berichterstatter gilt dasselbe wie für alle anderen Journalisten: Es gibt keine unbedingt erforderliche Qualifikation oder gar Zulassung; jeder kann sich Journalist nennen. Quereinsteiger – Leute, die einst Flugbegleiter bei einer Airline oder Fallschirmspringer bei der Bundeswehr waren – sind eine Bereicherung für den Journalismus. In der Regel ist allerdings heute ein abgeschlossenes Studium Voraussetzung für den Einstieg bei Radio, Fernsehen, Online oder Presse. Parallel zum Studium sollte man als Praktikant bei verschiedenen Medien berufliche Erfahrungen sammeln. Auch eine Hospitation im Bundestag oder bei politischen Parteien liefert einem angehenden Politikjournalisten wertvolle Einblicke und nützliche Kontakte.

Die klassische Ausbildung umfasst dann ein Volontariat, eine ein- bis zweijährige Ausbildung bei einem Medium, die meist ergänzt wird durch externe Kurse und Schulungen. Wer sich besonders für Politik interessiert, wird bereits während dieser Zeit einen Schwerpunkt im Ressort setzen. Aber auch später kommt es nicht selten vor, dass Redakteure ihr Ressort wechseln, beispielsweise in der Wirtschaft oder im Lokalen beginnen und dann politischer Korrespondent werden. Wichtig sind Neugier und Offenheit – und die Bereitschaft, sich in die Arbeitsweise und das Zusammenspiel wichtiger politischer Institutionen einzuarbeiten. Dass man regelmäßig die Nachrichten folgt und zumindest im Wechsel die wichtigsten politischen Medien verfolgt, ist eine Selbstverständlichkeit, will man sich nicht in der Redaktionskonferenz blamieren.

Zusammenfassung

Gute Kontakte zu Politikern sind eine unabdingbare Voraussetzung für einen erfolgreichen Politikjournalismus. Oft gehen Politiker und Journalisten Tauschgeschäfte miteinander ein: Politiker geben vertrauliche Informationen preis, Journalisten „revanchieren" sich, indem sie bei nächster Gelegenheit an prominenter Stelle über ein Anliegen ihres Informanten berichten. Regelmäßig begegnen Politiker und Journalisten einander in so genannten „Hintergrundkreisen", in denen Politiker vertrauliche Einschätzungen zu politischen Themen und Akteuren abgeben und mit Journalisten diskutieren. Solche halboffiziellen Begegnungen sind eine ergiebige Informationsquelle. Als Politikjournalist sollte man jedoch nicht der Verführung erliegen, selbst Politik machen zu wollen und sich den Politikern als Berater anzudienen.

Weiterführende Literatur

Niejahr, Elisabeth/Pörtner, Rainer (2002): Joschka Fischers Pollenflug und andere Spiele der Macht. Wie Politik wirklich funktioniert. Frankfurt: Eichborn.

Kapitel 1: Politikjournalisten und Politiker
Perspektiven der Forschung

> Der Partei merkt man die Anspannung an: In wenigen Wochen findet der große Parteitag statt, die Vorbereitungen laufen auf Hochtouren. Der Generalsekretär ist sichtlich nervös und raucht während des Interviews eine Zigarette nach der anderen.
>
> Am Ende des Gesprächs fragt er den Journalisten, ob er noch eine Minute Zeit hat. Als der junge Kollege bejaht (er musste für seinen erkrankten Ressortleiter einspringen), rollt der Generalsekretär drei große Zeichnungen aus: Entwürfe für die Bühne zum Parteitag. „Unter uns," sagt der Generalsekretär in einem vertraulichen Tonfall, „was meinen Sie, welche Bühne würde sich am besten im Fernsehen machen?"

Gute Kontakte zu Politikern sind für einen Politikjournalisten unverzichtbar. Ebenso wichtig ist es für Politikjournalisten jedoch, Abstand halten zu können. Fraglos ist es schmeichelhaft, wenn ein erfahrener Politiker von einem Journalisten in kleiner Runde „Rat" erbittet. Und die ebenfalls beschriebenen Tauschgeschäfte zeigen, dass das Miteinander von Politikern und Journalisten oftmals sehr viel stärker von Kooperation denn von Konfrontation geprägt ist. Gleichwohl bleibt es die zentrale Aufgabe von Politikjournalisten, politische Akteure und politische Institutionen kritisch zu begleiten: Als „Vierte Gewalt" sollen die Medien in der demokratischen Gesellschaft „Gegenspieler" der drei staatlichen Gewalten – Legislative, Judikative und Exekutive – sein.

Lernziele

- Welche Aufgabe kommt den Medien in einer demokratischen Gesellschaft zu?
- Warum gewinnen die Massenmedien für die Politik immer mehr an Bedeutung?
- Was sind die Kennzeichen der „Mediendemokratie"?

Information, Kritik, Kontrolle: Aufgaben des Politikjournalismus

Dem deutschen Volke steht in großen Lettern über dem Eingangsportal zum Reichstag, dem Sitz des Deutschen Bundestags in Berlin: In der Bundesrepublik Deutschland ist der Wähler der Souverän, alle vier Jahre entscheiden die derzeit rund 60 Millionen Stimmberechtigten neu über die Zusammensetzung des Bundestags. Alle fünf Jahre wird in den meisten Bundesländern gewählt, hinzu kommen Wahlen und Volksentscheide auf kommunaler Ebene.

Eine wichtige Voraussetzung für das Funktionieren demokratischer Gesellschaften ist, dass die Bürger hinreichend mit politischen Akteuren und politischen Angelegenheiten vertraut sind. Welche Kandidaten, welche Parteien stellen sich zur Wahl, und für welche programmatischen Positionen stehen sie ein? Im Idealfall sollten die Bürger über ausreichend politische Informationen verfügen, um sich eine eigene politische Meinung zu bilden und am Wahltag eine rationale Entscheidung treffen zu können, wie Winfried Schulz mit folgendem Zitat beschreibt:

> „Der mündige Bürger gehört zur Funktionsfähigkeit der Demokratie wie die Freiheit der Meinungsäußerung, die Gleichheit vor dem Gesetz, wie freie, gleiche und geheime Wahlen und die Teilung der Gewalten. Der mündige Bürger nimmt seine Rolle als Souverän rational und unabhängig wahr, entsprechend den hohen Anforderungen in Art. 20 Abs. 2 unseres Grundgesetzes: ‚Alle Staatsgewalt geht vom Volke aus.' Wichtigste Eigenschaft des mündigen Bürgers ist politische Kompetenz, d.h. er kann politische Prozesse verstehen und ist wohlinformiert. Wichtigste Voraussetzung der Informiertheit ist die Verfügbarkeit von politisch relevanter Information. Wichtigste Quelle für politisch relevante Information sind die Massenmedien." (Schulz 2000: 227)

In modernen Gesellschaften kommt den Medien, und damit den Journalisten, eine besondere Aufgabe zu: Sie stellen Öffentlichkeit her, in der kontrovers über Themen von allgemeinem Interesse – von der Bekämpfung der Arbeitslosigkeit bis zum Umweltschutz, von der Frage nach der Rolle von Frauen in der Gesellschaft bis zur Außenpolitik – diskutiert werden kann.[1] Autoren wie Neidhardt und Eilders beschreiben das Entstehen von Medienöffentlichkeit als Prozess:

---

1 Vgl. für eine Übersicht die Aufsätze zum Themenbereich Öffentlichkeit in dem Band von Neidhardt 1994; vgl. auch grundlegend Habermas 1990.

Perspektiven der Forschung

- Journalisten sammeln die unterschiedlichen Positionen, die von Parteipolitikern, Amtsträgern, Vertretern von Verbänden, NGOs usw. („Sprechern") geäußert werden („Input").
- In den Redaktionen werden diese Informationen nach professionellen Gesichtspunkten verarbeitet („Throughput"): So hat ein Statement eines Spitzenpolitikers beispielsweise höheres Gewicht als eine Äußerung eines Hinterbänklers (s. Kapitel 3).
- Anschließend wird der journalistische „Output" publiziert, der die Positionen der „Sprecher" spiegelt, kritisiert und kommentiert. Auf diese Weise entsteht eine maßgeblich von den Medien geprägte „öffentliche Meinung", die sich durchaus erheblich von der in Umfragen gemessenen Stimmung in der Bevölkerung unterscheiden kann.[2]

Die Möglichkeit, sich umfassend über gegenläufige politische Standpunkte zu informieren, ist eine Voraussetzung für eine aktive Teilnahme der Bürger am politischen Geschehen. Die Wissenschaft hat das Idealbild des informierten Bürgers zwar längst entzaubert.[3] Auch die Daten der Medienforschung sprechen eine andere Sprache. Unterhaltungsformate erfreuen sich größerer Beliebtheit als politische Informationen. Beobachter beklagen immer wieder, eine auf Skandale ausgerichtete Medienberichterstattung befördere die Politikverdrossenheit der Bürger. Und auch die Journalisten in Deutschland schätzen ihr Publikum, Studien zufolge, heute als politisch weniger interessiert ein als noch in den neunziger Jahren (vgl. Weischenberg/Malik/Scholl 2006: 161).

Ein freier und fairer Wettbewerb der politischen Ideen ist und bleibt gleichwohl ein Wesenselement demokratischer Gesellschaften. Die Gründerväter der Bundesrepublik Deutschland haben 1949 im Grundgesetz die besondere Bedeutung der Pressefreiheit herausgehoben:

> „Jeder hat das Recht, seine Meinung in Wort, Schrift und Bild frei zu äußern und zu verbreiten und sich aus allgemein zugänglichen Quellen ungehindert zu unterrichten. Die Pressefreiheit und die Freiheit der Berichterstattung durch Rundfunk und Film werden gewährleistet. Eine Zensur findet nicht statt." (GG Art 5, Abs. 1)

---

2 Vgl. zusammenfassend Eilders 2008: 32 ff.
3 Vgl. als Einstiegslektüre Braun 1999.

In den folgenden Jahrzehnten ist u.a. durch eine Reihe von viel beachteten Urteilen des Bundesverfassungsgerichts zu Medienfragen weiter präzisiert worden, welche Rolle dem Journalismus in unserer Gesellschaft zukommen soll.[4] Im berühmten *Spiegel*-Urteil von 1966, das das Bundesverfassungsgericht nach einem erbitterten Streit um die Durchsuchung von Redaktionsräumen des Nachrichtenmagazins fällte,[5] heißt es über die Aufgabe des (politischen) Journalismus:

> „Eine freie, nicht von der öffentlichen Gewalt gelenkte, keiner Zensur unterworfene Presse ist ein Wesenselement des freiheitlichen Staates; insbesondere ist eine freie, regelmäßig erscheinende Presse für die moderne Demokratie unentbehrlich. (...) In ihr artikuliert sich die öffentliche Meinung (...). In der repräsentativen Demokratie steht die Presse zugleich als ständiges Verbindungs- und Kontrollorgan zwischen dem Volk und seinen gewählten Vertretern in Parlament und Regierung." (Quelle: BVerfG NJW 1603, 1604.)

Information, Kritik und Kontrolle, Meinungsbildung sowie Bildung und Unterhaltung sind Kernaufgaben des Journalismus in allen Ressorts. Weil der Politikjournalismus über elementare öffentliche Angelegenheiten berichtet, kommt ihm in der demokratischen Gesellschaft jedoch eine besondere Bedeutung zu.

Werden die Medien immer einflussreicher?
Die These von der „Mediatisierung" der Politik

Für die Politiker werden die Massenmedien immer wichtiger, weil sie selbst immer weniger eigene Kanäle besitzen, über die sie mit den Wählerinnen und Wählern in Kontakt kommen und sie über ihre Programme und ihr Personal informieren können. Vor rund hundert Jahren befanden

---

4   Vgl. für einen Überblick Meyn 2004.
5   Der *Spiegel* hatte in der Ära Adenauer wiederholt kritisch über die Politik des damaligen Verteidigungsministers Franz-Josef Strauß (CSU) berichtet. Nach Veröffentlichung der Titelgeschichte „Bedingt abwehrbereit" wurden 1962 u.a. die Redaktionsräume des *Spiegel* durchsucht und Herausgeber Rudolf Augstein verhaftet, der Vorwurf lautete auf Geheimnisverrat. In der Öffentlichkeit kam es daraufhin zu massiven Protesten gegen die Bundesregierung. Zur *Spiegel*-Affäre und ihrem zeitgeschichtlichen Hintergrund vgl. u.a. Schoenbaum 2002.

sich viele Zeitungen noch im Besitz von Parteien. Damit hatten die Politiker eigene „Organe", mit denen sie sich an die Bürger wenden konnten. Parteiveranstaltungen, auf denen Politiker direkt mit den Wählern kommunizieren konnten, waren gut besucht. Zudem gab es in deutlich stärkerem Maße, als dies heute der Fall ist, politische Milieus, auf deren Gefolgschaft bei Wahlen sich die Parteien verlassen konnten. Der Begriff des Wechselwählers bringt es auf den Punkt: Die Bindungen vieler Bürger an eine bestimmte Partei sind heute schwächer geworden.[6]

Auch die medialen Rahmenbedingungen für Politiker sehen heute anders aus. Auch wenn die SPD als einzige Partei über ihre Holding Deutsche Druck- und Verlagsgesellschaft (DDVG) noch immer über ein beachtliche Anzahl von Medienbeteiligungen verfügt und die Volksparteien über die Rundfunkräte mitunter Einfluss auf die Besetzung von Spitzenpositionen bei *ARD* und *ZDF* nehmen (vgl. Kapitel 6): Von einer Parteipresse kann keine Rede mehr sein, Parteimedien existieren allenfalls noch als Organe der internen Kommunikation. Niemand verspricht sich vom *Vorwärts* bahnbrechende Neuigkeiten aus der SPD; die CDU hat ihre Mitgliederzeitschrift aus Kostengründen zeitweise eingestellt. Im digitalen Zeitalter versuchen die Parteien sich mit – kostengünstigen – Websites, Newslettern, SMS-Diensten und neuerdings Podcasts zu behelfen, über die sie ihre Anhänger über ihre Aktionen und Ansichten informieren. Während des Wahlkampfs investieren sie Millionen in die Plakat- und Fernsehwerbung.[7] Doch die Massenmedien bleiben das zentrale Kommunikationsmittel der Parteien: Nur durch Zeitungen, Zeitschriften, Radio und Fernsehen sowie Online-Medien lassen sich schnell und kostengünstig riesige Publika erreichen. Schon ein einfaches Beispiel verdeutlicht dies: Knapp zehn Millionen Menschen sehen abends die *Tagesschau* – 80.000 Zuschauer fassen die Hallen, in denen SPD und CDU ihre Wahlkampf-Abschlussveranstaltungen inszenieren. Die nachfolgende Tabelle zeigt, dass die Wählerinnen und Wähler ihre Informationen über Politik in der Tat vor allem aus den Massenmedien beziehen. Dabei hat sich das Fernsehen als Leitmedium durchgesetzt: Für die Bürgerinnen und Bürger ist das Fernsehen das wichtigste Medium, um sich über

---

6 Vgl. für eine Übersicht Sarcinelli 2008.
7 Zu aktuellen Forschungsergebnissen zur politischen Werbung vgl. Holtz-Bacha 2006.

Politik zu informieren (s. Kapitel 8) (vgl. u.a. ARD-Forschungsdienst 2008: 149).

Abbildung 1: Kontaktchancen über die Kommunikationskanäle der Parteien vs. der Massenmedien

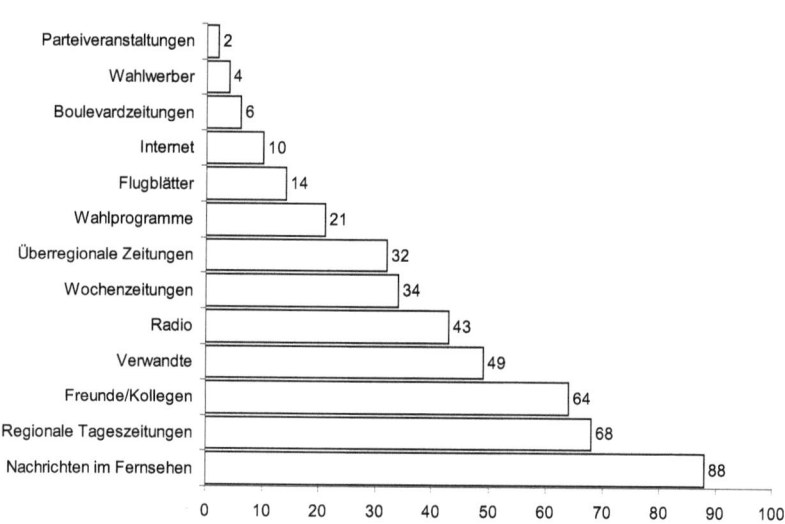

Basis: Telefonische Befragung von 532 Wahlberechtigten im Rhein-Main-Gebiet vom 07.-11. Oktober 2002

Quelle: Kepplinger/Maurer 2005: 61.

Im Kalkül der Politiker und Parteien spielen die Massenmedien folgerichtig eine herausgehobene Rolle, und sie geben sich große Mühe, durch Pressekonferenzen, Interviews, Events und aufsehenerregende Aktionen „in die Medien" zu kommen (vgl. Kapitel 2). Unterstützt werden sie dabei von einer wachsenden Zahl von PR-Experten: Die PR von Politikern und Parteien ist in den vergangenen Jahren immer professioneller geworden (vgl. Tenscher 2003).

In der Kommunikations- und Politikwissenschaft werden all diese Phänomene als „Mediatisierung" der Politik diskutiert. Eine zentrale These von Autoren wie Otfried Jarren und Patrick Donges, die sich mit der „Mediendemokratie" bzw. der „Mediengesellschaft" beschäftigen, lautet: Zunehmend muss sich die Politik nach den Spielregeln der Medien richten, wenn sie mit ihren Botschaften in der Öffentlichkeit Gehör finden will. Aufmerksamkeit wird gerade auch für Politiker zu einer wichtigen Ressource in der Informationsgesellschaft (vgl. Franck 1998).

Zu den Kennzeichen der „Mediendemokratie" zählen Kommunikationswissenschaftler folgende Merkmale:[8]

- Die Zahl der Medienangebote hat zugenommen. Immer mehr Medienformate wetteifern um die Aufmerksamkeit des Publikums, der Nachrichtenzyklus hat sich stark beschleunigt.
- Den Medien wird erheblicher Einfluss auf die öffentliche Diskussion zugemessen: Medien sind vom Beobachter zum Akteur politischer Kommunikation geworden. „Was nicht in den Medien ist, findet nicht statt."
- Politiker und politische Institutionen sind auf die Massenmedien angewiesen, um ihre Akteure und Inhalte einer breiten Öffentlichkeit zu vermitteln.
- Medienkompetenz wird zu einer wichtigen Voraussetzung für eine politische Karriere. Politiker und politische Institutionen greifen zunehmend auf Kommunikationsberater zurück, um mit ihren Themen an die Öffentlichkeit zu gelangen oder missliebige Themen aus der Öffentlichkeit herauszuhalten.

Die These von der Mediatisierung der Politik schließt gleichwohl nicht aus, dass die Macht besonders „nachrichtenträchtiger" Spitzenpolitiker in der verschärften Konkurrenz um Schlagzeilen noch gewachsen ist (vgl. den Praxisteil dieses Kapitels). Das nachfolgende Schaubild von Barbara Pfetsch und Rüdiger Schmitt-Beck hilft, sich noch einmal vor Augen zu führen, welche Rolle der Politikjournalismus im Kalkül der Politiker spielt: Neben der politischen Werbung, die vor allem in Wahlkampfzeiten einge-

---

8 Vgl. Alemann/Marschall 2002; Jarren/Donges 2006; Schatz/Rössler/Nieland 2002.

setzt wird, ist der redaktionelle Teil der Medien der zentrale Kanal politischer Akteure, um die Öffentlichkeit zu erreichen.

Abbildung 2: Prozess der Politikvermittlung im Wahlkampf

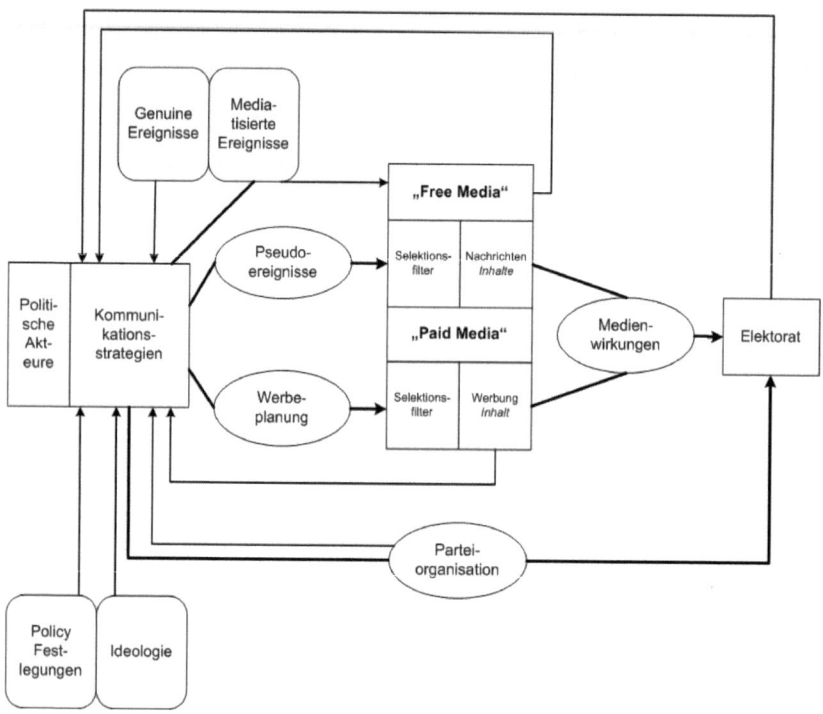

Quelle: Pfetsch/Schmitt-Beck 1994: 117

Zusammenfassung

In einer demokratischen Gesellschaft kommt dem Politikjournalismus besondere Verantwortung zu. Massenmedien stellen Öffentlichkeit her, in der kontrovers über politische Themen diskutiert wird – eine zentrale Voraussetzung dafür, dass die Wähler sich über die unterschiedlichen politischen Akteure und ihre jeweiligen Programme informieren können. Information, Kritik und Kontrolle sowie Meinungsbildung zählen zu den wichtigsten Aufgaben des Journalismus.

In der politischen Kommunikation haben die Medien in den vergangenen Jahren weiter an Bedeutung gewonnen: Nur über die Massenmedien können Politiker heute große Publika erreichen. In der Mediendemokratie müssen sich politische Akteure in besonderem Maße nach den Spielregeln der Medien richten.

Weiterführende Literatur

Braun, Dietmar (1999): Theorien rationalen Handelns in der Politikwissenschaft. Eine kritische Einführung. Opladen: Leske + Budrich.

Jarren, Otfried/Donges, Patrick (2006): Politische Kommunikation in der Mediengesellschaft. Eine Einführung. 2. Auflage. Wiesbaden: VS Verlag für Sozialwissenschaften.

Neidhardt, Friedhelm (Hrsg.): Öffentlichkeit, öffentliche Meinung, soziale Bewegungen (= Kölner Zeitschrift für Soziologie und Sozialpsychologie, Sonderheft 34). Opladen: Westdeutscher Verlag.

Sarcinelli, Ulrich (2007): Politische Kommunikation in Deutschland. Zur Politikvermittlung im demokratischen System. 2. Auflage. Wiesbaden: VS Verlag für Sozialwissenschaften.

Saxer, Ulrich (2007): Politik als Unterhaltung. Zum Wandel politischer Öffentlichkeit in der Mediengesellschaft. Konstanz: UVK.

Kapitel 2: Quellen des Politikjournalismus
Sichtweisen der Praxis

Zum Kaffee werden morgens frische Croissants gereicht. Ab elf Uhr gibt es Mini-Quiches und Blätterteig-Häppchen. Zum Mittagessen werden große Töpfe mit dampfender Kartoffelsuppe und Würstchen aufgetragen. Wem das nicht schmeckt, der kann sich den mit Ricotta und Spinat gefüllten Nudeln zuwenden. An manchen Tischen gibt es kleine Schälchen mit verschiedenen Salaten, an anderen Gläschen mit Roter Grütze, Schokoladenmousse und Obstsalat. Nachmittags folgt Kuchen, und am frühen Abend werden Sandwiches serviert.

Es ist nicht verwunderlich, dass eine solche Presse-Lounge gut besucht ist. An den Stehtischen ist immer Betrieb, und auch die bequemen Sessel in der Sitzecke bleiben nicht lange leer. Die Journalisten, die zwei, drei und manchmal sogar vier Tage auf einem Parteitag verbringen, freuen sich über das Gratis-Angebot an leckeren Speisen. Um Zugang zu erlangen, genügt das Presse-Schildchen, das sich die Journalisten um den Hals hängen. Schwieriger ist es für das Parteivolk. Die normalen Delegierten werden nicht in die Lounge hereingelassen; sie müssen sich für teures Geld an den Ständen der Kongresshalle verpflegen. Nur Spitzenpolitiker mit einem besonders gekennzeichneten Ausweis werden durchgelassen. Um sie scharen sich dann die Journalisten, um sich über die Einschätzungen des Parteitags unterrichten zu lassen. Ganz diskret nur wird erwähnt, wem Journalisten und Politiker die gastfreundliche Bewirtung verdanken: Nicht der Partei, die hier ihren Kongress abhält, sondern der Tabakfirma Philip Morris.

Früher, als das Rauchen noch gesellschaftsfähig war, gingen hübsche junge Frauen durch die Reihen des Pressearbeitsraums und boten eine Auswahl an Zigaretten an. Heute ist es nur noch ein kleines Schild an der Wand der Presse-Lounge, das auf den Spender hinweist.

Philip Morris sponsert auf diese Weise gleichermaßen die Parteitage von SPD, CDU, CSU und FDP. Selbst bei den Grünen hatte der Tabakkonzern einmal die Verköstigung der Presse übernommen. Daraufhin brach innerhalb der Partei allerdings ein solcher Proteststurm los, dass die Journalisten-Bewirtung gestrichen wurde. Bei den anderen Parteien scheint es kein solches Unrechtsbewusstsein zu geben – weder bei den Politikern, die sich ohne eigene Unkosten eine besser gestimmte Presse versprechen, noch bei den Journalisten, die gerne ihre Tagesspesen sparen.

Ob die großzügige Gastfreundschaft von Philip Morris etwas damit zu tun hat, dass Deutschland den meisten anderen europäischen Ländern bei Rauchverboten in öffentlichen Räumen und Gaststätten lange Zeit um Jahre hinterher hinkte? Beweisen lässt es sich nicht; das Sponsern von Parteitagen ist ja auch nicht die einzige Lobby-Aktivität der Tabakkonzerne. Aber ganz und gar ohne Wirkung auf die Einstellung von Politikern und Journalisten werden die vielen kleinen Happen schon nicht geblieben sein.

Vergünstigungen speziell für Journalisten gibt es übrigens noch mehr: Die meisten Autofirmen geben einen Presserabatt von zehn bis 15 Prozent auf Neuwagen. Die Deutsche Telekom erlässt Journalisten die Handy-Grundgebühr. Mehrere Fluggesellschaften bieten Journalisten Ermäßigungen von bis zu 50 Prozent auf den Ticketpreis. Mit dem Presseausweis kommt man auch „für umsonst" und dazu noch an der Warteschlange vorbei ins Museum. Selbst der Bundesfinanzminister wartete früher mit einem Sonderbonus für Journalisten auf: Mitglieder der Bundes- und der Landespressekonferenzen konnten in ihrer Steuererklärung eine Extra-Werbekostenpauschale geltend machen. Das wurde schon vor Jahren abgeschafft. Aber Versuchungen für Journalisten gibt es noch genug. Problematisch sind solche Geschenke immer, und die einzige moralisch einwandfreie Haltung ist es, keinerlei Journalisten-Rabatte in Anspruch zu nehmen. Mindestens aber sollte man zusehen, dass es keine direkten Interessenskonflikte gibt: Wer über die Reform der Deutschen Bahn schreibt, darf auf gar keinen Fall Bahnvergünstigungen in Anspruch nehmen.

Nicht immer ist der Versuch der Einflussnahme so direkt wie bei diesen Beispielen. Subtiler und in der Regel noch effektiver geht es über die

Vergabe von Informationen. Im vorherigen Kapitel haben wir gesehen, wie Politiker diese Möglichkeit nutzen und welche Faktoren das Verhältnis von Politikern und Politikjournalisten prägen. Aber Journalisten haben genauso häufig nicht direkt mit einem Politiker zu tun, sondern mit seinem Pressesprecher, dessen Job es ist, seinen Chef zu vermarkten. Eine gezielte Informationspolitik wird auch von PR-Agenturen, Verbänden, Unternehmen und Nichtregierungs-Organisationen betrieben, die die Medien für ihre Lobbyarbeit einzuspannen versuchen.

Lernziele

- Wie funktioniert die Zusammenarbeit von Pressesprechern und Journalisten?
- Welche Rolle spielen Kommunikations- und PR-Agenturen?
- Wie geht man mit Informanten um, welche weiteren Quellen werden häufig genutzt?

Pressesprecher: Vom Umgang mit den Vermarktungs-Profis

Einen Pressesprecher hat fast jede Organisation. Von der örtlichen Polizeidirektion bis zum Bundesinnenminister, vom Papierwerk im Nachbarort bis zur Deutschen Bank, vom Bürgermeister bis zur Bundeskanzlerin: Sie alle haben Mitarbeiter, die eigens dazu abgestellt sind, die Berichterstattung in den Medien auszuwerten, Pressemitteilungen zu schreiben, Interviews zu planen, Informationen weiterzugeben und Medien-Events zu organisieren. Über 2.800 Mitglieder zählt allein der Bundesverband deutscher Pressesprecher; und es gibt viele weitere, die darauf verzichten, Mitglied dieser Berufsvertretung zu sein.

Früher war der Beruf des Pressesprechers sogar noch prominenter: Minister oder Manager, Parteivorsitzende oder Verbandschefs überließen die öffentlichen Auftritte erstaunlich oft ihren Sprechern. Inzwischen drängen aber nicht nur Politiker, sondern auch Wirtschaftsvertreter selbst vor die Kameras. Das liegt einerseits daran, dass die Akteure die Bedeutung der Medien höher einschätzen, andererseits sind aber auch die gesellschaftlichen Berührungsängste geschwunden. Selbst im Boulevard-Blatt zitiert zu werden gilt heute keineswegs mehr als anrüchig. Den Pressesprechern bleibt in der Öffentlichkeit deswegen meist nur noch die Rolle von Gehilfen: Sie sitzen bei Pressekonferenzen an der Seite ihrer Chefs, sprechen einleitende Worte, rufen die Journalisten auf und verabschieden am Ende die Presse.

Vielfach kommen Pressesprecher aus den Organisationen, die sie nach außen vertreten. Eine Justizpressestelle braucht einen ausgebildeten Juristen, um mit den Informationen kompetent umzugehen. Das Auswärtige Amt beschäftigt in seiner Pressestelle nur Berufsdiplomaten. Die Zeit, die sie im Pressereferat verbringen, gilt als förderlich für die Karriere. In kleineren Unternehmen sind es oft Assistenten der Geschäftsführung, die zusätzlich die Betreuung der Pressekontakte übernehmen. Große Konzerne haben ganze Abteilungen, die für die Medien zuständig sind.

Oft stellen Behörden, Verbände, Unternehmen und politische Institutionen auch fertig ausgebildete und zum Teil im Beruf erfahrene Journalisten ein. Allerdings müssen sie sich nicht unbedingt als besonders gute Pressesprecher erweisen. Ihr Hauptproblem: Frühere Journalisten sind häufig übervorsichtig, weil sie jede Aussage doppelt und dreifach absichern wollen – wahrscheinlich, weil sie sich so besonders gut vorstellen können, was ein unbedachtes Wort anrichten kann.

Gute Pressesprecher sind gute Quellen: Leute, die ein Journalist gern anruft, weil er von ihnen rasch und zuverlässig informiert wird. Gute Pressesprecher nutzen nicht jede Gelegenheit, um einer Geschichte einen Dreh zu geben. Sie verlassen sich darauf, dass die Sichtweise ihrer Organisation ohnehin in den Gesprächen deutlich wird. Sie wissen zudem, wie nützlich es ist, dass Journalisten gut auf ihre Organisation zu sprechen sind, weil sie dort immer ordentlich informiert worden sind. Gute Pressesprecher sind keine extremen „Spin Doctors".

- Pressesprecher ruft man an, wenn man sich eine Sachlage oder ein Verfahren erklären lassen möchte.
- Sie können im Namen ihrer Organisation eine Stellungnahme abgeben.

- Den Hintergrund dazu liefern sie ebenfalls, wollen damit aber meistens nicht namentlich zitiert werden.
- Bei wichtigen politischen Treffen sind die Sprecher von Parteien, Fraktionen oder Ministern häufig dabei. Sie sind deswegen die erste Anlaufstelle, wenn man erfahren will, was sich dort abgespielt hat.
- Auch wenn es darum geht, Dokumente zu bekommen, lohnt sich häufig ein Versuch beim Pressesprecher.
- Die Sprecher sind in der Regel auch für die Organisation von Interviews zuständig. Sie schlagen ihrem Chef vor, wem er zu welchem Zeitpunkt und mit welchem inhaltlichen Schwerpunkt ein Interview geben sollte.

Je wichtiger dieser Chef ist, desto genauer werden solche Entscheidungen abgewogen. Wichtige Politiker wollen nicht zu häufig Interviews geben, damit sich ihre Wirkung nicht abnutzt. Welches Medium zum Zuge kommt, hängt von einer Vielzahl von Faktoren ab: Wie wichtig es ist, wie freundlich es dem Politiker und seiner Partei gesonnen ist und ob es auch am Sonntag – einem besonders guten Tag für Interviews – erscheint. Für Gespräche, in denen es um wirtschafts- oder finanzpolitische Detailfragen geht, wird ein Sprecher an die Fachpresse denken. Besonders wichtig für ihn sind außerdem Zeitungen und Rundfunksender aus dem Wahlkreis seines Chefs.

- Im Interview selbst sitzt der Pressesprecher oft dabei.
- Bei Gesprächen mit Printmedien organisiert er die Autorisierung, auch wenn der Chef den Text ebenfalls durchsehen will.
- Der Sprecher muss zudem aufpassen, dass sich keine Fehler, zum Beispiel falsche Zahlen, in die Antworten einschleichen.
- Wenn das Interview erschienen ist und von anderen Medien für interessant befunden wird, sollte der Sprecher für ihre Nachfragen zur Verfügung stehen.
- Für Fernseh-Sender muss er unter Umständen versuchen, auch kurzfristig ein Statement seines Chefs vor der Kamera zu organisieren.

Keine Frage: Für Journalisten sind die Pressesprecher sehr, sehr wichtig. Sie sind die „Türwächter" der Mächtigen. Sind sie einem freundlich gesonnen, wird die Recherche um vieles leichter; sind sie abgeneigt, findet man den Weg häufig versperrt. In dem Versuch, sich den Pressesprecher günstig zu stimmen, kommt es oft zu sehr kumpelhaften Beziehungen. Journalisten und Sprecher duzen sich, gehen zusammen essen, verbringen Abende an der Bar miteinander.... Ein besserer Weg zu einer guten Zusammenarbeit ist es, sich durch seine Berichterstattung Respekt zu verschaffen. Die Profis unter den Pressesprechern achten genau darauf, wer in der Branche etwas von seinem Fach versteht.

Allerdings kann es auch zu erheblichen Verstimmungen zwischen Sprechern und Journalisten kommen. Manche Pressesprecher reagieren auf negative Berichterstattung mit regelrechten Strafaktionen: Das betreffende Medium wird nicht mehr zu Interviews vorgelassen, es wird nur noch notdürftig informiert und unter Umständen nicht einmal mehr zu Pressekonferenzen eingeladen. Wie weit solche Strafaktionen gehen, hängt immer von den Machtverhältnissen ab: Für einen Pressesprecher ist es leichter, Vertreter kleinerer, regionaler Medien oder gar freie Journalisten auszusperren als Redakteure wichtiger Medien.

Wie sollten Journalisten auf solche Strafaktionen reagieren? Es hilft, wenn man noch andere Quellen als den offiziellen Pressesprecher hat, weitere Kontakte in ein Ministerium oder zu den zuständigen Fachleuten in den Fraktionen. Wer darüber verfügt, ist nicht so angewiesen auf den guten Willen des Sprechers. Aber auch dann empfiehlt es sich, den Versuch zu unternehmen, die Verstimmung im Gespräch auszuräumen. Meist gelingt das auch; schließlich sind beide Seiten auf Zusammenarbeit angewiesen.

Genauso wie für den Umgang mit Politikern gilt auch für den Umgang mit Pressesprechern, dass es häufig zu Tauschgeschäften kommt. Eine Zeitung erhält ein internes Dokument, der Journalist muss aber im Gegenzug versprechen, bestimmte Aspekte in seiner Berichterstattung besonders zu berücksichtigen. Eine exklusive Information muss damit bezahlt werden, dass der Artikel auf der ersten Seite erscheint. Ein Fernsehsender wird zum Interview vorgelassen, aber es wird vorher ausgemacht, dass bestimmte Fragen nicht gestellt werden.

Darf man als Journalist auf solche Ansinnen eingehen?
- ⊃ Manchmal kann man es, manchmal muss man es im Interesse seiner Leser oder Zuschauer sogar.
- ⊃ Es gibt aber auch Geschäfte, die man besser ausschlägt, weil man zu stark instrumentalisiert werden soll. Für ein Magazin, eine Zeitung oder einen Rundfunksender ist es ein gutes Zeichen, wenn die Chefredaktion sich bei einer solchen Entscheidung hinter ihre Redakteure stellt.

Kommunikationsagenturen: Von harmlos bis bedenklich

Eine immer größere Rolle im Journalismus spielen die Medien- und Kommunikationsagenturen, die für ein stattliches Honorar die Aufgabe des Pressesprechers übernehmen. Wer sie engagiert, verspricht sich eine bessere Presse, als sie die häufig etwas hausbacken auftretenden internen Presseabteilungen erreichen. Agenturen werben damit, dass zu ihren Chefs und Mitarbeitern Leute gehören, die extrem gut vernetzt sind: frühere Chefredakteure und Reporter, aber auch Geschäftsleute und Ex-Politiker. Weil sie besonders gute Kontakte zu Journalisten, Chefredakteuren und Verlegern haben und sie sich mit den Arbeitsabläufen in den Medien bestens auskennen, sollen sie dafür sorgen, dass ihre Kunden ein positives Image bekommen. Läuft es ohnehin gut, polieren sie den Glanz noch ein wenig auf. Gerät ihr Klient in eine Krise, sollen sie ihm sagen können, wie er sie möglichst unbeschadet durchsteht.

Zu den bekanntesten Erfolgsgeschichten der Branche gehört die Image-Kampagne für den frisch gebackenen Bundesfinanzminister Hans Eichel. Sein Berater hieß Klaus-Peter Schmidt-Deguelle und hatte Eichel bereits als Regierungssprecher in Hessen gedient. Als Eichel die Landtagswahl 1998 verlor und ins Bundeskabinett nach Berlin wechselte, galt der SPD-Politiker als blass und bieder. Schmidt-Deguelle verwandelte ihn in den „Eisernen Hans", den „Spar-Hans", der über mehrere Jahre geradezu Kultstatus genoss. Dass Eichel nur drei Paar Schuhe und wenige Anzüge besaß, er sich aus Geiz am liebsten an der Imbissstube verköstigte und sein Freizeitvergnügen im Lesen von Automobil-Zeitschriften bestand, erfuhr die Öffentlichkeit haargenau – dank Schmidt-Deguelle, der „Home-Storys" über Eichel in Massen-Publikationen wie der *Super-Illu* unterbrachte. Diesem Mann, so suggerierte der Berater, durften die Deutschen ihre Steuergelder mit gutem Gewissen anvertrauen.

Eichels Image bekam erst dann Kratzer, als er nach der Wiederwahl von Rot-Grün 2002 seinen Sparkurs im Kabinett nicht mehr durchsetzen konnte. Ein „Eiserner Hans", unter dessen Regie Deutschland die Maastricht-Kriterien jahrelang verletzt, war nicht glaubwürdig. Da konnte auch der beste Berater nichts mehr machen. In den letzten Jahren der Regierung Schröder galt Eichel auch der Öffentlichkeit nur noch als Watschenmann.

Von vorneherein weniger positiv wirkte sich die Arbeit anderer Medien-Berater für ihre Klienten aus: Bundesverteidigungsminister Rudolf Scharping stolperte 2002 über seine Kontakte zu dem Frankfurter PR-Berater Moritz Hunzinger. Er hatte sich von Hunzinger nicht nur Ratschläge eingeholt, sondern soll von ihm auch Kleidung im Wert von Zehntausenden von Mark geschenkt bekommen haben. Scharpings Image war ohnehin schon stark angekratzt, weil die Zeitschrift *Bunte* neckische Fotos von Scharping und seiner damaligen Freundin im Urlaubs-Swimmingpool veröffentlicht hatte. Zu einem Minister, zumal einem Verteidigungsminister, passte das eine wie das andere schlecht. Scharping wurde von Schröder entlassen.

Schlecht endete ein Berater-Vertrag auch für Florian Gerster, den Chef der Bundesanstalt für Arbeit. Er hatte 2003 tiefe Einschnitte für Arbeitslose und radikale Kürzungen bei der Bundesanstalt angekündigt. Als bekannt wurde, dass er zur selben Zeit die Chefetage der BA mit Millionen-Aufwand hatte umbauen lassen, war die publizistische Katastrophe da. Gerster schloss dann einen Beratervertrag über 1,3 Millionen Euro mit der Berliner Berater-Firma WMP Eurocom. Wegen angeblicher Eilbedürftigkeit verzichtete er auf eine öffentliche Ausschreibung des Auftrags. Gerster wurde im Januar 2004 entlassen.

So weit diese drei Beispiele. An ihnen zeigt sich, dass PR zwar hilfreich sein kann, wenn die Umstände günstig sind. Wenn es aber zu Inkorrektheiten im Amt gekommen ist, oder wenn die Lebensführung und die Amtspflichten auseinander klaffen, nützt selbst der beste Berater wenig. Er kann dann nur noch Ratschläge zur Krisenbewältigung geben:

Wann der Politiker an die Öffentlichkeit gehen sollte, ob er Interviews gibt oder eine Pressekonferenz veranstaltet, wie er sich präsentieren und was er sagen sollte. Manchmal genügt ein richtiger Auftritt, um jemandem das Amt zu retten, manchmal allerdings auch nicht.

Medien-Berater gründen ihre Arbeit auf ihre Kontakte zu Journalisten, Chefredakteuren und Herausgebern. Sie wissen, dass nichts das Image eines Politikers in der Öffentlichkeit so wirksam aufpoliert wie positive Geschichten aus dem Privatleben. Sie wissen auch um die Gier der Boulevardpresse nach privaten „Home-Storys". Deswegen besteht ein großer Teil ihrer Arbeit darin, die Medien auszuwählen, die Zugang zum Privatleben des Politikers bekommen sollen, um dann insgesamt positiv über ihn zu berichten.

Die ernsten Medien lassen sich selten mit privaten Details ködern, dafür aber mit exklusiven Nachrichten. Medien-Berater vermitteln Gesprächstermine, Interviews und Reisebegleitungen. Ähnlich wie Pressesprecher achten sie darauf, dass Medien, die ihrem Klienten gewogen sind, besonders gut behandelt werden. Und häufig gehen die Berater noch weiter und bieten Zeitungen fertige Geschichten an: Interviews in der Frage- und Antwortform, die praktischerweise auch schon autorisiert sind, oder auch durchgeschriebene Artikel über besonders interessante politische Aspekte. Solche Stücke enthalten oft interessante Nachrichten – schließlich sollen sie gut verwendbar sein.

Das Problem daran: Solche Artikel haben nichts mit Journalismus zu tun. Kein Redakteur der Zeitung hat den Interviewpartner gesehen. Es gab keine echten Fragen und Antworten, und es gab schon überhaupt keine Nachfragen. Die Interviews und Berichte stammen komplett aus der Hand von Medienexperten, die dafür eine PR-Gage erhalten. Eigentlich sollte man denken, dass es sich für seriöse Medien verbieten würde, solche Artikel abzudrucken. Aber einige tun es in aller Diskretion trotzdem – weil sie unbedingt so oft wie möglich mit „exklusiven" Nachrichten glänzen wollen.

Verständlicher – wenn auch nicht besser – ist das Verhalten mancher lokalen und regionalen Medien, die knapp bei Kasse und Personal sind und daher gerne vorgefertigte Stücke in ihr Programm nehmen. Für sie stehen dabei weder private Enthüllungen noch exklusive News im Vordergrund; ihnen geht es darum, professionell gefertigte Beiträge umsonst nutzen zu können. Im Sommer 2007 beispielsweise stellte sich heraus, dass das Bundesfamilienministerium eine Werbeagentur mit einer Kampagne zur Einführung des Elterngeldes beauftragt hatte. Die Agentur bot Zeitungen und Radiostationen fertig produzierte Beiträge an, die mit Zitaten und O-Tönen von Familienministerin von der Leyen angereichert waren.

Interessant war die Reaktion des Bundespresseamtes (BPA), als diese Werbekampagne bekannt wurde: Das BPA ließ verlauten, diese Art der politischen Werbung sei zwar bis zum Ende der Amtszeit von Bundeskanzler Kohl 1998 üblich gewesen. Rot-Grün habe die Praxis aber beendet, weil man sich mit der politischen Informationsarbeit nicht in einer Grauzone habe bewegen wollen. Auch die große Koalition habe vereinbart, auf solche Maßnahmen zu verzichten. Allerdings werde die Öffentlichkeitsarbeit von den einzelnen Ressorts eigenverantwortlich betrieben. Das Familienministerium selbst sah übrigens keineswegs einen Grund zu Schuldeingeständnissen. Zur Einführung des Elterngeldes habe es für die Presse eine Vielzahl an Materialien gegeben, hieß es dort. Ob und wie Redaktionen davon Gebrauch machten, liege ausschließlich in der Hoheit der Redaktionen selbst. Journalisten sollten sich in Fällen wie diesem – auch dann, wenn sie für ein kleines Medium, das wirtschaftlich unter Druck steht – an den Pressekodex erinnern.

„Verleger und Redakteure (...) achten auf eine klare Trennung zwischen redaktionellem Text und Veröffentlichungen zu werblichen Zwecken."

Anonyme Quellen: Man achte auf das Motiv

Informanten sind wichtig für Journalisten. Sie verraten Informationen, die die Organisation, der sie angehören, nicht veröffentlicht sehen möchte. Sie spielen eine umso wichtigere Rolle, je weniger transparent die betreffende Organisation arbeitet. Von besonderer Bedeutung sind Informanten daher bei allen Recherchen, die Geheimdienste betreffen. Aber auch bei der Aufdeckung von Parteispenden-Skandalen oder von Korruptions-Affären spielen sie eine große Rolle.

Der berühmteste Informant in der Geschichte des Journalismus

Sein Geheimnis hielt sich über 30 Jahre lang: „Deep Throat", die wichtigste Quelle des *Washington-Post*-Reporters Bob Woodward in der Watergate-Affäre, outete sich erst 2005. Bis dahin wusste niemand, wer Woodward und seinen Kollegen Carl Bernstein 1972 und 1973 mit Insider-Informationen über die illegalen Wahlkampftricks von US-Präsident Nixon versorgt hatte. Bekannt war nur, dass die Treffen in allergrößter Heimlichkeit stattfanden, mitten in der Nacht, im untersten Stockwerk eines Parkhauses in der amerikanischen Hauptstadt. Dort bekam Woodward den entscheidenden Hinweis, dass einer von Nixons Wahlkampfhelfern das Hauptquartier der oppositionellen Demokraten im Watergate-Komplex in Washington heimlich hatte verwanzen lassen.

Die Jagd in der US-Administration nach der undichten Stelle blieb erfolglos. Am Ende verlor nicht „Deep Throat" (mit etwas zweifelhaftem Humor nannte Woodward seine Quelle nach einem Porno-Film) seinen Job, sondern Präsident Richard Nixon musste zurücktreten. Auch Woodward hielt all die Jahre dicht. Er hatte geplant, den Namen seines Informanten erst nach dessen Tod öffentlich zu machen. Geplant waren bereits ein Buch und eine Artikelserie. Doch „Deep Throat" machte ihm am Ende einen Strich durch die Rechnung. Im Juni 2005 gab er ein Magazin-Interview, in dem er erklärte: „Ich bin der Kerl, den sie „Deep Throat" nannten."

91 Jahre alt war er da schon, der ehemalige stellvertretende Chef der US-Bundespolizei FBI. Vielleicht wollte er gegen Ende seines langen Lebens den Ruhm genießen, einen Präsidenten gestürzt zu haben. Vielleicht ging es ihm auch um das Millionen-Honorar, das er für die Veröffentlichungen erhielt. In einem ähnlichen Zwielicht erscheint übrigens auch schon sein ursprünglicher Beschluss, die *Washington Post* von den FBI-Ermittlungen gegen Nixons Wahlkampfhelfer zu unterrichten. Es sei ihm darum gegangen, einen Skandal aufzudecken, sagen die einen. Er habe sich dafür rächen wollen, dass er bei der Ernennung des FBI-Chefs übergangen worden sei, sagen die anderen. Wissen wird man es wohl nie.

Informanten sind meistens hochrangige Mitarbeiter, die einen guten Überblick über die Tätigkeiten ihrer Organisation und womöglich auch offiziell Pressekontakte haben, so dass sie bereits mit Journalisten bekannt sind. Sie können eine Vielzahl von Motiven haben, um unerlaubt Interna zu verraten.

- Womöglich sind sie mit bestimmten Entscheidungen nicht einverstanden und wollen sie durch Öffentlichkeit unterbinden.
- Oder persönlicher Groll spielt eine Rolle: Ein Informant packt aus, weil er einem Vorgesetzten oder Konkurrenten in der Organisation schaden will.
- Schließlich gibt es auch den Fall, dass Informationen gegen Geld verkauft werden. Viele Medien lehnen solche Geschäfte prinzipiell ab, aber es kommt trotzdem immer wieder vor, dass beispielsweise für vertrauliche Berichte Geld gezahlt wird. Rechtlich und ethisch ist das fragwürdig.

Beim Umgang mit Informanten brauchen Journalisten auf jeden Fall Augenmaß. Sie müssen versuchen, das Motiv ihres Gegenübers in Erfahrung zu bringen, um beurteilen zu können, wie seriös die angebotene Information ist. Sie müssen dann die Angaben ihres Informanten so gut wie möglich auf Plausibilität und Echtheit überprüfen, auch wenn sich das als schwierig erweisen kann. Schließlich müssen sie auch das Risiko abwägen, wegen eines nicht völlig zutreffenden Berichts verklagt zu werden.

Verbände: Keine objektiven Quellen – aber trotzdem nützlich

Verbände und ihre Präsidenten, Generalsekretäre, Geschäftsführer und Pressesprecher verfolgen selbstverständlich immer ihr eigenes Interesse. Die Großen unter ihnen beschäftigen Hunderte von Mitarbeitern; sie vertreten beispielsweise die Industrie, die Landwirte oder Millionen von Beschäftigten. Die Kleinen sind oft hoch spezialisiert: Es gibt in Deutschland keinen Beruf, keine Branche, kein Interessenszweig, der nicht einen Verband hätte. Das bedeutet, dass es praktisch zu jeder Fragestellung, die einen Journalisten interessieren kann, einen Ansprechpartner gibt. Der Bund der Steuerzahler äußert sich zur Haushaltspolitik, Greenpeace zu Atomtransporten, der Deutsche Zahntechniker-Verband zur Gesundheitsreform und die Gewerkschaft der Polizei zu den Einlasskontrollen in den Fußballstadien. Meistens – wenn auch nicht immer – sind die Fachleute der Lobbys auf dem neuesten Stand und ihre Einlassungen sachkundig. Sie reden in der Regel gerne mit Journalisten, weil sie meinen, damit ihrem Anliegen zu dienen.

- Natürlich muss jeder Journalist bei Gesprächen mit Verbandsvertretern im Kopf behalten, welches Interesse der Gesprächspartner verfolgt. Er sollte es auch in seinem Bericht deutlich machen, damit sein Leser oder Zuschauer weiß, wie die Quelle eingefärbt ist, aus der die Information stammt.
- Die Ausgewogenheit fordert zudem, unterschiedliche Interessen darzustellen, also nicht nur den Bundesverband der Deutschen Industrie anzurufen, sondern auch den Deutschen Gewerkschaftsbund.
- Wer sich so verhält, schützt sich zudem gegen eine besondere Gefahr des Umgangs mit Lobbyisten: Weil sie als Kenner ihres Faches einen solchen Informationsvorsprung gegenüber den journalistischen „Generalisten" haben, können sie die Dinge äußerst einseitig darstellen.

Wer alle gebotenen Vorsichtsmaßnahmen beherzigt, kann sich die Verbände als wertvolle Quelle erschließen. Gerade die größeren Organisationen verwenden viele Ressourcen darauf, die politische Arbeit in den Ministerien und im Parlament aus möglichst großer Nähe zu beobachten, um rechtzeitig ihre Belange einbringen zu können. Deswegen können Verbände auch eine gute Adresse für Journalisten sein, um Informationen und Dokumente aus der Regierung zu erhalten. So genannte Referentenentwürfe – erste Versionen eines Gesetzes, die noch nicht vom zuständigen Minister gebilligt wurden – kursieren manchmal zuallererst bei den interessierten Verbänden. Es soll ja sogar vorkommen, dass es die Verbände sind, deren Fachleute den Gesetzentwurf formulieren... Dass Ministerien sich solche Hilfe gefallen lassen, ist allerdings skandalös.

Die Nachrichtenagenturen: Unverzichtbare Dienstleister

Früher gab es in den Redaktionen einen eigenen Abstellraum für die Agenturen. Dort ratterten die Drucker – einer für jede Agentur – unablässig und ziemlich laut. Auf einer Endlosrolle Papier wurden alle Meldungen so, wie sie von der Agentur auf den Draht geschickt wurden, ausgedruckt. Ein Redakteur oder Redaktionsassistent schaute alle paar Minuten vorbei, riss die aufgelaufenen Meldungen ab und verteilte sie an die jeweils zuständigen Kollegen. Bei Eilmeldungen klingelte der Drucker laut, um die Redaktion zu alarmieren.

Das war einmal. Heute laufen die Agenturmeldungen lautlos per Datenleitung ein und sind von jedem Redaktionscomputer aus einzusehen – geordnet nach Ressorts, Stichworten, Namen oder Agentur. Niemand muss sich mehr die Mühe machen, die Meldungen einzeln durchzuschauen. Und will ein Redakteur einen Absatz aus einem Agenturbericht verwenden, muss er ihn nicht mehr mühselig abschreiben, sondern kann ihn in seinen Artikel hineinkopieren.

In den meisten Fällen sind Agenturmeldungen die erste Informationsquelle, wenn es um Katastrophen, Anschläge oder aber auch um den Rücktritt eines Politikers geht. Nur selten ist das Fernsehen schneller. Redakteure verlassen sich auf die Meldungen, weil die Agenturen fast immer eine ausgezeichnete und zuverlässige Quelle sind. Nirgendwo auf der Welt ist die Konkurrenz zwischen den Nachrichtenagenturen so hart wie in Deutschland. Die amerikanische *AP*, die französische *AFP* und die britische Nachrichtenagentur *Reuters* haben deutschsprachige Dienste, die mit den hiesigen Agenturen *dpa* und *ddp* konkurrieren. Zusätzlich gibt es Dienste, die auf Wirtschaftsnachrichten spezialisiert sind.

Nicht alle Medien können allerdings auf alle Dienste zurückgreifen: Die Agentur-Abonnements sind teuer. Wenn in der Redaktion gespart werden muss, wird der Rotstift auch dort angesetzt. So gibt es viele Medien, die darauf verzichten, *AP, AFP* und *Reuters* gleichzeitig zu beziehen. Das führt zu Einbußen, weil die Agenturen in ihrer Auslandsberichterstattung unterschiedliche Schwerpunkte haben, aber es bleibt in der Regel verkraftbar. Seltener sind die Fälle, in denen eine Zeitung der *Deutschen Presseagentur* kündigt, obwohl sie erheblich teurer ist als die internationale Konkurrenz. Aber auf die ausführliche Deutschland- und Regionalberichterstattung kann eben doch fast niemand verzichten. Das gilt umso mehr, als Medien, die unter solchem Finanzdruck stehen, nicht über genügend eigene Mitarbeiter verfügen, um die Berichte in Eigenregie zu verfassen.

Agenturjournalisten harren aus, auch wenn die Tarifverhandlungen, über die sie berichten, erst morgens um fünf zu Ende sind. Sie warten vor dem Fraktionssaal, ob die Routine-Sitzung vielleicht doch noch eine interessante Meldung bringt. Sie schicken Vorschauen, kurze Meldungen, Zusammenfassungen, Features und – ganz wichtig – Terminübersichten. Und sie sind diejenigen, die die Interviews und Exklusivmeldungen anderer Medien auswerten und weiterverbreiten (vgl. Kapitel 4).

Berichtet nur eine Agentur von einem bestimmten Ereignis, empfiehlt es sich für einen Zeitungs-, Radio- oder Fernsehredakteur, selbst nachzurecherchieren. Läuft dieselbe Nachricht bei mehreren Agenturen, kann er ziemlich sicher davon ausgehen, dass sie stimmt. Irrt sich eine Agentur doch einmal, schickt sie bei kleineren Fehlern eine Korrektur, bei größeren einen so genannten Kill („Bitte verwenden Sie die Meldung nicht, wir ziehen sie zurück").

Zusammenfassung

Zentrale Informationsquelle für Politikberichterstattung sind die Nachrichtenagenturen. Daneben sind die Pressesprecher der politischen Organisationen im Alltagsgeschäft die wichtigsten Ansprechpartner von Politikjournalisten: Sie vermitteln Interviewtermine, geben Zitate frei und können auch Hintergrundinformationen über politische Themen verschaffen. Für Politikjournalisten lohnt es sich, in ein professionell gutes Verhältnis zu Pressesprechern zu investieren. Die mit dem jeweiligen Sachthema befassten Verbände können weitere ergiebige Informationsquellen sein. Gleichwohl ist bei Verbänden – ebenso wie bei Kommunikationsagenturen und Informanten aus den Organisationen – Vorsicht geboten: Politikjournalisten sollten darauf achten, sich von diesen Akteuren nicht zu sehr instrumentalisieren zu lassen.

Weiterführende Literatur

Leif, Thomas/Speth, Rudolf (2006): Die fünfte Gewalt – Lobbyismus in Deutschland. Wiesbaden: VS Verlag.
Ludwig, Johannes (2007): Investigativer Journalismus. Konstanz: UVK
Segbers, Michael (2007): Die Ware Nachricht. Konstanz: UVK.

Kapitel 2: Quellen des Politikjournalismus
Perspektiven der Forschung

> Sie ließen sich feiern wie Starpolitiker, saßen auf vielen Podien und in beinahe so vielen Talkrunden im Fernsehen wie ihre Auftraggeber: Selten gelangten Medienberater in der deutschen Politik zu so viel Ruhm wie Matthias Machnig und Michael Spreng, die im Bundestagswahlkampf 2002 für Gerhard Schröder (SPD) beziehungsweise Edmund Stoiber (CDU/CSU) arbeiteten. Wo auch immer die „Spin Doctors" auftauchten, wurde über ihren Einfluss auf die Politikberichterstattung gemunkelt. Haben die PR-Berater die Medien tatsächlich im Griff? Könnten sie mit ihren Themen die Agenda des politischen Journalismus bestimmen?

Wie ist die immer wieder geäußerte Vermutung zu beurteilen, durch geschickte Pressearbeit lasse sich der Politikjournalismus im Sinne eines Politikers oder einer Partei steuern? Die Forschung ist hier zu widersprüchlichen Ergebnissen gekommen. Manche Studien sprechen der PR einen hohen Einfluss auf den Journalismus zu, andere finden vergleichsweise wenige Hinweise auf eine Instrumentalisierung des Journalismus durch die PR. Hierzu muss allerdings angemerkt werden, dass viele Studien sich mit der Frage auseinandersetzen, inwiefern sich Pressemeldungen im redaktionellen Teil niederschlagen (Input-Output-Studien). Viel schwieriger, teils sogar unmöglich ist es für Forscher, zu messen, welche Rolle z.B. informelle Kontakte, Telefonate und Hintergrundkreise auf die Berichterstattung haben. Jens Tenscher, der sich in einer Studie mit den Pressesprechern von Parteien und Fraktionen befasst hat, macht darauf aufmerksam, dass die befragten Sprecher der „interpersonalen Kommunikation", sprich: dem persönlichen Draht zu Journalisten im Vergleich zu Pressemeldungen oder Pressekonferenzen eine herausgehobene Bedeutung zumessen (Tenscher 2003: 270).

Lernziele

- Wie lässt sich die Beziehung zwischen Politikjournalisten und ihren Quellen wissenschaftlich beschreiben?
- Zu welchen Ergebnissen kommen empirischen Studien zur politischen PR?

Steuert die PR den Journalismus? Die Determinations-Hypothese

Wenn man sich die strukturellen Rahmenbedingungen von PR und Journalismus anschaut, gibt es in der Tat Hinweise dafür, dass die Macht der PR gestiegen ist: Während viele Redaktionen in den vergangenen Jahren Stellen abgebaut haben, haben PR-Abteilungen – auch in der Politik – personell aufgerüstet.

Die Ansicht, dass PR einen großen Einfluss auf den (Politik-)Journalismus hat, vertreten Anhänger der *Determinations-Hypothese*. Barbara Baerns, die wesentlichen Anteil daran hatte, dass die Wissenschaft die PR für Forschung und Lehre entdeckte, hat in den achtziger Jahren untersucht, welche Resonanz die Pressearbeit der Fraktionen im Düsseldorfer Landtag in den Medien fand. Ergebnis: Über 60 Prozent der Beiträge in den untersuchten Regionalmedien ließen sich auf Pressemeldungen der Fraktionen zurückführen (Baerns 1985, 1991). In einer griffigen Kurzformel kann man das Untersuchungsergebnis auf den Kernsatz bringen, dass die PR „Themen und Timing" des Journalismus bestimmt.

Auch aktuelle Studien wie jene von Michael Haller (2004) und René Grossenbacher (2006) weisen für Deutschland bzw. die Schweiz einen großen Einfluss der PR auf lokale und regionale Medien nach. Eine zunehmende Zahl von Berichten basiert demnach allein auf einer PR-Quelle, und die Journalisten kennen sich oft mehr schlecht als recht mit dem Thema aus, über das sie berichten (vgl. Grossenbacher 2006; Haller/Lorbach 2006).

PR muss sich nach den Spielregeln der Medien richten

Dieses Bild wird relativiert durch die Arbeiten weiterer Autoren. So haben Studien zur „Krisen-PR" die Alltagserfahrung bestätigt, dass Journalisten bei Konflikten sehr viel umfassender recherchieren als im Routinefall – und sich so von der PR emanzipieren (vgl. Barth/Donsbach 1992). Eine Studie zum Einfluss von PR auf die Politikberichterstattung auf regionaler Ebene kam zu dem Ergebnis, dass zumindest die „klassische" PR in Form von Pressemeldungen den Politikjournalismus weitaus weniger beeinflussen kann als zunächst angenommen (vgl. Donsbach/Wenzel 2002). Auch für die Bundespolitik haben Studien gezeigt, dass die PR in Form von Pressemitteilungen allenfalls bedingt Einfluss auf die Agenda der Medien hat (vgl. Donsbach/Jandura 2005; Kepplinger/Maurer 2004). Günter Bentele macht im Rahmen des von ihm entwickelten „Intereffikationsmodells" darauf aufmerksam, dass die PR zwar einerseits wichtige Leistungen für den Journalismus erbringt. Andererseits muss sich aber auch die PR nach den Spielregeln des Journalismus richten, wenn sie erfolgreich sein will: Eine Pressekonferenz um 17 Uhr wird aller Voraussicht nach vor leeren Rängen stattfinden (vgl. Bentele/Liebert/Seeling 1997).

PR und Journalismus im „Marktmodell"

Das Verhältnis zwischen Politikern und ihren Sprechern auf der einen und Politikjournalisten auf der anderen Seite lässt sich auch unter Rückgriff auf Modelle aus der Wirtschaftswissenschaft erklären. Beide Seiten verfolgen handfeste Eigeninteressen, wenn sie die beschriebenen Tauschgeschäfte miteinander eingehen. Der Politiker will über die Medien bestimmte Zielgruppen erreichen. Das sind oftmals die Wähler, mitunter richtet sich die Botschaft aber auch an Insider des Politikbetriebs, dient als Warnschuss gegen Koalitionspartner oder Parteifreunde. Politikjournalisten wiederum sind auf der Suche nach möglichst exklusiven Informationen, um Schlagzeilen zu generieren und so im Wettbewerb mit anderen Medien zu punkten. Das „Marktmodell" hilft, die Beziehungen zwischen Politikern und Journalisten in der Praxis besser zu verstehen.

Es setzt aber auch voraus, dass man sich von allzu romantischen Vorstellungen über den Beruf des Journalisten verabschiedet. Politikern wird ja schon seit langem unterstellt, dass sie mehr an ihrer Wiederwahl denn am Wohl der Öffentlichkeit interessiert sind. Doch auch Journalisten dürften letztlich vor allem rationale Motive verfolgen: Ihnen geht es darum, möglichst aufmerksamkeitsträchtige Informationen zu beschaffen – und damit das Ansehen ihres Mediums, aber auch das eigene Prestige in der Redaktion, und damit mittelfristig möglicherweise auch das eigene Einkommen, zu steigern (vgl. Fengler/Ruß-Mohl 2005).

Abbildung 3: Schaubild: „Marktmodell des Journalismus"

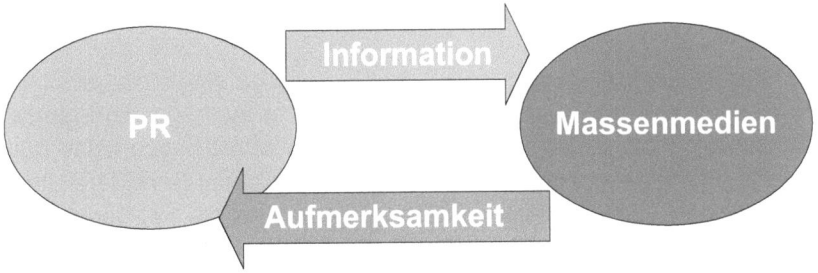

Eigene Darstellung

Es fällt auf, dass Politikjournalisten im Vergleich zu ihren Kollegen aus dem Lokalen oder der Wirtschaft der PR besonders skeptisch gegenüberstehen und die Informationsangebote der PR häufiger für nutzlos halten (vgl. Weischenberg/Malik/Scholl 2006: 289). Sind Politikjournalisten also die „besseren" Journalisten? Vielleicht gehen sie angesichts der Vielzahl der um Aufmerksamkeit rangelnden Mandatsträger tatsächlich anders mit PR um. Vielleicht sind sie aber auch qua Amt sensibler für Fragen der Machtverteilung und darum weniger gewillt, der PR in einer wissenschaftlichen Umfrage Einfluss auf ihr berufliches Handeln zuzugestehen. Wie die PR-Leute wiederum die Journalisten wahrnehmen, zeigt nachfolgende Übersicht.

> **Ergebnisse einer Befragung deutscher Pressesprecher**
>
> **Wie hält es ein Pressesprecher mit der Wahrheit? Zustimmung in %**
> „Unter bestimmten Umständen darf er auch lügen": 6 %
> „Er darf nicht lügen, aber er darf bestimmte Sachverhalte auslassen" 82 %
> „Er muss immer die Wahrheit sagen" 11 %
>
> **Wie sehen PR-Leute die Journalisten? Zustimmung in %**
> „Journalisten sind häufig nur an Skandalen interessiert" 34 %
> „Journalisten arbeiten oft ungenau" 38 %
> „Journalisten sind zu wenig über die Themen informiert" 46 %
> „Journalisten behandeln mich voreingenommen und ablehnend" 6 %
>
> Quelle: Bentele/Großkurth/Seidenglanz 2005: 105.

Noch eines fällt auf: „Spin Doctors" mögen ihren Auftraggebern die gewünschten Schlagzeilen verschaffen, aber sie selbst haben keine gute Presse. Frank Esser hat in einer Studie zur Wahlkampf-Berichterstattung 2002 zeigen können, dass deutsche Journalisten die PR-Berater der Politik in einem vergleichsweise schlechten Licht dargestellt haben (Esser 2003). Auch in der Kommunikationswissenschaft ist der Einfluss der PR auf den Journalismus vielfach unter normativen Gesichtspunkten diskutiert worden: Während der Journalismus (vgl. Kapitel 1) Aufgaben für die Allgemeinheit übernimmt und damit dem Allgemeinwohl dient, stellt sich die PR in den Dienst einzelner Akteure, die ihre jeweiligen partikularen Interessen verfolgen – so wurden auch in der Forschung PR und Journalismus lange Zeit als Gegenspieler modelliert.[1] Erst seit einiger Zeit heben auch Wissenschaftler vermehrt hervor, dass Journalisten angesichts knapper werdender redaktioneller Ressourcen auf die Zulieferungen der PR angewiesen sind (vgl. Fengler/Ruß-Mohl 2006).

---

1 Vgl. für eine Übersicht Donsbach 1997.

Zusammenfassung

Wie stark die PR den Politikjournalismus beeinflusst, wird in der Kommunikationswissenschaft kontrovers diskutiert – zumal die Budgets in den Redaktionen schrumpfen, die PR-Stäbe in politischen Organisationen hingegen wachsen. Studien kommen in dieser Frage zu unterschiedlichen Ergebnissen, zumal es für Forscher nicht leicht ist, zu „messen", wie sich die vielfältigen PR-Aktivitäten von politischen Akteuren auf die Berichterstattung niederschlagen. Anhänger der „Determinationshypothese" messen der PR einen hohen Einfluss auch auf den Politikjournalismus zu, Vertreter anderer Modelle und Theorien wie beispielsweise des „Intereffikationsmodells" oder des „Marktmodells" betonen die Tauschgeschäfte, die Journalisten und ihre Quellen zum beiderseitigen Vorteil miteinander eingehen.

Weiterführende Literatur

Bentele, Günter/Fröhlich, Romy/Szyszka, Peter (Hrsg.) (2007): Handbuch der Public Relations. Wissenschaftliche Grundlagen und berufliches Handelns. Wiesbaden: VS Verlag für Sozialwissenschaften.

Fengler, Susanne/Ruß-Mohl, Stephan (2005): Der Journalist als Homo oeconomicus. Konstanz: UVK.

Hoffmann, Jochen/Steiner, Adrian/Jarren, Otfried (2007): Politische Kommunikation als Dienstleistung. Public-Affairs-Berater in der Schweiz. Konstanz: UVK.

Tenscher, Jens (2003): Professionalisierung der Politikvermittlung? Politikvermittlungsexperten im Spannungsfeld von Politik und Massenmedien. Wiesbaden: Westdeutscher Verlag.

Vowe, Gerhard/Opitz, Stefanie (2006): Professionelle Kommunikationsdienstleister – ein neuer Akteurstyp in der strategischen politischen Kommunikation? In: Imhof, Kurt/Bonfadelli, Heinz/Jarren, Otfried/Blum, Roger (Hrsg.): Demokratie in der Mediengesellschaft. Wiesbaden: Verlag für Sozialwissenschaften, S. 58-76.

Kapitel 3: Agenda und Akteure des Politikjournalismus
Sichtweisen der Praxis

Es ist Montag in Brüssel. In der belgischen Hauptstadt kommen die Finanzminister der EU-Länder zusammen. Ihr Thema: Wie geht es weiter mit dem Defizit-Strafverfahren gegen Italien? Werden die Minister gegen Rom eine Milliarden-Strafe wegen der schon seit Jahren zu hohen Neuverschuldung verhängen? Das Verfahren ist langwierig und kompliziert. Bislang hat es noch jeder Schulden-Sünder – auch Deutschland, auch Frankreich – fertiggebracht, den Sanktionen zu entgehen.

Es ist Dienstag in Brüssel. Der Vorsitzende des Nato-Militärausschusses hat die Korrespondenten zu einem Gespräch über den Afghanistan-Einsatz gebeten. Der Jargon fängt schon bei der Einladung an: Das Wort Pressekonferenz ist bei der Nato unüblich; hier spricht man lieber von „Briefing". Der Vier-Sterne-General referiert auf Englisch, und seine Ausführungen wimmeln vor Abkürzungen. Von „PRTs" ist die Rede, von Recce-Tornados, von Helicopter Force Levels und vom „SCR". Niemand begeistert sich so für Abkürzungen wie das Militär. Das Nato-Handbuch enthält Dutzende von Seiten, auf denen aber nur die allerwichtigsten Abkürzungen aufgeführt sind.

Es ist Mittwoch in Brüssel. Bei ihrer wöchentlichen Sitzung einigt sich die EU-Kommission auf den Entwurf einer neuen Fernseh-Richtlinie. Europaweit einheitlich soll darin geregelt sein, wie oft Fernsehsendungen für Werbung unterbrochen werden dürfen. Umstritten ist in Deutschland, dass die neue Richtlinie auch das Product Placement erlaubt. Sicher ist, dass es noch Jahre dauern wird, bevor das Gesetz vom Ministerrat und vom Parlament beschlossen sein wird.

Es ist Donnerstag in Brüssel. Der Chefankläger des Jugoslawien-Tribunals in Den Haag, Serge Brammertz, trifft sich mit dem EU-Außenbeauftragten. Er bittet ihn, mehr Druck auf Serbien auszuüben, die noch flüchtigen Kriegsverbrecher aus dem Bosnien-Krieg auszuliefern. Die EU soll Serbien erst dann eine Perspektive zum Beitritt eröffnen, wenn sich die Gesuchten in Den Haag befinden. Allerdings drängen Regierungen aus der Region – vor allem Griechenland und Bulgarien – inzwischen auf einen schnellen Abschluss eines Partnerschaftsabkommens mit Serbien.

Es ist Freitag in Brüssel. Die deutsche EU-Vertretung hat zum Hintergrundgespräch geladen, um die Tagesordnung des EU-Umweltministertreffens in der nächsten Woche zu erläutern. Wichtigster Punkt: Die Verteilung von Kohlendioxid-Zertifikaten auf Länder und Industrien. Um den Klimawandel abzumildern, sollen in den nächsten Jahren deutlich weniger Verschmutzungsrechte ausgegeben werden als bisher. Besonders der Industriestandort Deutschland sieht Diskussionsbedarf.

Es ist Wochenende in Brüssel. Die EU-Beamten sind daheim, die Nato-Mitarbeiter ebenfalls, und auch die Korrespondenten erholen sich von ihrer Woche. Unvorhergesehenes passiert in der Europäischen Union selten. Aber dafür ist der Terminkalender der nächsten Woche schon wieder dicht gefüllt.

Sicher ist diese Brüsseler Wochenübersicht ein Extrembeispiel. Nicht jeder politische Journalist muss eine solche Breite an Themen bewältigen, und auch in Brüssel ist es nicht immer so, dass jeder Tag ein neues Großthema bringt. Aber es kommt vor – und deswegen gehört es zum Journalismus, sich rasch und gründlich in eine Vielzahl von Gebiete einzuarbeiten. Denn nur, was man selbst genau versteht, kann man in hinreichend einfache Worte fassen, um es einem Leser oder Zuschauer verständlich zu machen. Und komplizierte und trockene Materien gibt es im Politikjournalismus genug – ob in Brüssel, Berlin, im Bundesland oder auf kommunaler Ebene.

Der Journalismus verlangt mehr selbstständiges Denken und Arbeiten als viele andere Berufe. Gleichzeitig ist die Abhängigkeit von äußeren Ereignissen und den Zeitplänen anderer Leute so groß wie sonst fast nirgends in der Arbeitswelt. Politikjournalisten haben gegenüber anderen Kollegen ihrer Zunft – beispielsweise Polizeireportern oder Kriegsberichterstattern – immerhin den Vorteil, dass die meisten ihrer wichtigen Termine schon lange im Voraus feststehen und ihr Arbeitsalltag deswegen in der Regel gut planbar ist.

Lernziele

- Wie sieht die fachliche Spezialisierung von politischen Journalisten aus, wie die Spezialisierung nach politischer Handlungsebene?
- Wie wird das politische Leben und die Berichterstattung darüber von Terminen bestimmt?
- Wie unterscheiden sich Themen und Planung der Berichterstattung zwischen Innen- und Außenpolitik, wie wird in den Heimatredaktionen geplant?

Planung im Politikressort: Wie steuern Redaktionen die Berichterstattung?

Politikjournalisten unterliegen einen doppelten Terminzwang: Sie müssen sich nach dem Kalender richten, den die Ereignisse und die Politiker vorgeben. Genauso sind sie von den Abläufen in ihrer Heimatredaktion abhängig. Denn sie müssen sicherstellen, dass ihre Vorschläge für Artikel und Sendungen in die Planungsprozesse der jeweiligen Zentrale richtig eingespeist werden, und das ist nicht immer einfach.

- Tageszeitungen halten in der Regel am Vormittag eine große Redaktionskonferenz ab, auf der die Ressorts ihre Themen vorstellen und etwaige Überschneidungen miteinander besprechen. Oft werden wichtige Entscheidungen – was könnte Aufmacher sein, wo will die Zeitung ein Schwerpunktthema setzen, wovon handelt der Leitartikel? – aber bereits vorher im kleinen Kreis beim Chefredakteur abgesprochen.
- Am frühen Nachmittag folgt dann in den meisten Häusern eine kurze Konferenz, um die Themen für die Seite Eins noch einmal durchzugehen und die Kommentarthemen festzulegen. Nach dem Andruck der ersten Ausgabe wird darüber beraten, welche Berichte und Fotos in den späteren Ausgaben ausgetauscht werden sollen.
- Besonders wichtig sind die Wochenkonferenzen der Ressortleiter, die meist donnerstags oder freitags stattfindet und zur Vorbereitung des

Wochenendes und der nächsten Woche dienen. Hier geht es darum, wie sich die Redaktion für die großen Ereignisse der nächsten Zeit rüstet, wer um ein Interview gebeten werden soll, welche Reportagen geplant werden und was für Exklusiv-Storys in Arbeit sind.

⊃ Wochenzeitungen und Magazine halten ihre große Konferenz meist an dem Tag ab, an dem die Vor-Ausgabe in die Kioske gekommen ist. Hier wird über die großen Themen des nächsten Hefts gesprochen. Auch um die Fragen, welche Schwerpunkte in der Recherche sinnvoll sind und wie eine attraktive Mischung von Nachrichten, Reportagen, Interviews und Meinungsstücken erreicht wird, geht es auf dieser Konferenz.

⊃ Am Tag vor dem Redaktionsschluss trifft man sich dann noch einmal, um auf aktuelle Ereignisse reagieren zu können.

Planungen für Magazine sind besonders schwierig: Sie müssen Leser zufrieden stellen, die sich gründlichere Recherchen und besser geschriebene Berichte als in der Tageszeitung erwarten. Das bedeutet aber, dass der Vorlauf länger ist – und es entsprechend schwieriger wird, aktuell zu sein. Für Journalisten beispielsweise des *Spiegel* kommt eine weiteres Problem hinzu: Das Magazin verfügt eine so große Redaktion, dass um den Platz im Heft zwischen den Kollegen oft erbitterte Kämpfe ausgetragen werden.

Fernseh- und Radiosender, obwohl sie rund um die Uhr Programm machen, beschränken sich in der Regel auf eine große Redaktionskonferenz am Tag. In den einzelnen Sendungsredaktionen wird aber ähnlich detailliert geplant, bei den *Tagesthemen* gibt es beispielsweise vier Konferenzen am Tag. In der „Schalte" um 14 Uhr besprechen sich die Intendanten der ARD-Sender jeden Tag. Eine tägliche Schaltkonferenz gibt es auch für die Hörfunkkorrespondenten der ARD in Berlin. Dabei werden die Mutterhäuser der in die Hauptstadt entsandten Redakteure zugeschaltet, um über die Berichterstattungspläne informiert zu werden. Zwischen den einzelnen Wellen einer Anstalt gibt es in der Regel nur wenig Koordination. Meist konzipiert jede Welle mit Blick auf ihr besonderes Zielpublikum ihre Nachrichten selber; einen Meinungsaustausch über die Sendungen gibt es oftmals erst im Nachhinein.

Berichterstattung aus der Hauptstadt: Gefragt sind Spezialisten

Eine besondere Rolle im politischen Journalismus aller Medien spielt die Berichterstattung aus der Hauptstadt. Von hier kommen die meisten Storys, die bundesweit Aufsehen erregen. In der Wahrnehmung von Lesern, Zuschauern und Redakteuren ist der Nationalstaat nach wie vor die wichtigste Handlungsebene, selbst wenn inzwischen immer mehr Entscheidungen von der Europäischen Union getroffen werden. In Berlin sind die Politiker und, wichtiger noch, die Strukturen und Verfahren, vertraut. Bundestag und Bundesrat verabschieden die Gesetze in Deutschland, das wissen die meisten Bürger, auch wenn ihnen die Details der Abläufe fremd sind. Auch was ein Kanzler, eine Ministerin, ein Parteivorsitzender, ein Wirtschaftsweiser, ein Gewerkschaftschef oder ein Verfassungsrichter tut, gehört – jedenfalls in groben Umrissen – zum Allgemeinwissen.

Inhaltlich lässt sich die politische Berichterstattung zunächst nach Sachgebieten einordnen:
- Innenpolitik, Außenpolitik, Bildungspolitik gehören zu den im engeren Sinne politischen Bereichen.
- Berichte über Finanzpolitik oder Sozialpolitik finden sich auch oft im Wirtschaftsteil einer Zeitung, weil bei ihnen die Frage „was kostet das?" im Vordergrund steht.

Aus jedem dieser Felder stehen täglich zahlreiche Berichte in der Zeitung; die zuständigen Bundesministerien und Fachpolitiker in den Bundestagsfraktionen produzieren einen stetigen Strom von Nachrichten. Andere Bereiche unterliegen großen Schwankungen: Gibt es einen Lebensmittelskandal, steht auf einmal der Verbraucherschutz mitsamt dem zuständigen Minister im Mittelpunkt; kommt es zur Hochwasserkatastrophe, richtet sich der Blick auf Umwelt- und Bauminister. Eine Woche lang, vielleicht sogar zwei, dominieren sie die Nachrichten, bis sie vom nächsten Thema verdrängt werden.

Jedes Fachgebiet erfordert vom Berichterstatter große Sachkenntnis. Über eine Gesundheitsreform kann man nur dann ordentlich schreiben, wenn man weiß, wie die gesetzlichen Krankenkassen in Deutsch-

Sichtweisen der Praxis

land organisiert sind. Zur innenpolitischen Berichterstattung und zur Justizberichterstattung gehören Kenntnisse der Verfassungsgerichtsurteile; zur Außenpolitik das zeitgeschichtliche Wissen.

- Größere Zeitungen und Sender leisten sich spezialisierte bundespolitische Korrespondenten, die nur für ein oder zwei Ministerien zuständig sind. Oft kennen sie den Minister persönlich recht gut, weil sie oft Interviews und Hintergrundgespräche mit ihm führen.
- Genauso wichtig ist es aber, gute Drähte zu seinen Sprechern und den Spitzenbeamten des jeweiligen Hauses zu haben. Solche Kontakte lassen sich besonders gut aufbauen, wenn man den Minister auf Reisen begleitet. (vgl. Kapitel 2)
- Oft kümmern sich die Fachkorrespondenten auch um die Interessensverbände, die mit ihrem Themengebiet zu tun haben: Wer die Justizpolitik betreut, ist für Richterbund und Anwaltverein mitzuständig. Zur Berichterstattung über die Umweltpolitik gehört es, gute Kontakte zu Greenpeace und dem BUND zu pflegen. Ähnliches gilt für verwandte Behörden: Wer sich mit Wirtschaftspolitik befasst, muss sich auch für das Bundeskartellamt interessieren.

Nicht jeder Spitzenpolitiker leitet ein Fachressort: Auch im öffentlichen Leben gibt es Leute, die sich in allen tagesaktuellen Fragen auskennen müssen. Der Kanzler gehört dazu, die Fraktionschefs, die Parteivorsitzenden, die Ministerpräsidenten. Deswegen gilt auch für Journalisten, die über das Kanzleramt, über eine politische Partei und die dazugehörige Fraktion oder über den Bundesrat berichten, dass sie zum Hans-Dampf-in-allen-Gassen werden müssen. Erfahrung nützt dabei ungemein, schließlich wiederholen sich die meisten Themen im Verlauf der Jahre immer wieder. Was auch hilft – und trotzdem tun es bei weitem nicht alle Journalisten – ist, jeden Tag sorgfältig Zeitung zu lesen.

Für alle bundespolitischen Journalisten gilt darüber hinaus, dass sie mit dem Gesetzgebungsverfahren vertraut sein müssen. Beispielsweise lassen sich die Chancen eines politischen Vorstoßes der Regierung nur dann einschätzen, wenn man weiß, ob auch der Bundesrat dem Gesetz zustimmen muss und wie sich die politische Mehrheit dort dazu stellen wird. Wer von seinem Publikum und seinen Quellen ernst genommen werden will, sollte auch Feinheiten kennen wie zum Beispiel das Verfahren des Gruppenantrags, bei dem einzelne Abgeordnete fraktionsübergreifend einen Gesetzes-Vorschlag einbringen.

Berichterstattung aus der Hauptstadt: Die Termine

Die wichtigsten Termine im politischen Kalender sind die Wahlen. In den Monaten davor werden die Kandidaten gekürt, entscheiden die Parteien über ihre Wahlprogramme und fechten ihre Vertreter den Wahlkampf aus. Auf den Wahlabend folgen Sondierungsgespräche, Koalitionsverhandlungen und die Verabschiedung eines Regierungsprogramms. Die siegreichen Parteien stellen Minister, die unterlegenen strafen ihre Spitze ab. Jedes einzelne dieser Kapitel bietet Stoff für viele, viele Berichte, Reportagen und Meinungsstücke.

Berlin blickt aber nicht nur auf Bundestagswahlen, sondern auch auf Wahlen in den Bundesländern. Sie sind für das Geschehen in Berlin umso wichtiger, je mehr es in dem jeweiligen Wahlkampf um bundes- statt um landespolitische Themen gegangen ist. Wird die Partei, die in Berlin regiert, in wichtigen Bundesländern mehrmals abgestraft, setzt die Parteibasis ihre Führung unter Druck. Es gibt Richtungsdebatten, die zum Kurswechsel in der Regierungspolitik führen können, und es gibt Personaldiskussionen, die eine Kabinettsumbildung erzwingen können. Die spektakulärste Folge eines solchen Wahlausgangs war die Entscheidung, die Bundeskanzler Gerhard Schröder am Abend des 22. April 2005 traf: Nachdem seine SPD die Landtagswahl in Nordrhein-Westfalen verloren hatte, kündigte Schröder überraschend Neuwahlen im Bund an – und musste dann sechs Monate später seinen Schreibtisch räumen.

Auch im Alltag zwischen den Wahlen wird der politische Rhythmus in Berlin vom Bundestag bestimmt. Die Bundestagspressestelle veröffentlicht jedes Jahr einen Wandkalender, auf dem die Plenarwochen, die Sitzungen des Bundesrats und die des Europa-Parlaments farbig markiert sind. Dieser Kalender hängt in jedem Korrespondentenbüro. Meist tritt der Bundestag ein bis zwei Wochen im Monat zusammen. Die Plenarwoche beginnt gewöhnlich am Montagnachmittag mit den Sitzungen der geschäftsführenden Fraktionsvorstände, setzt sich am Dienstagnachmittag mit Fraktionssitzungen fort, bis am Mittwoch früh das Plenum zusammentritt. Bis Freitagmittag wird dort beraten; parallel tagen die Ausschüsse. Abstimmungen werden durch lautes Klingeln so rechtzeitig angekündigt, dass die Abgeordneten sich im Plenarsaal einfinden können. Ist die Abstimmung wichtig oder sind die Mehrheitsverhältnisse knapp, verfügen die Parlamentarischen Geschäftsführer über einen Lautsprecher in jedem Abgeordnetenbüro, um die Kollegen zusammenzurufen. Abstellen lassen sich diese Lautsprecher übrigens nicht.

Alle paar Wochen, in der Regel freitags, tritt der Bundesrat zusammen. Viele Ministerpräsidenten kommen wenigstens zu einem Teil der Sitzung selbst; den Rest machen die jeweils zuständigen Fachminister. Oft hat eine Sitzung des Bundesrats achtzig und mehr Tagesordnungspunkte, von denen die meisten routinemäßig „durchgestimmt" werden. Im Fachjargon wird seit den 70er Jahren in A-Länder (geführt von der damals dominierenden SPD) und B-Länder (Unionsgeführt) unterteilt. Beide Lager bemühen sich, ihr Stimmverhalten im Vorfeld zu koordinieren. Anders als im Bundestag ist die parteipolitische Bindung allerdings keine zuverlässige Klammer. Wenn es um Länderinteressen geht, stehen oft Flächenländer gegen Stadtstaaten, alte Länder gegen neue, Norden gegen Süden. Viele der Landesvertretungen in Berlin laden vor jeder Bundesratssitzung zum Pressetreff ein, um interessante Punkte der Tagesordnung aus ihrer Sicht zu erklären. Für Journalisten sind diese Pressetreffs ergiebige Quellen.

Parallel zur Legislative finden die regelmäßigen Termine der Regierung statt, vor allem die wöchentlichen Kabinettssitzungen. Drei Mal in der Woche lädt die Bundespressekonferenz, in der sich die meisten politischen Journalisten der Hauptstadt zusammengeschlossen haben, den Regierungssprecher und die Sprecher der Ministerien ein, zu allen Fragen Rede und Antwort zu stehen. Eine deutsche Besonderheit ist es, dass diese Treffen nicht unter der Leitung des Regierungssprechers stattfinden, sondern von Journalisten moderiert werden. Auch Kanzler und Minister sind häufig zu Gast in der Bundespressekonferenz. Etwa 900 deutsche Journalisten sind Mitglieder; hinzu kommen deutschlandweit etwa 400 ausländische Korrespondenten, die sich im Verein der ausländischen Presse zusammengeschlossen haben und ebenfalls zu den Terminen der Bundespressekonferenz kommen können.

Die Routine-Sitzungen montags, mittwochs und freitags, zu denen nur die Sprecher kommen, leiden allerdings oft an geringer Präsenz. Viele Journalisten sparen sich den Weg und sehen sich nur die Übertragung im internen Fernsehkanal an. Und natürlich gilt: Wer eine wirklich interessante Geschichte recherchiert, ruft die Sprecher lieber persönlich an – schließlich will man die Kollegen nicht vorzeitig auf das Thema aufmerksam machen.

> Ein nützliches Arbeitsinstrument sind die täglichen und wöchentlichen Terminübersichten, die das Bundespresseamt zusammenstellt und veröffentlicht. Sie enthalten keineswegs nur Regierungstermine, sondern auch Veranstaltungen und Pressekonferenzen von Verbänden, Instituten und Stiftungen. Auch wichtige Termine der obersten Bundesgerichte werden vom Bundespresseamt erfasst. Schließlich wird in Berlin auf Entscheidungen des Bundesverfassungsgerichts oft mit angehaltenem Atem gewartet.

Nicht nur staatliche Stellen sind für politische Journalisten wichtig, auch die Berichterstattung über die Parteien nimmt großen Raum ein. In der Regel montags kommen die Präsidien in Berlin zusammen, um im kleinen Kreis und hinter gut verschlossenen Türen über die politische Lage zu beraten. Einmal im Monat tagt statt des Präsidiums der Parteivorstand, wo es zu lebhaften und politisch brisanten Richtungsdebatten kommen kann. Die Pressekonferenzen, die der Parteivorsitzende oder sein Generalsekretär nach den Montagskonferenzen abhalten, dienen allerdings meist nur dazu, Attacken auf den politischen Gegner zu reiten. Parteitage finden regulär einmal im Jahr statt, gewählt wird bei den Volksparteien alle zwei Jahre.

Den Terminkalender sorgfältig zu führen, ist für Journalisten von allergrößter Bedeutung. Große Ereignisse werfen ihre Schatten voraus – rechtzeitig vor einer wichtigen Regierungserklärung oder einem Parteitag sollte man überlegen, wer ein geeigneter Interview-Partner wäre und an welcher Stelle die eigene Recherche lohnen könnte. Nur wenn man weiß, wann jährliche Berichte wie der Jahreswirtschaftsbericht oder der Bericht über die deutschen Waffenexporte im Bundeskabinett behandelt werden, kann man versuchen, sie sich zu beschaffen. Wahlen, politische Grundsatzentscheidungen, wichtige Jahrestage und andere einschneidende Ereignisse erfordern zudem eine sorgfältige Vorplanung in der Redaktion, um Sonderseiten oder Sondersendungen in angemessener Vielfalt und Breite bieten zu können. Journalisten, die für das technisch aufwändige Medium Fernsehen arbeiten, werden allerdings auch die Erfahrung gemacht haben, dass man es mit der Planung übertreiben kann. Manche Ereignisse werden in übergroßer Ausführlichkeit gewürdigt, nur weil sie vorhersehbar waren. Aktuelle Entwicklungen können dagegen zu kurz kommen.

Die Agenda der politischen Berichterstattung aus Berlin wird also bestimmt durch:

- Wahltermine
- die Sitzungswochen des Bundestags
- die Sitzungstage des Bundesrats
- die Termine des Kabinetts und seiner einzelnen Minister
- die Termine der Bundespressekonferenz
- die Gremiensitzungen der Parteien
- wichtige Gerichtsentscheidungen
- Jahresberichte zu verschiedenen Themen

Berichterstattung aus den Ländern und Kommunen: Mehr Bürgernähe auch für die Medien

Politische Berichterstattung findet keineswegs nur in Berlin statt. Hunderte von Journalisten haben sich auf die Landespolitik in den sechzehn deutschen Bundesländern verlegt. Im Grundsatz ähnelt die Arbeit der bundespolitischen Berichterstattung: Auch hier sind Ministerien und Parlamente, Gerichte, Parteien, Verbände und Interessensvertretungen zu beobachten. Selbst die Themen sind zum Teil die gleichen, beispielsweise wenn es um die Verabschiedung des Haushalts, die Erhöhung der

Diäten oder die Wahl eines neuen Landesvorsitzenden geht. Wo auf Bundesebene über Außen- und Verteidigungspolitik berichtet wird, spielt auf Landesebene die Schul- und die Ausländerpolitik eine zentrale Rolle. Organisiert sind die Journalisten in einer Landespressekonferenz, die nach ähnlichen Regeln funktioniert wie die Bundespressekonferenz in Berlin.

Der größte Unterschied: Selbst große Rundfunksender und Zeitungen stellen für die landespolitische Berichterstattung weniger Leute ab als für die Bundespolitik, so dass die Spezialisierung der Journalisten nicht so ausgeprägt ist. Dabei ist die Themenvielfalt mindestens so groß wie auf Bundesebene, und entsprechend hoch sind die Ansprüche an die Fähigkeiten der Korrespondenten, sich rasch in komplizierte Zusammenhänge einzuarbeiten und verlässliche Quellen zu erschließen. Nur zwei Beispiele seien genannt: 2005 wurde eine große Korruptionsaffäre bei Volkswagen bekannt, die nicht nur Personalvorstand Hartz und den Gesamtbetriebsratsvorsitzenden Volkert erfasste, sondern auch Abgeordnete vor Gericht brachte. 2007 kam Dresden in die Schlagzeilen, als die Landesregierung die Sächsische Landesbank verkaufte, weil diese sich mit Hypothekenkrediten in den USA verspekuliert hatte. In der Folge gerieten nicht nur der Finanzminister, sondern auch der sächsische Ministerpräsident Milbradt stark unter Druck. Beide Affären beherrschten die jeweilige Landesberichterstattung über Wochen und Monate. Wer bei solchen Ereignissen erfolgreich investigativ recherchiert, macht sich auch bundesweit einen Namen.

Auf der kommunalen Ebene werden Entscheidungen getroffen, die die Bürger unmittelbar betreffen. Ob ein Kindergarten geschlossen, ein Schwimmbad renoviert, ein Gewerbegebiet ausgewiesen wird, welche Gebühren für Parkplätze erhoben werden und für welche Straßen Tempo 30 eingeführt wird – das lesen viele Leute morgens als erstes. Besondere Aufmerksamkeit gilt immer den Entscheidungen des Baudezernats: Bauskandale hat es schließlich schon in vielen Städten gegeben. Interessant ist auch immer die Personal-, Gehalts- und Gebührenpolitik der Stadtwerke.

In einem Punkt haben es Journalisten, die sich mit Kommunalpolitik befassen, deutlich schwerer als ihre überregional tätigen Kollegen: Eine

Stadt, eine Kommune oder ein Landkreis ist ein überschaubarer Ort, wo sich die Akteure untereinander alle kennen. Der Bürgermeister oder der Polizeipräsident ist nicht nur mit den Lokaljournalisten, sondern auch meist mit dem Eigentümer und dem Chefredakteur der Lokalzeitung gut bekannt – gefällt ihm ein Bericht nicht, bekommt der Autor das möglicherweise auf unangenehme Art zu spüren. Fehler zu machen, ist bei jeder Geschichte peinlich und unangenehm. Bei der Lokalberichterstattung darf man sich Irrtümer am allerwenigsten erlauben, kennen sich doch viele Leser in der eigenen Stadt hervorragend aus.[1]

Berichterstattung aus Brüssel und dem Ausland: Erklären, erklären, erklären

Immer wichtiger ist in den vergangenen Jahren die Europa-Berichterstattung geworden. Die EU-Kommission, der Ministerrat und das Europa-Parlament treffen Entscheidungen über die Rahmenbedingungen und zunehmend auch Detailregelungen für Wirtschaft, Arbeitsmarkt, Umwelt und Verbraucherschutz. Viele der Brüsseler Beschlüsse berühren das Leben der Bürger ganz unmittelbar: die Warnhinweise auf Zigarettenschachteln beispielsweise, die Umstellung auf einen europaweit einheitlichen Führerschein oder die Anbaugenehmigung für gentechnisch manipulierte Nahrungsmittel. Das gilt, obwohl die EU-Berichterstattung in ihrem Ansehen großen konjunkturellen Schwankungen unterliegt. Ist Europa gerade angesagt, profitieren die Brüsseler Berichterstatter von größerem Prestige und mehr Platz in Zeitungen und Sendungen. Greift Euro-Skepsis um sich, dann schlägt das auch auf die mit Europa befassten Journalisten zurück.

In der Praxis ähnelt die europapolitische Berichterstattung auf den ersten Blick der Arbeit in Berlin:

---

[1] Über Arbeitsbedingungen, Berufspraxis und Forschungsstand in der Lokalberichterstattung informiert ausführlich der Band „Lokaljournalismus" in der Reihe „Kompaktwissen Journalismus."

- Auch in Brüssel gibt es eine Exekutive – die EU-Kommission – die wöchentliche Sitzungen abhält und Gesetzesvorschläge vorlegt, welche dann im Europa-Parlament beraten werden.
- Kommissare und Abgeordnete suchen die Öffentlichkeit genauso wie es Minister und Parlamentarier in Berlin tun.
- Verbände, Nichtregierungsorganisationen und Unternehmen sind in Brüssel sogar in noch größerer Zahl als auf nationaler Ebene präsent, um Einfluss auf die Entscheidungen zu nehmen.

Die Gemeinsamkeiten hören allerdings immer dort auf, wo die Nationalität eine Rolle spielt. Das ist vor allem im EU-Ministerrat der Fall, in dem die Regierungen aller Mitgliedsstaaten vertreten sind. Über seine Tagesordnung informieren die nationalen Vertretungen der EU-Mitgliedsstaaten. Aus Sicht der deutschen, spanischen oder auch slowenischen Regierung erläutern sie, welche Gesetze wichtig sind, mit welchen Vorschlägen sie einverstanden sind oder auch nicht und wie sich die übrigen Länder positionieren. Die Diplomaten reden dabei oft in schöner Offenheit – aber nur zu Journalisten aus dem eigenen Heimatland. Pressevertreter anderer Nationen sind bei diesen Hintergrund-Veranstaltungen meistens nicht willkommen.

Diese Regel trägt zu einer wirklichen Besonderheit der journalistischen Arbeit in Brüssel bei: Zwischen den Staatsdienern und Korrespondenten eines Landes gibt es ein Wir-Gefühl wie in keiner nationalen Hauptstadt. Oft sind sich beide Gruppen erstaunlich einig darin, welche nationalen Interessen es gegen andere EU-Länder zu verteidigen gilt. Dieses Wir-Gefühl wirkt sich auch auf die Berichterstattung über Kommission und Parlament aus. Bevorzugte Anlaufstellen sind die Landsleute unter den Kommissionsbeamten, und auch unter den Europa-Abgeordneten kennt man vor allem die Vertreter des eigenen Volkes.

Zu dieser bisweilen übergroßen Nähe zum Heimatstaat bietet Brüssel ein Gegenmittel: Die Kooperation mit Journalisten aus anderen Ländern, zu der jeder seine Kontakte und sein Spezialwissen mitbringt. Weit über tausend Journalisten aus allen EU-Staaten sind in Brüssel akkreditiert. Viele von ihnen treffen sich jeden Mittag bei der Pressekonferenz der Kommissionssprecher, nehmen danach noch einen Kaffee an der Pressebar im Kommissionsgebäude ein und brechen dann gemeinsam zu einem der ortsüblich ausgedehnten Mittagessen auf. Auch am Ende jedes EU-Gipfels, wenn jeder Regierungschef seine Abschluss-Pressekonferenz gegeben hat, sieht man Kollegen aus ganz unterschiedlichen Nationen zusammensitzen und Notizen austauschen. So ähnlich funktioniert es übrigens auch bei anderen internationalen Organisationen, den Vereinten Nationen beispielsweise oder der Nato.

Ganz anders ist das Leben als klassischer Auslandskorrespondent in Paris, Moskau, Peking oder Washington. Zwar spielt auch für diese Arbeit die Beobachtung der Politik eine große Rolle. Doch findet sie aus deutlich größerer Distanz statt. Das liegt einerseits daran, dass es ausländische Journalisten in der Regel schwer haben, direkten Zugang zu Politikern und Institutionen zu bekommen. Andererseits sind ihre Zuschauer, Hörer und Leser auch an kleinteiligen Details der jeweiligen Innenpolitik sehr viel weniger interessiert. Groß ist dagegen die Nachfrage nach Porträts und Reportagen, die die Entwicklungen im Gastland verständlich und interessant machen.

Das größte Gewicht hat in allen Medien die Berichterstattung aus den USA. Ein Korrespondentenjob in Washington gilt vielen politischen Journalisten als Krönung der Karriere, obwohl schon allein die Zeitverschiebung die Arbeit dort erschwert. Wer eigene Kontakte in das politische Establishment in Washington knüpfen will, muss viele Abende bei den Veranstaltungen und Empfängen der Think Tanks, der großen politischen Forschungsinstitute, verbringen. Am nächsten Morgen klingelt der Wecker trotzdem um fünf oder um sechs – in Deutschland ist es dann schließlich schon Mittag.

Wichtig ist für die deutschen Korrespondenten fast alles, was die Washingtoner Regierung plant und unternimmt. Sehr ausführlich wird auch über Wahlen berichtet – kein Wunder, denn die Frage, wer die Supermacht regiert, hat gewaltige Folgen für die übrige Welt. Aber auch vergleichsweise banale Minenunglücke oder Sturmkatastrophen im übrigen Land erhalten viel Aufmerksamkeit. Ein Grund dafür dürfte die Tatsache sein, dass amerikanische Fernsehsender in der Regel in epischer Breite über solche Ereignisse berichten und damit dafür sorgen, dass ihnen unwillkürlich auch in den Augen europäischer Berichterstatter erhöhte Bedeutung zukommt.

Katastrophen nehmen auch in der Berichterstattung aus dem übrigen Ausland viel Platz ein. Doch inzwischen ist auch die Beobachtung von gesellschaftlichen Trends in anderen Kulturkreisen sehr wichtig geworden. Die Globalisierung und die Angst vor Terrorismus und Fundamentalismus haben das Interesse deutscher Zuschauer und Leser an solchen Entwicklungen geschärft, und die Aufgabe der Korrespondenten ist es, diesem Interesse durch persönliche Beobachtungen und analytische Genauigkeit gerecht zu werden. Ein gutes Beispiel für den Wandel in der Berichterstattung bietet China, das in den meisten deutschen Medien inzwischen mit großer Aufmerksamkeit behandelt wird. Chinas rasche Industrialisierung, sein Aufstieg zur politischen und militärischen Großmacht und die Entwicklungen in der chinesischen Gesellschaft werden mit Hilfe von großen Porträts und Reportagen detailliert geschildert.

Zusammenfassung

Politikjournalismus findet auf unterschiedlichen Ebenen statt: Neben der Berichterstattung über Bundesangelegenheiten aus der Hauptstadt Berlin sind die Landes- und die Kommunalpolitik zentrale Bereiche. Die Berichterstattung über Europapolitik hat in den vergangenen Jahren an Bedeutung gewonnen – von vielen Redaktionen wird sie bislang gleichwohl eher stiefmütterlich behandelt. Auf allen Ebenen der Politikberichterstattung sind Journalisten oftmals mit komplexen Sachthemen konfrontiert, die sie einem breiten Publikum verständlich machen müssen; ein Beispiel hierfür ist die Gesundheitspolitik. Umso wichtiger sind für Politikjournalisten eingehende Sachkenntnis der von ihnen behandelten Ressorts sowie umfassende Kontakte zu Politikern, aber z.B. auch Verbänden. Regelmäßig wiederkehrende Termine – von Bundestagswahlen und Sitzungswochen des Bundestages bis hin zu Präsidiums- und Vorstandsitzungen der Parteien – bestimmen den Kalender des Politikjournalismus und machen die Berichterstattung in diesem Ressort bis zu einem gewissen Grad planbar. Termine sind also Pflicht, selbst recherchierte Themen bleiben aber auch im Politikressort die Kür für jeden ambitionierten Journalisten.

Weiterführende Literatur

Hahn, Oliver/Lönnendonker, Julia/Schröder, Roland (2008): Deutsche Auslandskorrespondenten – Ein Handbuch. Konstanz: UVK.
Löffelholz, Martin/Trippe, Christian F./Hoffmann, Andrea C. (Hrsg.) (2007): Krisen- und Kriegsberichterstattung. Ein Handbuch. Konstanz: UVK.
Meckel, Miriam (1999): Redaktionsmanagement. Ansätze aus Theorie und Praxis. Wiesbaden: VS Verlag.

Kapitel 3: Agenda und Akteure des Politikjournalismus
Perspektiven der Forschung

> Nur 43 Prozent der wahlberechtigten Deutschen nehmen am 13. Juni 2004 an der Wahl zum Europäischen Parlament teil. Nie zuvor haben so viele Deutsche bei einer Europawahl von ihrem Stimmrecht keinen Gebrauch gemacht. Wer trägt Verantwortung für dieses enttäuschende Ergebnis? Die Bürger, die zu bequem waren für einen Urnengang? Die Parteien, die gemäß der zynischen Devise „Hast Du einen Opa, schick ihn nach Europa" fades Personal aufgeboten haben? Oder ist die geringe Wahlbeteiligung den Medien anzulasten? „Vor allem Journalisten sehen eine Kombination aus Desinteresse der Bürger einerseits sowie mangelnder Attraktivität des Europaparlaments und fehlerhaften Verhaltens der Parteien und Politiker anderseits als den Grund für die Wahlabstinenz. Über ihren eigenen Beitrag zu diesem Desinteresse schweigen sie meist", kritisieren die Forscher Frank Brettschneider und Markus Rettich (2005: 137).

Wissenschaftler wie Jürgen Gerhards gehen noch ein Stück weiter und lasten den Medien eine Mitverantwortung für das Legitimations- und Demokratiedefizit der EU an. Warum ist Europa noch immer ein problematisches Thema für die Medien? Welche Themen dominieren den Politikjournalismus? Nach welchen Kriterien wählen Politikjournalisten Nachrichten aus, und welche Folgen kann eine Fokussierung auf „bad news" für das Vertrauen der Bürger in politische Institutionen haben?

Lernziele

- ⮕ Was sind die wichtigsten Themen des Politikjournalismus?
- ⮕ Welche Akteure stehen im Mittelpunkt der Nachrichten?
- ⮕ Nach welchen Kriterien wählen Politikjournalisten Nachrichten aus?

Innenpolitik beherrscht die Schlagzeilen

Politikberichterstattung in Deutschland wird von der Innenpolitik dominiert. Innenpolitischen Themen von bundespolitischer Bedeutung widmen sowohl die Tageszeitungen als auch die Hörfunk- und Fernsehnachrichten die größte Aufmerksamkeit.[1] Der Umfang der Auslandsberichterstattung schwankt; so konnte Hans Mathias Kepplinger in einer Langzeitstudie zeigen, dass überregionale Tageszeitungen bis in die 60er Jahre hinein und ab Ende der 80er Jahre im Zuge des Falls der Berliner Mauer besonders intensiv über Auslandsthemen berichteten – in beiden Zeitabschnitten wurde die weitere Entwicklung Deutschlands in starkem Maße von internationalen Akteuren geprägt (vgl. Kepplinger 1998). Bezüglich der innenpolitischen Berichterstattung wird die Agenda der Medien von den Politikbereichen Wirtschaft und Arbeit beherrscht.

Hingegen befassen sich die Medien wenig mit europapolitischen Themen, obwohl viele weit reichende politische Entscheidungen inzwischen in Brüssel und nicht mehr in Berlin gefällt werden. Europa wird für die Medien aber allenfalls dann attraktiv, wenn sich Skandale mit europäischen Dimensionen ereignen (BSE-Skandal, EU-Finanzskandal), wenn über Meilensteine der europäischen Einigung berichtet werden kann (Euro-Einführung, EU-Osterweiterung), oder wenn Wahlen zum Europäischen Parlament bevorstehen. Doch selbst dann wird wenig über Themen und Kandidaten berichtet (vgl. Brettschneider/Rettich 2005). Allerdings muss sich nicht nur der deutsche Journalismus den Vorwurf gefallen lassen, wenig Interesse für europäische Themen aufzubringen. Eine Auswertung von knapp 20 Studien zur Europaberichterstattung in den verschiedenen Ländern der EU gibt Hinweise darauf, dass auch in den meisten anderen EU-Staaten nur wenig über Europa berichtet wird – und wenn, dann werden die Ereignisse in Brüssel oft durch die nationale Brille betrachtet (Machill/Beiler/Fischer 2005). Mitschuldig an diesem Berichterstattungsdefizit sind allerdings nicht zuletzt die EU-Akteure selbst: Auch bei der PR europäischer Institutionen gibt es noch viel Op-

---

1 Vgl. für Langzeitstudien zu den Inhalten von Politikberichterstattung Bruns/Marcinkowski 1997; Eilders/Neidhardt/Pfetsch 2004; Kepplinger 1998; Maurer 2005; Wegener 2001. Vgl. für eine kompakte Übersicht über Medieninhalte Maurer/Reinemann 2006.

timierungspotenzial, wie eine internationale Forschergruppe kritisch anmerkt (vgl. AIM Research Consortium 2007).

Im Mittelpunkt steht der Kanzler oder die Kanzlerin: Der Amtsbonus in der Politikberichterstattung

Die politische Berichterstattung wird von der bzw. den Parteien geprägt, die die Regierungsverantwortung tragen. Besonders in Wahlkämpfen zeigt sich der so genannte „Amtsbonus": Über den Regierungschef, der sich in den Wettbewerb um die Wiederwahl begibt, wird grundsätzlich häufiger berichtet als über seinen Herausforderer oder seine Herausforderin.[2] Der Amtsbonus lässt sich erklären, wenn man bedenkt, dass es eben der jeweilige Bundeskanzler (oder neuerdings die Bundeskanzlerin) ist, der bzw. die die Nachrichten „macht". Er oder sie beschließt politische Maßnahmen und schüttelt dem französischen und dem amerikanischen Präsidenten telegen die Hand, während den Politikern der Opposition oft nicht mehr bleibt, als politische Forderungen zu stellen oder die Arbeit der Regierung zu kritisieren. Aufgrund des Amtsbonus ist der jeweilige Bundeskanzler, gleich welcher politischen Couleur, zunächst einmal attraktiver, sprich: „nachrichtenwürdiger" als seine politischen Herausforderer (s. auch den folgenden Abschnitt). Die Frage nach der Personalisierung des Politikjournalismus wird in Kapitel 5 ausführlicher diskutiert.

Nachrichtenwerte steuern die Berichterstattung: Selektionskriterien der Journalisten

Die Nachrichtenwertforschung beschäftigt sich mit der Frage, warum Medien manche Nachrichten aufgreifen, andere Themen hingegen in der Informationsflut untergehen. Über den Erfolg einer Nachricht in den Redaktionen, aber auch beim Publikum, entscheiden demnach Nachrichtenfaktoren (vgl. Schulz 2007). Je mehr Nachrichtenfaktoren eine Meldung

---

2   Vgl. für einen Überblick über die Debatte und Forschungsdaten Schönbach/Semetko 2000.

aufweist, desto größer ist der Nachrichtenwert einer Information: Es steigt die Wahrscheinlichkeit, dass die Nachricht von Journalisten aufgegriffen und weiterbearbeitet wird. Schulz (2008: 90) hat unter Rückgriff auf die Nachrichtenwertforschung, im Rahmen derer seit den 60er Jahren eine Vielzahl von Studien durchgeführt wurde, eine Übersicht über wichtige Nachrichtenfaktoren zusammengestellt.

Tabelle 1: Nachrichtenfaktoren

Der Nachrichtenwert eines Ereignisses ist umso größer,	Faktoren
	Status
je mächtiger die beteiligte(n) Nation(en);	Elite-Nation
je mächtiger die beteiligte(n) Institution(en) oder Organisation(en)	Elite-Institution
je mächtiger, einflussreicher, prominenter die beteiligten Akteure;	Elite-Person
	Valenz
je mehr offene Konflikte oder Gewalt vorkommen,	Aggression
je kontroverser das Ereignis oder Thema;	Kontroverse
je stärker allgemein akzeptierte Werte oder Rechte bedroht sind;	Werte
je ausgeprägter der Erfolg oder Fortschritt	Erfolg
	Relevanz
je größer die Tragweite des Ereignisses;	Tragweite
je mehr das Ereignis persönliche Lebensumstände oder Bedürfnisse Einzelner berührt;	Betroffenheit
	Identifikation
je näher das Geschehen in geographischer, politischer, kultureller Hinsicht;	Nähe
je stärker die Beteiligung oder Betroffenheit von Angehörigen der eigenen Nation;	Ethnozentrismus
je mehr emotionale, gefühlsbetonte Aspekte das Geschehen hat;	Emotionalisierung

	Konsonanz
je stärker die Affinität des Ereignisses zu den wichtigsten Themen der Zeit;	Thematisierung
je eindeutiger und überschaubarer der Ereignisablauf;	Stereotypie
je mehr das Ereignis den Erwartungen entspricht;	Vorhersehbarkeit
	Dynamik
je mehr der Ereignisablauf der Erscheinungsperiodik der Medien entspricht;	Frequenz
je ungewisser, offener der Ereinisablauf;	Ungewissheit
je überraschender das Ereignis eintritt oder verläuft.	Überraschung

Quelle: Schulz 2008: 90

Unter dem Nachrichtenfaktor Relevanz ist beispielsweise zu verstehen, dass viele Menschen von der Information betroffen sind. Die Mehrwertsteuer wird erhöht: Das geht jeden Bürger an. Der Nachrichtenfaktor Status greift, wenn prominente Akteure involviert sind: Eine Kanzlerin oder ein Minister sind „nachrichtenwürdiger" als ein Staatssekretär oder eine einfache Bundestagsabgeordnete.

Sind die Politikjournalisten schuld an der Politikverdrossenheit?

Gewinnen „bad news" im Politikjournalismus an Bedeutung, beherrscht der Nachrichtenfaktor Negativität die Auswahlentscheidungen der Journalisten, und welche Folgen hat das für das Vertrauen der Bürger in staatliche Institutionen und politische Akteure? Hans Mathias Kepplinger hat sich im Rahmen seiner Studie zur „Demontage der Politik in der Informationsgesellschaft" (1998) mit dem Wandel der Inhalte von Politikberichterstattung beschäftigt. Wenn man seine Ergebnisse auf eine Kurzformel bringt, könnte man es so formulieren: Die Berichterstattung über Politik ist in dem von ihm untersuchten Zeitraum (1950 bis 1995) tatsächlich immer negativer geworden. Kepplinger macht dies an zwei Trends in der Berichterstattung fest: Seit den fünfziger Jahren haben die Medien – mit Ausnahme der kurzen, euphorischen Phase der Wiedervereinigung – immer häufiger über Probleme und Missstände in der Politik berichtet. Zugleich haben die Medien im Zeitverlauf zunehmend selten über gelöste

Probleme und gesellschaftliche Fortschritte informiert, obwohl objektiven volkswirtschaftlichen Indikatoren zufolge z.b. das Wohlstandsniveau in Deutschland letztlich stieg. Sind die Journalisten kritischer geworden?[3] Oder ist die zunehmende Orientierung auf „bad news" vor allem eine Folge des steigenden Wettbewerbs im Medienbereich?

Im Langzeitvergleich fällt ferner auf, dass *Skandale* an Bedeutung gewonnen haben. „Anfang der fünfziger Jahre gab es in der alten Bundesrepublik pro Jahr etwa zwei bis drei politische Skandale mit bundesweiter Beachtung," schreibt Kepplinger – heute seien es zwanzig bis fünfundzwanzig Skandale pro Jahr (Kepplinger 2005: 114). Befragungen von Bürgern zeigen, dass sich parallel das öffentliche Ansehen von Politikern deutlich verschlechtert habe (vgl. Kepplinger 2005: 114, 154). In diesem Zusammenhang ist inzwischen oft von „Politikverdrossenheit" die Rede. Warum berichten die Medien immer häufiger über politische Skandale? Ein wichtiger Grund ist auch hier mutmaßlich der wachsende Wettbewerb – und zwar sowohl unter Journalisten als auch unter Politikern. So gilt für Journalisten: „Die erfolgreichen Skandalierer unter den Journalisten genießen (...) innerhalb des Journalismus hohes Ansehen." (Kepplinger 2005: 148).

Zugleich gilt es aber festzuhalten, dass Medien mit der Aufdeckung von Skandalen und auch mit „Skandalierungen" eine wichtige Leistung für das Funktionieren demokratischer Gesellschaften erbringen:

> „Indem die Massenmedien Missstände anprangern, kompensieren sie Defizite anderer Institutionen, die bei der Aufdeckung, Verfolgung und Ahndung von Normverletzungen aller Art versagen – der Polizeibehörden und Staatsanwaltschaften, der Parlamente und Parteien, der Zulassungs- und Kontrollbehörden." (Kepplinger 2005: 148)

Zum Problem für die Gesellschaft werden Skandale dann, wenn Medien sie inszenieren, um sich einen Aufmerksamkeitsvorsprung zu sichern. Weil sich Journalisten stark an der Berichterstattung anderer Journalisten orientieren (vgl. Kapitel 4), sich mitunter sogar über die Rollenverteilung bei der Publikation von Informationen in Zusammenhang mit einem Skandal absprechen, kann sich rasch eine Medien-Lawine entwickeln, die in

---

3 Vgl. auch Maurer/Reinemann 2006: 137.

ihrer Dynamik schließlich kaum noch zu überblicken ist. Bedenkenswert ist auch, dass manche Skandale handfeste volkswirtschaftliche Auswirkungen haben, so z.b. den zeitweiligen Zusammenbruch der Fleischindustrie in Folge der Aufregung um BSE und Vogelgrippe. Langfristig kann das Vertrauen in demokratische Akteure und Institutionen schaden nehmen, weil ein Skandal den nächsten jagt (vgl. Kepplinger 2005: 50-53).[4]

Als Anzeichen einer wachsenden Politikverdrossenheit interpretieren Wissenschaftler Entwicklungen wie diese: Der Vertrauensverlust der Volksparteien, der sich auch in einer rückläufigen Wahlbeteiligung ausdrückt, hält an, fast alle Parteien haben einen drastischen Mitgliederschwund zu verzeichnen, und immer weniger junge Leute suchen den Weg in die Politik. Es häufen sich also Hinweise für eine wachsende Distanz zwischen Politikern und Bürgern. Aber auch das Verhältnis von Medien und Bürgern scheint von einer zunehmenden Entfremdung gekennzeichnet zu sein. Hinsichtlich der Prognosen für den Ausgang der Bundestagswahl 2005 lagen jedenfalls nicht nur die Meinungsforschungsinstitute, sondern auch viele führende Journalisten falsch.

Für den Wandel der Wahrnehmung von Politik und Medien lassen sich viele Gründe anführen. Politische Dramen wie der CDU-Spendenskandal mögen das Vertrauen in Politik erschüttern, Berichterstattungsexzesse und Rudeljournalismus schüren die Skepsis gegenüber den Medien. Zugleich steigt die Zahl gut ausgebildeter Bürger, die möglicherweise höhere Erwartungen an politische Institutionen und Medien haben als einst ihre Großeltern. Viele andere Gründe sind denkbar. Inwiefern sind aber auch die Medien schuld daran, dass viele Menschen von der Politik enttäuscht sind? Oder handelt es sich bei Vorwürfen wie diesen um unhaltbare Untergangsszenarien? In der Wissenschaft wird diese Frage aus unterschiedlichen Perspektiven diskutiert:

➲ Der These von der *Mobilisierung* der Menschen durch Massenmedien zufolge haben Medien einen positiven Effekt auf die Bereitschaft der Menschen, sich für das Gemeinwesen zu interessieren und zu engagieren (vgl. z.B. Emmer 2005: 38ff.).

---

4   Als Beispiel nennt Kepplinger Absprachen zwischen Redakteuren von Leitmedien bei der Veröffentlichung von Informationen zum CDU-Spendenskandal.

○ Die These von der *Medien-Malaise* besagt hingegen, dass der Journalismus – zumal der politische Journalismus – Verantwortung dafür trägt, dass sich die Menschen von der Politik abwenden: Die zunehmende Berichterstattung über Skandale und die Betonung von „bad news" befördere den Frust über politische Akteure und Institutionen; aufgrund von journalistischen Mängeln werden zudem wichtige Sachverhalte nicht oder nur verzerrt dargestellt (vgl. Maurer 2003: 65ff.).

Zusammenfassung

Innenpolitik ist das wichtigste Thema für Politikjournalisten. Außen- und insbesondere Europapolitik spielen demgegenüber eine untergeordnete Rolle. Politiker, die Regierungsverantwortung tragen, werden von Politikjournalisten stärker beachtet als Politiker von Oppositionsparteien. Wissenschaftlich lässt sich dies dadurch erklären, dass Statements und Handlungen von Amtsinhabern einen höheren „Nachrichtenwert" haben.

Studien weisen ferner eine starke Orientierung der Politikberichterstattung an Nachrichten mit negativem Inhalt nach. Ob eine Zunahme von „bad news" Auslöser für Politikverdrossenheit bei den Bürgern ist, wird in der Wissenschaft kontrovers diskutiert.

Weiterführende Literatur

Eilders, Christiane/Neidhardt, Friedhelm/Pfetsch, Barbara (2004): Die Stimme der Medien. Pressekommentare und politische Öffentlichkeit in der Bundesrepublik. Wiesbaden: VS Verlag für Sozialwissenschaften.
Kepplinger, Hans Mathias (1998): Die Demontage der Politik in der Informationsgesellschaft. Freiburg/München: Karl Alber.
Maurer, Marcus (2003): Politikverdrossenheit durch Medienberichte. Eine Paneluntersuchung. Konstanz: UVK.
Wegener, Claudia (2001): Informationsvermittlung im Zeitalter der Unterhaltung. Eine Langzeitanalyse politischer Fernsehmagazine. Wiesbaden: Westdeutscher Verlag;
Schulz, Winfried (2007): Politische Kommunikation. Theoretische Ansätze und Ergebnisse empirischer Forschung zur Rolle der Massenmedien. 2. Auflage. Wiesbaden: VS Verlag für Sozialwissenschaften.

Kapitel 4: Medien der Politikberichterstattung
Sichtweisen der Praxis

> Es ist Samstagabend, im Fernsehen laufen die Nachrichten. Die Sprecherin blickt auf ihre Papiere, schaut dann zur Kamera auf und beginnt. „Guten Abend, meine Damen und Herren. In der Bundesregierung wird offenbar über eine weitere Steuererhöhung debattiert. Nach Informationen des Nachrichtenmagazins..."
>
> Am Rande der letzten Koalitionsrunde sei es zu einem heftigen Streit gekommen, berichtet das Magazin. Ausgelöst habe ihn der Finanzminister mit dem Vorschlag, die Mehrwertsteuer um zwei Prozentpunkte zu erhöhen. Seine Begründung: Ohne die Mehreinnahmen von geschätzten zwölf Milliarden Euro lasse sich der Bundeshaushalt nicht sanieren. Bei den übrigen Ministern sei der Vorstoß allerdings auf wenig Zustimmung gestoßen. Offenbar habe sich der Finanzminister noch nicht einmal mit dem Kanzleramt abgesprochen.

Das Magazin beruft sich auf Regierungskreise: Hinter der Information steckt also ein Minister, ein Staatssekretär, ein Spitzenbeamter oder vielleicht auch ein Ministeriumssprecher, der die Information über die unpopuläre Maßnahme absprachewidrig an das Magazin durchsteckte. Womöglich ging es dem Betreffenden darum, frühzeitig öffentliche Empörung zu schüren, um die Steuererhöhung zu verhindern. Vielleicht wollte er dem Finanzminister eins auswischen. Denkbar ist auch, dass er die Information weitergab, um für sich selbst bei dem Magazin gute Stimmung zu machen. Denn auch das gehört zum Politik- und Medienspiel: Ein Politiker, der einem Medium eine Story zukommen läßt, hat bei dem Journalisten etwas gut. Unverdächtig ist allein der Finanzminister selbst, denn er hat von der vorzeitigen Veröffentlichung nur Schaden.

Schon am frühen Samstagmorgen war die Geschichte zusammen mit all den anderen Vorabmeldungen der Montagsmagazine bei den Nachrichtenagenturen eingegangen. Die Agentur-Journalisten rufen daraufhin den Regierungssprecher und den Sprecher des Finanzministeriums an. Beide spielen auf Zeit: Der Ministeriumssprecher erklärt, er sei bei der Koalitionsrunde nicht dabei gewesen, könne sich aber nicht vorstellen, dass der Bericht in dieser Form richtig sei. Der Regierungssprecher beruft sich darauf, dass Koalitionsrunden vertraulich seien... Einen Beschluss, die Steuern zu erhöhen, gebe es nicht.

Kein klares Dementi, resümieren die Anrufer, und jetzt läuft die Geschichte erst richtig. Die Sonntagszeitungen finden heraus, dass der Finanzminister nicht die Unterstützung der Bundestagsfraktion hat. Für die Montagsausgaben äußern sich Oppositionspolitiker, Wirtschaftsverbände, Gewerkschaften und Mitglieder des Sachverständigenrats zu dem Vorstoß. Eine große Boulevard-Zeitung druckt eine Fotomontage, auf der der Finanzminister einer alten Dame das Portemonnaie raubt.

In immer deutlicheren Worten distanziert sich nun der Regierungssprecher von den Steuerplänen, und selbst das Finanzministerium versichert nun, eine Mehrwertsteuererhöhung sei auf gar keinen Fall geplant. Dennoch läuft die Geschichte noch tagelang weiter, mit immer neuen Details aus der Koalitionsrunde, mit Mutmaßungen über einen möglichen Rücktritt des Finanzministers und mit einem Bericht darüber, wie er im Kanzleramt heruntergeputzt worden sei.

Lernziele

- Wie beeinflussen Leitmedien die Berichterstattung?
- Welche Rollen spielen Agenturen beim „Agenda-Setting" im Politikjournalismus?
- Warum ist es so wichtig, von anderen Medien zitiert zu werden?

Leitmedien oder: Wer ist wichtig in der Medienwelt

Politikjournalisten träumen von Durchläufern: Geschichten, die tagelang die Politik und die anderen Medien beschäftigen. Bei dem Beispiel, das wir uns zu Beginn des Kapitels angesehen haben, sind es drei Faktoren, die zum Erfolg beitragen:

➲ Auf der sachlichen Ebene geht es um Geld – immer ein gutes Sujet. Berichte darüber, was demnächst an Steuern, Kassenbeiträgen, Abgaben oder Heizungskosten zu bezahlen ist, genießen bei Lesern und Zuschauern hohe Aufmerksamkeit.

➲ Ebenso wichtig ist die persönliche Ebene: Ein wichtiger Minister, ein Mann, den jeder aus dem Fernsehen kennt, blamiert sich mit einem schlecht vorbereiteten Vorstoß und muss dafür jede Menge Schelte einstecken – darüber liest man gerne mehr.

➲ Schließlich läuft die Geschichte auch deswegen gut, weil sie ein echter Scoop ist: Was in Koalitionsrunden besprochen wird, gilt als vertraulich, und über die Gespräche, die dort am Rand geführt werden, erfährt die Öffentlichkeit normalerweise erst recht wenig.

Und noch etwas: Der Bericht über die Steuererhöhungspläne ist nicht irgendwo erschienen, sondern in einem Leitmedium. Die Montagsmagazine, vor allem der *Spiegel* setzen Themen. Das gilt nicht nur für echte Exklusiv-Nachrichten, sondern auch für andere redaktionelle Schwerpunkte. Was der *Spiegel* zur Titelgeschichte macht, bestimmt häufig die gesamte Woche über die politische Debatte. Ein Aufmacher über die verheerende Bilanz des Aufbaus Ost hatte eine solch durchschlagende Wirkung, dass in der Folge die Bundesregierung ein neues Förderkonzept erarbeitete. Der Effekt dieses Aufmachers wurde auch nicht dadurch geschmälert, dass der Beitrag wenig Neues enthielt. Es reichte, dass das Thema – der Frust über die hohen Kosten und miserablen Ergebnisse der Förderpolitik in den neuen Ländern – in der Luft lag. Leitmedien behaupten ihren Status auch dadurch, dass sie solche Themen erkennen und so prominent platzieren, dass weder die Konkurrenz noch die Politik sie ignorieren kann.

Zu den Leitmedien zählt auch die *Bild-Zeitung*, die von den meisten Politikern und Politik-Journalisten sehr aufmerksam gelesen wird. Ob und in welcher Schärfe es gegen geplante eine Diätenerhöhung zu Feld zieht oder wie es die Empörung gegen Gewerkschaftschefs schürt, die nebenher Aufsichtsratstantiemen kassieren, wird aufmerksam vermerkt. Auch wenn *Bild* Fälle von Sozialhilfe-Missbrauch geißelt oder den Stolz der Deutschen auf ihre Fußball-Nationalmannschaft weckt – Politiker und Journalisten schauen genau hin, weil sie glauben, dass die *Bild-Zeitung* weiß, wie das Volk denkt und wie man Einfluss darauf nehmen kann. Es hat gute Gründe, wenn zum Beispiel der US-Präsident vor einem Deutschland-Besuch gerade der *Bild-Zeitung* ein Interview gibt.

Auch andere Medien genießen in ihrer Berichterstattung und Kommentierung Aufmerksamkeit. Das *Morgenmagazin* und die Interviews im *Deutschlandfunk* beeinflussen, welche Themen an diesem Tag für wichtig gehalten werden. Die Features und Leitartikel in der *Süddeutschen Zeitung* und der *FAZ* gehören zur Pflichtlektüre der Zunft. Politiker, die eine Botschaft senden wollen – an die eigene Partei, an den Koalitionspartner, an die Regierung –, bedienen sich dafür besonders gerne der Sonntagszeitungen. Der Grund ist einfach: Die Durchschlagswirkung ist besser, weil am Wochenende die Konkurrenz durch aktuelle Ereignisse nicht so groß ist.

Die Agenturen: Das Medium der Medien

Von allergrößter Bedeutung ist bei alldem die Rolle der Nachrichtenagenturen. Sie sind Lautsprecher und Filter zugleich: Sie müssen Geschichten für interessant befinden und aufgreifen, um sie den übrigen Medien zur Kenntnis zu bringen. Für Zeitungen, Magazine und elektronischen Sendungen, die nicht zum Pflichtprogramm der Politiker gehören, sind die Agenturen die einzige Chance, eine Geschichte über die Stammleser oder Zuschauer hinaus bekannt zu machen.

Allerdings werten auch Agentur-Journalisten nicht alle Medien der Republik aus. Sie verlassen sich darauf, dass Zeitungen und Sender ihnen so genannte Vorabmeldungen schicken, in denen sie über Exklusiv-Geschichten informieren. Was in der Zeitung als Frage- und Antwort-Interview erscheint, wird für die Agentur zur Nachricht verdichtet. Das sind Texte, die von den Journalisten meist mit der allergrößten Sorgfalt formuliert werden. Je bequemer man es den Kollegen bei dpa, ddp, Reuters oder einer der übrigen Agenturen macht, so hofft der Zeitungsredakteur, desto eher werden sie daraus eine Meldung machen. Und tatsächlich ist es so, dass die Agenturmeldung oft wortwörtlich den Text der Zeitungsmeldung wiedergibt. Sicher gibt es auch die Versuchung, die Meldung für die Agenturen überspitzt zu formulieren, um sie attraktiver zu machen. Allerdings sind die meisten Agenturjournalisten erfahrene Leute, die sich vergewissern, ob die Kernaussage der Vorabmeldung durch Zitate oder Fakten im Text hinreichend gestützt wird.

Läuft eine Geschichte prominent in den Agenturen, wird sie dort auch in den Nachrichtenübersichten und Zusammenfassungen weiterverarbeitet, dann ist die Chance gut, dass sie von anderen Medien ebenfalls aufgegriffen wird. Von den Radio- und Fernsehsendungen bis hin zu den Zeitungen des nächsten Tages wird eine solche Story dann zitiert, in der Regel mit Verweis auf die Publikation. Eine saubere Quellenangabe – Ehre, wem Ehre gebührt – gehört zum guten Ton der Branche. Das ist umso bemerkenswerter, als gerade in der deutschen Hauptstadt die Konkurrenz zwischen Journalisten außerordentlich hart ist.

Zitiert werden: Ein neue Zielvorgabe für Journalisten

Das Zitiert-Werden in anderen Medien ist in den vergangenen Jahren zu einem wichtigen Ziel für immer mehr Chefredakteure und Verleger geworden. Zunächst einmal, weil es die beste und kostengünstigste Werbung ist: Läuft morgens im Funk eine Story aus dem eigenen Blatt, lockt es Interessierte an den Kiosk. Noch wichtiger ist, dass das Zitiert-Werden die bereits gewonnenen Leser in der Einschätzung bestärkt, sie würden die richtige Zeitung lesen. Auch gegenüber den Anzeigenkunden ist es schön und nützlich, sich als vielzitierte Zeitung präsentieren zu können. So nützlich übrigens, dass es inzwischen professionell erstellte Ranglisten gibt, wer in dieser Woche, in diesem Monat, in diesem Quartal und in diesem Jahr die meisten Zitate untergebracht hat. Ein Unternehmen in Bonn, der Media-Tenor, macht mit der Erstellung dieser Listen sein Geschäft.

Aus journalistischer Sicht ist das Rennen um das Zitiert-Werden eine zwiespältige Angelegenheit.
- ⮕ Manche Geschichten werden inzwischen nicht mehr in erster Linie für die Leser geschrieben, sondern für das Zitate-Ranking.

Sichtweisen der Praxis

- Knappe Arbeitszeit wird dafür verwendet, den Kommentar eines Ministerpräsidenten zum jüngsten Koalitionsstreit heranzuschaffen anstatt die Hintergründe des Streits auszuleuchten.
- Auf der anderen Seite nützt die mediale Prominenz, die das Zitiert-Werden verleiht, auch den Journalisten: Ihr Gegenüber, ob Politiker, Behördenleiter oder Verbandschef, schätzt es in der Regel, wenn die eigenen Aussagen gut vermarktet werden. „Die Geschichte ist toll gelaufen", heißt es dann, und für den Journalisten ist das ein griffiges Argument, wenn er beim nächsten Mal um ein Interview oder eine Information bittet.

Welche Geschichten gut laufen, lässt sich nicht immer zuverlässig voraussagen. Zwar haben es Sensationen leicht: Ein Bericht über den bevorstehenden Rücktritt eines Parteivorsitzenden, zum Beispiel, oder eine Meldung über einen großen Fleischskandal werden bestimmt aufgegriffen. Klar ist auch, dass Personal- und „Portemonnaie"-Themen besonders beliebt sind. Aber auch andere Storys können gut laufen, wenn ihre Autoren die Regeln beherzigen. So ist ein Interview für andere Medien umso interessanter, je prominenter der Gesprächspartner ist und je mehr sich seine Aussage von seiner eigenen bisherigen Meinung und der Linie der Parteiführung oder Regierung abhebt: Wie gut Exklusiv-Geschichten aufgegriffen werden, hängt außerdem stark von ihrer Glaubwürdigkeit ab. Deswegen hilft es, möglichst genaue Fakten, Zahlen und Daten anzuführen. So bezifferte der Magazinbericht über die Mehrwertsteuererhöhung die erwarteten Einnahmen auf zwölf Milliarden Euro. Oder: Ein Artikel über einen handgreiflichen Streit zwischen zwei führenden CDU-Politikern benennt das Restaurant, wo die Szene stattgefunden hat. Ganz besonders nützlich ist es, wenn als Grundlage der Geschichte ein vertrauliches Papier dient, aus dem zitiert werden kann. Auch für Journalisten gilt schließlich, dass sie am ehesten etwas glauben, das es schwarz auf weiß gibt.

Spiegel Online: Neues Leitmedium?

Neben den etablierten Leitmedien haben sich in den vergangenen Jahren auch Online-Medien als Agendasetter etablieren können – allen voran *Spiegel Online*, das erfolgreichste Internet-Angebot eines traditionellen Mediums. *Spiegel Online* wurde vom Spiegel-Verlag 1994 als eigenständige Tochtergesellschaft gegründet. Die dort beschäftigten Journalisten werden auch nicht nach *Spiegel*-Tarif bezahlt und haben keinen Anspruch auf die *Spiegel*-Tantiemen. Diese deutliche Kostenersparnis hat dazu beigetragen, dass *Spiegel Online* heute nicht nur schwarze Zahlen schreibt, sondern so hohe Gewinne verzeichnet, dass die Startup-Kosten inzwischen abgedeckt sind.

Über 60 Millionen Besuche verzeichnet *Spiegel Online* im Monat. In der selbstständig arbeitenden Online-Redaktion arbeiten etwa 80 Journalisten, die neben traditionellen Schwerpunkten wie Politik, Wirtschaft, Vermischtem und Sport auch Bereiche wie die Universitäten oder Multimedia abdecken. Das soll helfen, ein jüngeres Publikum an das Portal und damit auch an das Magazin zu binden. Als Lockmittel für das Heft ist im Internet zudem eine Auswahl der Berichte aus der jeweils aktuellen Ausgabe zu lesen. Und noch eine Verbindung gibt es zwischen Spiegel und Spiegel Online: Die Redakteure des Magazins können in der Internet-Ausgabe Artikel veröffentlichen, von denen sie vermuten, dass sie sich nicht bis zum nächsten Wochenende „halten", weil die Konkurrenz hinter derselben Geschichte her ist.

Auch für die übrigen Medien spielt Spiegel Online inzwischen eine wichtige Rolle. Chefredakteure und Ressortchefs nutzen das Internet-Angebot, um sich einen raschen Überblick über die Nachrichtenthemen zu verschaffen – das geht dort leichter und schneller als bei der Durchsicht der Agenturen auf dem Computer-Bildschirm. Spiegel Online ist aber nicht nur wegen der Gewichtung der Nachrichten einflussreich, sondern auch wegen des „Drehs", den die Redakteure den Geschichten geben. Sehr rasch und oft sehr gekonnt greifen sie die Berichte der Agenturen auf und ergänzen sie mit eigenen Recherchen und Interpretationen. Gar nicht selten findet man diese selbe Sichtweise dann am nächsten Tag in mehreren Zeitungen.

Zusammenfassung

Die Rahmenbedingungen für Politikjournalismus haben sich in den vergangenen Jahren gewandelt, immer mehr Medien konkurrieren um die Aufmerksamkeit des Publikums. Eine wichtige Rolle in diesem Wettbewerb spielen Exklusivmeldungen, die von den Redaktionen zur Weiterverbreitung durch andere Medien an Agenturen weitergegeben werden – mit dem Ziel, zitiert zu werden. Besonders oft gelingt es Leitmedien wie dem *Spiegel* auf diese Weise, die Berichterstattung anderer Medien zu beeinflussen.

Weiterführende Literatur

Meyn, Hermann (2004): Massenmedien in Deutschland. Neuauflage. Konstanz: UVK.

Kapitel 4: Medien der Politikberichterstattung Perspektiven der Forschung

> Wer sich über politische Themen informieren möchte, dem bieten sich heute unüberschaubare Möglichkeiten – auch abseits der etablierten Massenmedien. Bundeskanzlerin Angela Merkel stellt jeden Samstag „Podcasts" mit aktuellen Informationen auf ihrer Website ein. Das Live-Video der Hinrichtung Saddam Husseins konnte man auf *YouTube* herunterladen. Politische Kommentare finden sich im World Wide Web tausendfach: In zahlreichen Blogs tun Menschen von FDP-Generalsekretär Dirk Niebel bis „Otto Normalverbraucher" ihre Meinung zu politischen Themen kund. Wer lieber selbst schreibt, anstatt zu lesen, betätigt sich als „Bürger-Journalist". Ist der klassische Politikjournalismus vom Aussterben bedroht?

Das folgende Kapitel macht mit wissenschaftlichen Daten zur Entwicklung der Medienlandschaft und zum Wandel des Medienangebots im digitalen Zeitalter vertraut. Anknüpfend an die Debatte des vorigen Kapitels werden zudem Forschungsergebnisse über den Einfluss von Leitmedien und die redaktionellen Linien wichtiger Medien vorgestellt.

Lernziele
- Wie hat sich das Medienangebot in den vergangenen Jahren entwickelt?
- Welche Medien spielen in der politischen Berichterstattung eine wichtige Rolle?
- Wie verändert sich die politische Kommunikation durch das Internet?

Medienangebot im Wandel: Harte Konkurrenz um die Aufmerksamkeit des Publikums

Ältere Redakteure kennen sie noch aus eigenem Erleben: die Zeiten, in denen man sich als Journalist vergleichsweise selten den Kopf darüber zerbrechen musste, wie gut oder schlecht ein Medienprodukt beim Publikum ankam. Bis in die achtziger Jahre hinein machten sich *ARD* und *ZDF* allenfalls untereinander Konkurrenz, viele Zeitungen und Zeitschriften lebten gut vom wachsenden Werbevolumen und stabilen Vertriebszahlen. „Der missachtete Leser" lautete einst der Titel einer viel diskutierten Anklageschrift der Kommunikationswissenschaftler Peter Glotz und Wolfgang Langenbucher gegen einen Journalismus, der sich blind und taub gegenüber den Interessen des Publikums gab (Glotz/Langenbucher 1969). *Tempi passati:* Die Zahl der Medienangebote hat sich in den vergangenen Jahren enorm erhöht.

Um die knappe Aufmerksamkeit der Leser, Hörer, Zuschauer und User – und um das Budget der Werbewirtschaft – streiten sich heute in Deutschland 352 Zeitungen, 27 Wochenzeitungen, 7 Sonntagszeitungen, 2.450 Publikums- und über 3.753 Fachzeitschriften. Hinzu kommen 459 öffentlich-rechtliche und private TV-Programme (ALM 2007), 307 öffentlich-rechtliche und private, digitale und analoge Radioprogramme und eine schnell wachsende Zahl von Online-Angeboten (vgl. Meyn 2004). In der Schweiz haben sich Gratiszeitungen bereits fest auf dem Medienmarkt etabliert. Längst nicht alle Medien haben einen Schwerpunkt in der Politikberichterstattung, doch für Tageszeitungen, Nachrichtenmagazine, Rundfunksender und informationsorientierte Online-Medien ist und bleibt der Politikteil das „Herzstück", an dem sich die Qualität des Mediums beweist. Inwiefern sich das (politische) Informationsangebot unter dem wachsenden Quoten- und Auflagendruck der vergangenen Jahre sowie den veränderten Rahmenbedingungen in den Redaktionen verschlechtert hat, wird von Wissenschaftlern intensiv diskutiert; von vielen Autoren wird ein Qualitätsverfall beklagt (vgl. auch Kapitel 5, Kapitel 8).[1]

---

1 Vgl. für eine Übersicht über die Debatte im deutschsprachigen Raum: Weischenberg/ Loosen 2006; McNair 2000.

Rechts, Links, Mitte: Leitmedien und ihre redaktionellen Linien

Zu den einflussreichsten Medien im Bereich der Politikberichterstattung zählen im Bereich Print die überregionalen Tageszeitungen *Süddeutsche Zeitung*, *Die Welt*, *Frankfurter Allgemeine Zeitung*, *Frankfurter Rundschau* und *Tageszeitung (taz)*, Nachrichtenmagazine wie *Der Spiegel* und *Focus*, als Wochenzeitung *Die Zeit* sowie die *Bild*-Zeitung.[2] Diese Medien werden in besonderem Masse von Entscheidungsträgern genutzt und verfügen – neben einigen großen Regionalzeitungen wie beispielsweise der *Westdeutschen Allgemeinen Zeitung (WAZ)* – über besonders hohe Auflagen. Insbesondere von den Politikjournalisten in der Hauptstadt werden zudem die *Berliner Zeitung* und der *Tagesspiegel*, der ebenfalls in Berlin erscheint, wahrgenommen (vgl. Reinemann 2003: 155).

Im Bereich Fernsehen werden von den Medienmachern selbst vor allem die Nachrichtensendungen und die politischen Formate bei ARD und ZDF als relevant eingeschätzt: Eine Befragung deutscher Journalisten hat gezeigt, dass diese den fünf Leitmedien *Bild*, *Spiegel*, *FAZ*, *Süddeutsche Zeitung* und den *ARD*-Nachrichten den größten Einfluss auf die Bundespolitik zumessen (Reinemann 2003). Journalisten wie Politiker orientieren sich der Studie zufolge also vor allem an Printmedien. Anders – nach Ansicht der Journalisten – die Wählerinnen und Wähler: Journalisten sind überzeugt, dass neben der *Bild*-Zeitung und dem *Spiegel* die Berichterstattung des Fernsehens (*ARD-*, *ZDF-* und *RTL*-Nachrichten) einen besonders großen Einfluss auf die Bevölkerung ausübt. Wie stark sich das Mediennutzungsverhalten der „Politik-Profis" – also von Politikjournalisten und Politikern – von denen der Bevölkerung unterscheidet, verdeutlicht die nachfolgende Tabelle, die Reinemann zusammengestellt hat (Auszug).

Tabelle 2: Mediennutzung im Vergleich
Regelmäßig genutzt werden demnach von

	Journalisten	Politikern	Bevölkerung
SZ	73 %	49 %	5 %
FAZ	59 %	55 %	5 %
SPIEGEL	82 %	66 %	20 %

Quelle: Reinemann 2003: 211

---

2 Vgl. für eine Übersicht Meyn 2004.

Perspektiven der Forschung

Studien haben sich auch mit der Frage befasst, wie sich insbesondere die hier genannten Leitmedien politisch verorten lassen: Welche Medien neigen in ihren redaktionellen Linien eher linksliberalen politischen Positionen zu, welche Medien lassen sich eher als konservativ beschreiben? Die nachfolgende Tabelle fasst Forschungsergebnisse zu Printmedien und Fernsehsendern zusammen – und bestätigt in vielen Punkten Alltagseinschätzungen:

Abbildung 4: Redaktionelle Linien

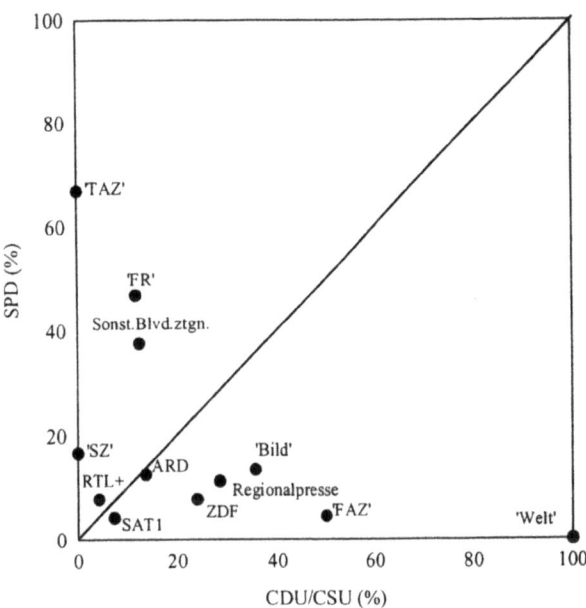

Quelle: Schmitt-Beck 2000: 241

Medien der Verlagsgruppe Axel Springer vertreten ebenso wie die *FAZ* und *Focus* sowie Sendungen bei *ZDF* und *SAT.1* tendenziell konservative Positionen, stark oder gemäßigt linksliberal sind *Spiegel, Stern, Zeit, ARD* und *RTL* orientiert.[3]

---
3 Vgl. hierzu Schmitt-Beck 2000: 241f.

Yahoo! und T-Online: Neue Konkurrenz im digitalen Zeitalter?

Als neues Leitmedium im Internet hat sich *Spiegel Online* etabliert: Einer Befragung zufolge nutzen derzeit 60 Prozent der Journalisten in Deutschland *Spiegel Online* „häufig"; so gut wie alle befragten Journalisten klickten zumindest „gelegentlich" auf Spiegel Online. Allerdings geben sie nur ungern zu, welche Bedeutung *Spiegel Online* inzwischen für ihr journalistisches Arbeiten erlangt hat (Böhnisch 2006).

Der Spiegel-Verlag konnte sich mit *Spiegel Online* also sehr erfolgreich im Internet positionieren. Anderen Verlagen gelang dies bislang nicht: Viele Medienhäuser haben im Zuge der Internet-Euphorie Mitte der neunziger Jahre enorme Summen in ihre Online-Auftritte und digitalen Strategien investiert; mit der um 2001 einsetzenden Wirtschaftskrise und dem damit verbundenen Einbruch an den Werbemärkten wurden die Internet-Aktivitäten oftmals wieder reduziert, zumal sich anfängliche Hoffnungen auf Profite im Netz nicht realisierten (vgl. u.a. Trappel 2007; Glotz/Meyer-Lucht 2008). Derzeit werden mit dem Web 2.0 erneut große Erwartungen verknüpft, die Medienhäuser rüsten sich – auch angesichts verbesserter wirtschaftlicher Ausgangsbedingungen – mit crossmedialen Strategien für die Zukunft auch des politischen Journalismus. Radiostationen und Fernsehsender bieten auf ihren Websites Livestreams und Podcasts zum Download an, Nachrichtenmagazine lassen ihre Politikjournalisten bloggen, Lokalzeitungen sammeln online „Userfotos", und ständig kommen neue digitale Angebote hinzu. In Newsrooms arbeiten Journalisten im Team und bereiten Beiträge für den Einsatz in verschiedenen Medien (Print, Online, Rundfunk) auf, was nicht zuletzt große Herausforderungen für das redaktionelle Management bedeutet (vgl. Loosen 2005; Meier 2006).

Angesichts der Dynamik des Internets kann es sich kaum ein Medienhaus heute noch leisten, keine eigene Online-Strategie zu entwickeln: Vor zehn Jahren waren nicht einmal zehn Prozent der Deutschen online, inzwischen nutzen zwei Drittel der Bevölkerung zumindest gelegentlich das Internet – sei es zu Hause, sei es am Arbeitsplatz. Rund 54 Minuten pro Tag verbringt jeder Deutsche im Schnitt „im Netz" (vgl. Media Perspektiven Basisdaten 2007). Fast die Hälfte der Internet-Nutzer liest regelmäßig im Netz aktuelle Nachrichten aus Deutschland und dem Ausland (vgl. u.a. Trappel 2007: 107f.).

Noch liegen Fernsehen und Radio in der Gunst der Mediennutzer vorn. Junge Leute weisen allerdings bereits einen anderen Umgang mit Medien auf: Internet, Radio und Fernsehen werden ähnlich intensiv genutzt, Zeitungslektüre spielt bei ihnen im Vergleich dazu eine untergeordnete Rolle (vgl. van Eimeren/Frees 2007: 376). Insbesondere Zeitungsverlage suchen derzeit intensiv nach Möglichkeiten, die junge Generationen trotz veränderter Mediennutzungsgewohnheiten an sich zu binden.

Im digitalen Zeitalter konkurrieren jedoch nicht nur die Online-Ableger der bereits offline etablierten Medienmarken mit Informationen und Bildern um die Aufmerksamkeit des Publikums und die Online-Budgets der werbetreibenden Wirtschaft: Service- und Unterhaltungsportale haben die mit Abstand höchsten Reichweiten im Internet. Diese treten längst auch als Anbieter aktueller Informationen auf – und damit letztlich in Konkurrenz zu den Online-Offerten der klassischen Medien. Im Web verzeichnen die Angebote von *Bild* und *Spiegel* die meisten Nutzer, doch sie liegen weit abgeschlagen hinter *StudiVZ*, *T-Online*, MSN, *Yahoo!* und *AOL* (vgl. Trappel 2007: 70f.). Forscher wie Josef Trappel gehen davon aus, dass kleine und mittelgroße Informations-Websites langfristig nicht überleben können: nur die reichweitenstärksten Online-Medien werden sich im Wettbewerb um das Anzeigenaufkommen der Werbewirtschaft durchsetzen. Denn nach wie vor ungelöst ist die Frage nach der Finanzierung vieler Nachrichtenangebote im Netz: Die meisten User sind zumindest derzeit nicht bereit, für Informationen im Netz zu zahlen. Online-Werbung boomt, aber im Vergleich zu den etablierten Offline-Medien ist das Geschäft mit Banner-Ads und anderen digitalen Werbeformen derzeit noch klein (vgl. Range/Schweins 2007).

Mehr Partizipation in der „E-Democracy"?

Die Frage nach den Auswirkungen der Digitalisierung auf Medienmacher, Medieninhalte und Mediennutzer gehört zu den spannendsten Forschungsfragen der Kommunikationswissenschaft.[4] Intensiv diskutiert wird

---

4   Vgl. für eine aktuelle Übersicht über die Forschungsthemen Kimpeler/Mangold/Schweiger 2007.

u.a. die Frage, wie Journalismus und Blogs sich wechselseitig beeinflussen (vgl. Neuberger/Nuernbergk/Rischke 2007; Neuberger 2006). Erste Studien weisen auf das unterschiedliche Rollenverständnis von Bloggern und Journalisten hin: Während Journalisten vor allem objektiv informieren wollen (vgl. Kapitel 6), gehen Blogger bewusst subjektiv mit Informationen um (vgl. Schmidt 2006; Armborst 2006). Journalisten erfüllen auch im digitalen Zeitalter eine wichtige Rolle als „Gatekeeper", indem sie aus der Vielzahl verfügbarer Informationen eine professionelle Auswahl treffen (vgl. u.a. Dernbach 1994; Neuberger 1997). Unter den politisch interessierten Surfern, die an einer Studie zu ihren Informationsquellen während des Bundestagswahlkampfs 2005 teilnahmen, lagen die Websites traditioneller Medien noch vorn in der Publikumsgunst (Abold 2005).[5] Zugleich verlieren die Journalisten aber ihr Monopol, den Zugang zur Öffentlichkeit zu kontrollieren. Der Münsteraner Kommunikationswissenschaftler Christoph Neuberger bezeichnet die neue Rolle des Journalisten nach Axel Bruns als die eines „Gatewatcher": Anstatt zu entscheiden, was publiziert wird und was nicht, orientiert er zunehmend auch darüber, was bereits veröffentlicht wurde.

Andererseits sind durch Blogs und Wikis ganz neue Möglichkeiten auch für politisch Interessierte entstanden, sich aktiv an Debatten im Netz zu beteiligen und auf Gleichgesinnte zu treffen: Wissenschaftler sprechen von einem partizipativen Journalismus, der US-amerikanische Journalist Dan Gillmor hat den Begriff des „Bürger-Journalisten" geprägt (vgl. insbesondere Gillmor 2004; Rheingold 2003). Die Debatte über die Möglichkeiten des Web 2.0 ähnelte zunächst in mancherlei Hinsicht der Diskussion Mitte der 90er Jahre: Der Siegeszug des Internets sorgte damals nicht nur für einen Börsenboom. Auch, was den Bereich der politischen Kommunikation angeht, gab es anfangs hohe Erwartungen bei Beobachtern und in der Wissenschaft: Von einer „E-Democracy" war die Rede, von einer neuen „elektronischen Agora", von „digitalen Parteien", die sich aus dem sprichwörtlich verrauchten Hinterzimmer verabschieden würden, um womöglich sogar „virtuelle Parteitage" abzuhalten, und von neuen Formen der direkten Kommunikation zwischen Politikern und

---

5   Bei der Studie handelt es sich um eine nicht-repräsentative Befragung (selbstselektives Sample).

Wählern, die im World Wide Web als mustergültige „E-Citizens" nach politischen Informationen suchen (vgl. Bieber 1999; Bieber 2001). Aber auch Befürchtungen wurden laut: Dass sich die Öffentlichkeit in viele Teilgruppen zersplittert beispielsweise, und dass sich die digitale Kluft zwischen denjenigen, die die neuen Informationstechnologien souverän zu nutzen wissen und den Habenichtsen der Informationsgesellschaft immer weiter auftut (vgl. Marr 2005).

Tabelle 3: Wie häufig werden Online-Angebote zur politischen Information genutzt?

Websites traditioneller Medien	77,9 %
Politische Portale (z.B. politik-digital)	44,7 %
Websites von Parteien/öffentlichen Institutionen	37,0 %
Politische Blogs	34,2 %

Quelle: Abold 2005

Die Forschung hat viele Utopien ebenso wie manch apokalyptische Vorstellung zum Einfluss des Internets auf demokratische Gesellschaften inzwischen entzaubert. Studien zum Einfluss des Internets auf die politischen Aktivitäten von Bürgern, haben gezeigt, dass das Internet vor allem dazu genutzt wird, Informationen über Politik zu sammeln.[6] Die breite Masse der Nutzer wird durch das Internet aber nicht in nennenswertem Umfang dazu mobilisiert, sich politisch stärker zu engagieren (vgl. u.a. Emmer 2006). Inhaltsanalysen der Websites der im Bundestag vertretenen Parteien im Wahlkampf 2002 und 2005 haben zudem gezeigt, dass Politiker und Parteien in Deutschland noch weit von einem hochprofessionellen „E-Campaigning" entfernt sind, wie es in den USA und in Großbritannien betrieben wird (vgl. Schweitzer 2005, 2006). Für eine fundierte Bewertung der Rolle von Blogs für die politischen Kommunikation in Deutschland ist es noch zu früh: Der vorgezogene Wahlkampf 2005 hat die Parteistrategen überrascht, hastig setzten eine Reihe von Politikern Blogs als neue Instru-

---
6 Vgl. für einen Überblick Vowe/Emmer/Seifert 2007.

mente ihres elektronischen Wahlkampfs auf, in denen aber noch kaum diskutiert wurde (vgl. Ott 2006). Im Vergleich zu den USA sind deutsche Blogs zudem vergleichsweise unpolitisch (Fengler 2008).

Zusammenfassung

Die Medienlandschaft hat sich in den vergangenen Jahren tiefgreifend gewandelt: Das Medienangebot ist explodiert, alte und neue Medien wetteifern auch mit Nachrichten und politischen Informationen um die Aufmerksamkeit des Publikums. Über die langfristigen Auswirkungen dieses Wettbewerbs auf die Qualität der journalistischen Angebote wird in der Wissenschaft ebenso intensiv diskutiert wie über die Bedeutung neuer partizipativer Formen des Journalismus (Blogs, Bürgerjournalismus) auf die etablierten Medien. Als neues Leitmedium hat sich *Spiegel Online* neben den überregionalen Tageszeitungen und den Nachrichtenmagazinen sowie *ARD* und *ZDF* etablieren können.

Weiterführende Literatur

Meyn, Herrmann (2004): Massenmedien in Deutschland. Konstanz: UVK.
Neuberger, Christoph/Nuernbergk, Christian/Rischke, Melanie (Hrsg.) (2008): Journalismus im Internet. Profession, Partizipation, Technisierung. Wiesbaden: VS Verlag für Sozialwissenschaften.
Pürer, Heinz/Raabe, Johannes (2007): Presse in Deutschland. Konstanz: UVK.
Reinemann, Carsten (2003): Medienmacher als Mediennutzer: Kommunikations- und Einflussstrukturen im politischen Journalismus der Gegenwart. Köln u.a.: Böhlau.
Quandt, Thorsten/Schweiger, Wolfgang (2008): Journalismus online. Partizipation oder Profession? Wiesbaden: VS Verlag für Sozialwissenschaften.

Kapitel 5: Darstellungsformen im Politikjournalismus Sichtweisen der Praxis

Seit Wochen schon brodelt die Gerüchteküche. Nachdem die große Regierungspartei in den Ländern eine Wahlniederlage nach der anderen eingefahren hat, steht der Kanzler gewaltig unter Druck. Es wird über eine unmittelbar bevorstehende Kabinettsumbildung und über ein umfassendes Paket einschneidender Reformmaßnahmen gemunkelt. Und nun will der Kanzler an diesem Mittwoch eine Regierungserklärung abgeben.

Seit dieser Ankündigung wird im Politikressort hektisch geplant. Zwei Reporter sollen im Bundestag sitzen, auf jeder der beiden Pressetribünen einer, um den Blick auf Regierungs- wie auf Oppositionsfraktionen halten zu können. Wird zum Schluss der Rede im Stehen applaudiert? Bei Parteitagen ist es üblich, im Bundestag nicht, und so bleibt vielleicht doch der eine oder andere sitzen. Wer nickt, wer schüttelt den Kopf, wer tuschelt mit wem, wer ruft dazwischen? Am Ende wird nur einer der beiden Reporter das große Feature über den Kanzler und seinen Auftritt im Bundestag schreiben, aber der andere wird seine Beobachtungen beisteuern. Er wird im Bundestag ohnehin gebraucht, um nach der Rede mit einigen der Abgeordneten über ihre Eindrücke zu sprechen.

In der Redaktion wollen sich mehrere Kollegen die Rede im Fernsehen ansehen. Auch der Chefredakteur gehört dazu: An diesem Tag kann er sich den Leitartikel über die Regierungserklärung nicht nehmen lassen. Wenn die Reporter aus dem Bundestag zurückkommen, wird er kurz mit ihnen über ihre Eindrücke sprechen. Feature und Leitartikel müssen in ihrer Einschätzung nicht hundertprozentig übereinstimmen, aber sie sollten sich auch nicht völlig widersprechen.

Vor dem Fernseher sitzen auch die bundespolitischen Korrespondenten, die für Finanz-, Sozial- und Arbeitsmarktpolitik zuständig sind.

Sie hören sich die Rede des Kanzlers auf die inhaltlichen Details hin an: Welche Reformvorschläge macht er? Wie realistisch erscheinen sie? Wo sind Widerstände zu erwarten? Bereits im Vorfeld haben die Korrespondenten vereinbart, genau zu diesen Fragen Interviews mit einem Parteienforscher und einem Ökonomen zu führen. Die Redakteure sollen überdies dafür sorgen, dass Grafiken zur Verfügung stehen. Schließlich muss am Ende des Nachmittags, wenn auch die Reaktionen von Wirtschaft und Gewerkschaften vorliegen, ein Korrespondent den Aufmacher für die Seite Eins schreiben.

Es kommt wie geplant; der Kanzler kündigt zwar keine Kabinettsumbildung an, aber doch überraschend weit reichende Reformen. In der Zeitung herrscht Hochbetrieb. Über fünf Seiten und fast jede erdenkliche Stilform erstreckt sich am Ende der Kanzler-Auftritt.

Lernziele

⮕ Welche Stilform eignet sich für welche Gelegenheit im politischen Journalismus?
⮕ Was ist bei Nachricht, Interview, Reportage, Kommentar jeweils zu beachten?
⮕ Was ist eine „Blattlinie"?

Täglich Brot des Politikredakteurs: Die Nachricht

Am Anfang des Journalismus steht die Nachricht. Sie destilliert die berichtenswerten Ereignisse in die kürzeste Form. Weder Reportage noch Kommentar können auf das Faktengerüst, das ihnen die Nachricht liefert, verzichten.

Bei der klassischen Nachricht sind Form und Sprache stark stilisiert. Allen Journalistenschülern sind die fünf Ws vertraut (wer, was, wann, wo, wie), die im ersten Satz einer Nachricht beantwortet werden sollen. Genauso lernen sie, im ersten Satz nach Möglichkeit Kommata und Nebensätze zu vermeiden. Nach dem Prinzip der umgekehrten Pyramide bauen sie dann den weiteren Artikel so auf, dass das Wichtigste und Neueste am Anfang steht.

Diese Stilform hat große Vorteile: Will der Leser wissen, was passiert oder was beschlossen worden ist, erfährt er es am schnellsten und genauesten aus einer klassischen Nachricht. Auch das Bemühen um Objektivität, wie es sich in den Formulierungen der Nachrichtensprache niederschlägt, ist durchaus nützlich. Natürlich stimmt es, dass sich Wertungen und Einschätzungen auch hinter scheinbar neutralen Ausdrücken verstecken können. Aber im Vergleich zu anderen Stilformen zwingt die Nachricht den Verfasser stärker dazu, seine Sicht zurückzustellen. Gerade im politischen Journalismus, wo es oft um Entscheidungen und Erklärungen geht, zu denen jeder, auch der Journalist, eine ausgeprägte eigene Meinung hat, ist eine solche Selbstdisziplinierung wertvoll.

Aus all diesen Gründen wählen Zeitungen fast immer die Nachrichtenform für den Aufmacher ihrer ersten Seite und für Berichte, bei denen es um vor allem um Effizienz bei der Informationsvermittlung geht. Radionachrichten folgen dieser Form ebenfalls, und auch im Fernsehen wird sie oft für die wichtigsten Meldungen verwendet. Für die Nachrichtenagenturen – das sagt schließlich schon der Name – ist die klassische Nachricht ohnehin die Standardform.

Umso wichtiger ist es, Nachrichten gut zu schreiben.
- Auch im engen Korsett dieser Form ist es möglich, abgegriffene Ausdrücke zu vermeiden.
- Zu viele Substantivierungen gehören auf den Index.
- Eine gut geschriebene Nachricht macht wohldosiert Gebrauch von Zitaten.
- Schließlich sollte man sich daran erinnern, dass es beim ersten Satz der Nachricht darum geht, das Interesse des Lesers zu wecken.

Vermeiden sollte man deswegen Formulierungen, die signalisieren, dass sich an der Nachrichtenlage im Grunde nichts geändert hat: „Deutschland und Frankreich ist es auch am Dienstag nicht gelungen, ihren Streit um die EU-Agrarsubventionen beizulegen." Oder: „In der SPD geht die Debatte um das neue Grundsatzprogramm weiter."

Aber selbst wenn der Redakteur alle guten Ratschläge befolgt – Berichte in der Form der klassischen Nachricht bleiben schwer verdaulich.

Kaum etwas ist weiter entfernt von der gesprochenen Sprache als die Nachrichtenform. Wenn Menschen von einem Erlebnis erzählen, berichten sie meistens in chronologischer Form. Ganz sicherlich hört sich ihr Vokabular dabei deutlich anders an als die oft gestelzt wirkende Nachrichtensprache. Formulierungen à la „Wie der Sprecher weiter mitteilte" oder „Im Ringen um einen Kompromiss in der Steuerpolitik" kommen in normalen Unterhaltungen nicht vor.

Immer beliebter ist bei Zeitungen und elektronischen Medien deswegen eine Zwischenform zwischen Nachricht und Feature: Die „angefeaturete Nachricht", wie es im Redaktionsjargon heißt. Dem Leser wird dabei der Weg in den Bericht durch einen weichen Einstieg geebnet, und szenische und analytische Elemente erhalten mehr Platz als in der klassischen Nachricht. Es ist eine Form, die es erlaubt, auch schwierige Themen in einer gefälligeren und leichter lesbaren Art zu präsentieren. Allerdings ist Vorsicht geboten: Die Informationen sollten nicht unter den szenischen Beobachtungen begraben werden, und sie sollten auch nicht durch die Meinung des Autoren eingefärbt werden.

Neben der Nachricht gibt es weitere Formen, die nicht nur das Layout auf attraktive Weise bereichern, sondern auch besonders geeignet sind, Informationen effizient zu vermitteln.

- Dazu gehören Fotos, aber auch Grafiken und Tabellen. Eine Reform der Einkommenssteuer lässt sich am besten durch eine Tabelle erklären.
- Chronologien können besonders geeignet sein, den Hintergrund einer sich lang hinziehenden Entwicklung zu erläutern.
- Schlagworte und die dazu gehörenden Erläuterungen helfen, den politischen Jargon bei Themen wie der Gesundheitspolitik (Bürgerversicherung, Prämienmodell) verständlich zu machen.
- Frage-Antwort-Komplexe eignen sich, um beispielsweise die Auswirkungen einer Gesetzesänderung im Detail zu erläutern. Der Leser, der wissen will, was die Riester-Rente ist, wie er sie beantragt oder ob sie sich für ihn lohnt, findet die für ihn relevanten Antworten unter solchen Frage-Überschriften besonders leicht.

Auch für Radiosendungen kann dies ein passendes Format sein. Voraussetzung ist allerdings, die Fragen und Antworten sehr konkret und verbrauchernah zu gestalten. Sonst spotten die Kollegen über „Fragen, die keiner stellt und die wir trotzdem beantworten".

Meist noch kräftig nachbearbeitet: Das Interview

Etwas völlig anderes sind Interviews in der Frage-Antwort-Form. Sie dienen dazu, den Gesprächspartner in den Vordergrund zu stellen, weil er über besonderen Sachverstand oder Entscheidungskompetenz verfügt, politische Macht besitzt oder als Person mittels seiner eigenen Worte vorgestellt werden soll. Wortlaut-Interviews, egal in welchem Medium, haben den außerordentlichen Vorteil der Authentizität. Wenn sie schlecht geführt werden oder der Interview-Partner sperrig ist, werden sie allerdings besonders schnell langweilig.

Das Ziel ist daher, ein Gespräch im Wortlaut so zu gestalten, dass die Aufmerksamkeit von Lesern und Hörern über Hunderte von Zeitungszeilen, mehrere Magazinseiten oder halbstündige Radio- oder Fernsehsendungen erhalten bleibt. Gerade im politischen Journalismus ist das nicht einfach, weil viele Interviewpartner sehr vorsichtig mit ihren Aussagen sind und sich dazu noch häufig bürokratisch ausdrücken. Überdies sind die Themen, um die es in den Gesprächen geht, oft kompliziert und abstrakt. Und noch etwas: Die Interview-Länge richtet sich meistens nicht danach, wie interessant und neu das Gesagte, sondern wie bedeutend der Interviewte ist.

Umso wichtiger ist es, dass sich Journalisten auf große Interviews sorgfältig vorbereiten; die Politiker tun es in der Regel auch. Auf gar keinen Fall sollte man in dem Gespräch versuchen, alle aktuellen Fragen anzusprechen – kein Leser und kein Hörer kann folgen, wenn das Thema ständig wechselt. Ist dagegen ein roter Faden erkennbar, kann das Publikum den Überblick über das Gesagte wahren. An diesem roten Faden entlang sollte der Journalist seine Fragen aufreihen – ohne zu vergessen, dass eine Antwort seines Gegenübers so interessant und unerwartet ausfallen könnte, dass sie dem Rest des Gesprächs eine ganz andere

Wendung geben kann. Niemand ist ärgerlicher als ein Fragesteller, der den Antworten nicht zuhört.

Interviews sind auch eine Sache der Persönlichkeit, und ganz besonders gilt das für das Fernsehen und das Radio. Politische Journalisten üben jahrelang, um rasch zu schalten und nachzusetzen, wenn Politiker ihren Fragen ausweichen. Selbstverständlich üben aber auch Politiker jahrelang, den Fragen auszuweichen, die sie nicht beantworten wollen. Es findet also ein Wettbewerb statt, bei dem der gewinnt, der nicht nur hartnäckig ist, sondern dabei noch Charme und Witz entfaltet. Ein Politiker, dem das nicht gelingt, hinterlässt beim Publikum einen Eindruck von Langeweile und Sturköpfigkeit. Ein Journalist, der auf seinen Nachfragen herumreitet, wirkt nur allzu schnell wie ein verbiesterter Wadenbeißer.

Konzentration und Schlagfertigkeit sind bei den elektronischen Medien besonders dringend gefragt, weil sich an ihren Interviews nichts mehr korrigieren lässt. Das gilt auch für Gespräche, die nicht life gesendet, sondern aufgezeichnet werden. Jeder Versprecher, jede Unaufmerksamkeit, jede ungeschickt gestellte Frage wird mitgesendet, genauso wie jedes unvorsichtige Wort des Interviewten. Das macht den Charme von Interviews im Radio und Fernsehen aus – und erhöht den Stressfaktor für beide Gesprächspartner. So blamierte sich der frühere Wirtschaftsminister Günter Rexrodt damit, dass er bei einer Umfrage der Sendung Panorama nicht wusste, wie viel Nullen eine Billion hat. Kanzlerin Angela Merkel verpatzte ein ARD-Interview, als sie Brutto und Netto bei den Löhnen verwechselte. So peinlich war der Schnitzer, dass die Parteizentrale das Interview für den Nachdruck auf der CDU-Homepage heimlich verbesserte.

Bei Wortlaut-Interviews in Zeitungen und Zeitschriften wird dagegen noch vor dem Druck kräftig nachgearbeitet – von beiden Seiten. Naiv ist, wer denkt, für ein Interview würde es ausreichen, die richtigen Fragen zu stellen und nachher die Tonaufzeichnung ordentlich abzuschreiben. Anders als im angelsächsischen Journalismus, wo das gesprochene Wort ohne Abstriche gilt, müssen in Deutschland Interviews in der Regel autorisiert werden. Das bedeutet, dass der Gesprächspartner das fertige Wortlaut-Interview vor der Veröffentlichung zu sehen bekommt und die Passagen ändern, streichen oder ergänzen kann, die ihm nicht gefallen.

Im Gegenzug gilt: Was er gegenzeichnet, gilt als gesagt, egal ob der Satz im Gespräch wirklich so gefallen ist oder nicht.

Diese Praxis bringt große Vorteile, aber auch große Nachteile. Die wenigsten Interviewpartner bringen es fertig, im Gespräch ausschließlich in druckreifen Sätzen zu sprechen, alle Antworten kurz zu halten und sich niemals zu wiederholen. Die Fragesteller wiederum schaffen es auch nicht immer, im Interview ihren roten Faden im Blick zu halten. Manchmal vergessen sie sogar, eine Frage zu stellen und merken erst beim Abschreiben der Tonaufzeichnung, dass dadurch ein Riesenloch entstanden ist...

Mit Sicherheit werden Interviews lesbarer, wenn sie gekonnt überarbeitet werden.

- Dazu gehört es, die Aussagen des Gesprächspartners kürzer und klarer zu fassen, unvollständige Sätze zu ergänzen und grammatische Schnitzer auszubessern. Achtung: Die sprachlichen Eigenheiten des Interviewten sollte man erhalten!
- Es kann auch nötig sein, Fragen einzufügen, wenn die Antworten zu lang sind. Unter Umständen sollte man zudem die Reihenfolge der Frage-Antwort-Blöcke ändern, um das Gespräch folgerichtiger zu machen.
- Ein gut vorbereitetes, konzentriert geführtes und gut bearbeitetes Interview kann auf holprige Übergänge („Und jetzt noch eine Frage zur Parteipolitik...") verzichten.
- Besonders schön ist es, wenn es außerdem gelingt, an den Anfang des Gesprächs eine Frage zu stellen, auf die der Gesprächspartner eine wirklich überraschende Antwort gibt.

In der Praxis gehen die Nachbesserungen der Journalisten jedoch oft sehr viel weiter. Sicher ist es legitim, Fragen nachzuschieben, wenn sich der Sachstand zwischen dem Zeitpunkt des Interviews und seiner Veröffentlichung erheblich verändert hat. Aber wenn der Journalist die Aussagen seines Gesprächspartners ganz bewusst zuspitzt, um den Nachrichtenwert seines Interviews zu steigern, wird sein Vorgehen zweifelhaft. Zwar kann er sich dabei darauf berufen, dass der Gesprächspartner den Text ja noch autorisieren muss – aber gesagt worden ist es eben nicht.

Ist das Interview dann endlich fertig – meist braucht das etliche Stunden, es gibt kaum eine andere Stilform, die so viel Arbeit macht – wird es dem Gesprächspartner zur Autorisierung zugeschickt. Wie stark der Text dann noch verändert wird, ist sehr unterschiedlich. Manche Politiker stehen zu dem, was sie im Gespräch gesagt haben und sind sogar froh, wenn Journalisten ihre Antworten in eine lesefreundliche Form gebracht haben. Sie lesen den Text gegen, achten darauf, ob es echte Missverständnisse gab und korrigieren vielleicht einmal einen Tippfehler. Andere dagegen lassen keinen Satz intakt. Die bayerische Staatskanzlei faxte einmal ein Wortlaut-Interview mit dem damaligen Ministerpräsidenten Edmund Stoiber zurück, das Änderungen und Ergänzungen in gleich drei verschiedenen Handschriften trug. Von dem ursprünglichen Text war fast nichts mehr übrig geblieben.

Es kommt vor, dass Politiker Aussagen, die sie im Interview gemacht haben, in Gänze zurückziehen. Womöglich haben sie sich inzwischen informiert, wie die Parteilinie in diesem Punkt lautet. Vielleicht erscheint ihnen das Risiko, mit einer anders gearteten Aussage in die Schlagzeilen zu kommen, einfach zu groß. Manchmal ist es noch nicht einmal der Politiker selbst, der an den Text herangeht, sondern sein übervorsichtiger Pressesprecher. Aber aus welchem Grund auch immer solche Streichungen geschehen – sie sind außerordentlich ärgerlich. Erschwerend kommt hinzu, dass Journalisten nur wenige Möglichkeiten zur Gegenwehr haben. Sicher, eine Zeitung oder ein Magazin kann entscheiden, ein durch die Autorisierung sinnentleertes Interview nicht zu drucken. Bei dieser Entscheidung werden sich die Redakteure allerdings bewusst sein, dass dieser Gesprächspartner ihrem Blatt vermutlich nicht so schnell wieder zur Verfügung stehen wird. Bevor sie also das Interview löschen, werden sie versuchen, mit dem Interview-Partner oder seinem Sprecher Nachverhandlungen zu führen, um die eine oder andere interessante Aussage doch wieder in das Interview aufnehmen zu dürfen. Zusätzliche Schwierigkeit: Solche Verhandlungen finden oft unter extremen Zeitdruck statt, da die Autorisierung (teils auch mit Vorsatz) so lange dauert, dass der Andruck drängt.

Aus Wut über Auswüchse bei der Autorisierung startete die Chefredakteurin der Berliner *taz*, Bascha Mika, Ende 2003 eine außergewöhnliche Kampagne. Sie druckte in ihrer Zeitung ein Interview mit dem damaligen SPD-Generalsekretär Olaf Scholz ab. Lesbar waren nur die Fragen, die Antworten waren geschwärzt, weil Scholz bei der Autorisierung so viele Änderungen verlangt hatte. Gemeinsam mit mehreren anderen Zeitungen startete Mika dann eine Kampagne gegen übermäßige Eingriffe der Interview-Partner. Sehr viel Erfolg war ihr damit allerdings nicht beschieden. Auch bei der *taz* werden bis heute die Interviews autorisiert. Das gilt inzwischen auch wieder für die *Financial Times Deutschland*, obwohl die Zeitung bei ihrem Start im Jahr 2000 mit dem Grundsatz angetreten war, Interviews grundsätzlich nicht autorisieren zu lassen. Doch zu viele mögliche Gesprächspartner geben nur dann Interviews, wenn ihnen die Vorlage des Textes zugesichert wird.

Ein gewisses Verständnis für die Vorsicht der Politiker ist sicher angebracht: Es gibt haarsträubende Beispiele dafür, wie Journalisten Zitate aus dem Zusammenhang reißen. Vielleicht ist Edmund Stoiber auch deswegen so vorsichtig mit Interviews geworden, weil er am eigenen Leib erfahren hat, wie lange einem ein solches falsches Zitat anhängt. 1988 hatte der damals frisch gebackene bayerische Innenminister Stoiber Journalisten zu einem Gespräch eingeladen. Es ging um die Republikaner, die der CSU damals als gefährliche Konkurrenz erschienen, und es ging um Münchner Stadtteile mit besonders hohem Ausländeranteil. Stoiber zitierte dann Oskar Lafontaine, der eine „multinationale" Gesellschaft wolle. Diese werde von den Republikanern als "durchmischt und durchrasst" bezeichnet und von den Bürgern abgelehnt. Auf Nachfrage sagte Stoiber dann noch, dass er sich den Sprachgebrauch der Republikaner nicht zu eigen mache. Doch diese Distanzierung half ihm nichts – über ein Jahrzehnt lang sah sich Stoiber wieder und wieder mit dem Vorwurf konfrontiert, er habe gegen die „durchrasste" Gesellschaft gehetzt.

Politik in der Nahaufnahme: Reportage und Porträt

Es gibt politische Reportagen, die vor eindrucksvollen Szenen, Personen und Begebenheiten bersten. Dazu gehören viele Berichte aus dem Ausland, die durch die fremde Kulisse noch zusätzliches Interesse erwecken. Auch in Deutschland gibt es politische Themen, die sich gut für Reportagen eignen. Dazu können spektakuläre Gerichtsprozesse gehören, Berichte über die Integrationsschwierigkeiten von Einwanderern oder die Probleme einer schrumpfenden Stadt. All diese Themen haben etwas gemeinsam: Sie spielen im wirklichen Leben, fernab von den politischen Entscheidungsgremien in Stadt, Land, Bund oder Europa.

Natürlich liefert auch die Politik selbst Momente, die es einem Journalisten leicht machen, eine Reportage zu schreiben. Der Fall der Mauer war ein solcher Augenblick, angefangen von Günter Schabowskis Pressekonferenz über den Beginn der Reisefreiheit am 9. November 1989 bis hin zum großen Fest zur Wiedervereinigung am 3. Oktober 1990. Auch der Rücktritt einer gesamten EU-Kommission oder die Kampfabstimmung zwischen zwei langjährigen Rivalen bei einem Parteitag kann solche Momente liefern. Aber: sie sind selten, leider sogar sehr selten. Eine Reportage über Politiker und ihr Handeln allein aus dem Beobachteten farbig und interessant bestreiten zu können, ist die absolute Ausnahme.

Der Normalfall spielt mit bekannten Personen in bekannter Umgebung. Ein Beispiel liefert das Rededuell von Kanzler und Oppositionsführer bei der Haushaltsdebatte im Bundestag. Es ist ein Ereignis, das in den Fernsehnachrichten jedes Jahr mit den Worten „Regierung und Opposition haben sich heute einen heftigen Schlagabtausch geliefert..." beschrieben wird. Und in den Zeitungen? Dort müssen die politischen Journalisten versuchen, für den nächsten Tag eine interessante Seite 3 zu schreiben. In der Politik ist es schließlich oft so, dass ein Ereignis für sich genommen gar nicht besonders interessant ist. Trotzdem bekommt es breiten Platz in den Medien, weil es von den politischen Akteuren für wichtig gehalten wird. Staatsakte gehören häufig in diese Kategorien von Ereignissen. Auch politische Grundsatzdebatten über Themen wie beispielsweise die europäische Verfassung sind wichtig, aber für das Publikum in der Regel ziemlich langweilig.

Mit Beschreibungen alleine lassen sich solche Ereignisse nicht journalistisch aufarbeiten. Unbedingt erforderlich ist ein stark analytisch geprägter Zugang zum Geschehen.

- Der Autor muss erklären, wo die Handelnden in diesem Moment stehen, was sie erreichen wollen, was sie sich wünschen, was sie fürchten, wie es um ihren Ruf bestellt ist.
- Auch die Machtverhältnisse muss er beschreiben: Wer gerade oben steht, was die Konkurrenten machen, wie die Stimmung in der jeweiligen Partei ist, welcher Methoden sich die Gegner bedienen.
- Eine wichtige Rolle spielen dabei Zitate, ob sie nun aus dem Mund der Redner dieses Tages stammen oder aus Gesprächen, die der Journalist am Rande mit Politikern geführt hat.

Das, was das Ereignis an szenischen Elementen hergibt, muss so in die Geschichte eingeflochten werden, dass es die Analyse des Autoren illustriert und belegt. Minutiös zu beschreiben, wie sich ein Redner mit der Zunge über die Lippen fährt, seine Brille auf- und wieder absetzt und die Seiten seines Redemanuskriptes aufschichtet, hilft der Geschichte zunächst noch nicht weiter. Fügt man allerdings die Erklärung hinzu, warum dieser Redner gerade bei diesem Auftritt so außerordentlich nervös ist, macht die Beschreibung auf einmal Sinn. Oft braucht es nur ein oder zwei Sätze am Anfang oder am Ende eines Absatzes, um den Sinn des Erzählten deutlich zu machen. Diese Erläuterungen bilden dann so etwas wie Wegweiser durch den Artikel.

Lesenswert wird die politische Reportage dann, wenn ein mit guter Sachkenntnis und scharfem Blick ausgestatteter Autor seine Analyse und die Beschreibungen zu einer Gesamtthese verdichtet. In einer guten politischen Reportage schlägt sich deswegen auch immer die Meinung des Autoren nieder, wenn auch nicht so explizit wie im Kommentar oder Leitartikel.

Der Übergang zwischen politischer Reportage und Porträt ist fließend: Die Reportage über die Regierungserklärung, von der am Anfang dieses Kapitels die Rede war, wird sich in Teilen wie ein Porträt des Kanzlers lesen. Das Porträt eines neu ernannten Ministers wiederum wird kaum ohne Beschreibungen seines parteipolitischen Umfelds, seines Verhältnisses zum Regierungschef und seiner größten Widersacher im Bundestag auskommen.

Was in der Zeitung oder im Magazin schon schwierig ist, ist im Fernsehen so gut wie unmöglich. Ohne interessante Bilder lässt sich das TV-Publikum nicht für eine längere Sendung gewinnen. Interessante Bilder aber sind von Auftritten im Bundestag, Reden bei Parteitagen oder Empfängen beim Bundespräsidenten nicht zu erwarten. Politische Reportagen im Fernsehen konzentrieren sich deswegen oft auf die Betroffenen: Die Kranken, die nach der Gesundheitsreform mehr zahlen müssen, oder die Schüler, die durch ein untaugliches Bildungssystem geschleust werden. Das, was Politiker zu diesen Themen sagen und entscheiden, wird auf diese Weise sofort dem ersten Praxis-Test unterzogen.

Mit oder ohne Blattlinie: Der Kommentar

Kommentare, Analysen und Leitartikel bieten dem Autor die größte Freiheit von allen journalistischen Formen. Er braucht für sein Stück weder Notizbuch noch Telefon; nichts steht vor ihm als sein leerer Computerschirm. Ob er einen mehr analytisch oder stärker emotional gehaltenen Kommentar verfasst, ist seinem Geschmack überlassen. Das macht diese Form so interessant, es macht sie aber auch schwierig. Denn wer – gestützt auf ein fundiertes Hintergrundwissen – einen Kommentar schreibt, gibt damit ja nicht nur seine Meinung preis. Er stellt jedes Mal auch zur Schau, wie sehr er zu eigenen Gedanken fähig ist und ob er sie zu einer folgerichtigen Argumentation zusammenfügen und in präzise und schöne Sprache fassen kann. Das gilt übrigens gleichermaßen für Kommentare im Fernsehen, Meinungsbeiträge im Radio und Leitartikel in der Zeitung.

Zum Charakter von Meinungsstücken gehört, dass sie nur einer einzigen Regel unterworfen sind: Wer sie schreibt, sollte eine Meinung haben. Einzelne Medien mögen Experimente untersagen wie zum Beispiel Kommentare in der Ich-Form oder Leitartikel in der Form eines Briefes an den Leser. Zwingend sind solche Verbote aber nicht. Denn für den

Sichtweisen der Praxis

Kommentar gilt: Alles ist erlaubt, was das Interesse weckt und überzeugt. Wen diese grenzenlose Freiheit überfordert, der wird womöglich folgende drei Ratschläge hilfreich finden:

- „Eine klare Frage, eine klare Antwort": Immer dann, wenn die Thematik unübersichtlich und die eigenen Gedanken schwammig sind, hilft dieser Ansatz. Ein kurzer Kommentar ist damit auch schon fast gefüllt; ein Leitartikel verlangt allerdings einen breiteren Ansatz.
- „Man muss Ihnen beim Denken zusehen können": Diese Maxime verpflichtet den Autoren, selbst das Geschehen zu durchdenken und nicht nachzuplappern, was Meinungsjournalisten aus aller Welt seit jeher darüber schreiben. Auch wenn es ein Gefühl größerer Sicherheit gibt, der herrschenden Meinung zu folgen – interessanter wird ein Kommentar durch eigene Gedanken. Vielleicht landet man am Ende ja sogar bei derselben Schlussfolgerung wie andere Medien, aber man hat dann seinen eigenen Weg dorthin gefunden. Also keine Angst vor Mindermeinungen!
- „Seien Sie sparsam mit Appellen": Was ein Politiker soll oder gar muss, hängt nur sehr, sehr selten vom Urteil eines Leitartiklers ab. Ganz besonders vermessen klingen Appelle, wenn sie ausländische Politiker betreffen: „Der israelische Regierungschef muss begreifen, dass Frieden nur gemeinsam mit den Palästinensern möglich ist..." Von einem deutschen Zeitungsredakteur braucht der Premier das nicht gesagt zu bekommen! Angemessener wäre eine analytische Kommentierung, bei der dem Leser Schritt für Schritt auseinander gesetzt wird, warum Friedensverhandlungen auch für Israel die beste Lösung sind.

Meinungsstücke werden immer dann verfasst, wenn der Fernsehsender, der Radiosender oder die Zeitung es wichtig finden, dem Leser ein Ereignis oder eine Entwicklung zu erklären. Für den Leitartikel fällt die Wahl oft auf das wichtigste politische Event des Tages; in unserem Beispiel war das die Regierungserklärung des Kanzlers. Kommentiert wird auch gerne und oft besonders gut, wenn eine Nachricht dem Autoren Anlass zu besonderer Freude oder besonderer Empörung gibt. Dann fehlt es wenigstens nicht an Meinung!

Am wichtigsten und vermutlich am schwierigsten zu schreiben sind Leitartikel, die sich mit einer Katastrophe befassen: Wer am 11. September 2001 das Meinungsstück zu den Terrorangriffen auf die USA zu schreiben hatte, musste ja nicht nur nach bestem Wissen erklären, was passiert war und wie sich die Zukunft dadurch verändern würde. Er musste Leser und Hörer, die von den Bildern aus New York und Washington erschüttert und aufgewühlt waren, auch auf der Gefühlsebene richtig ansprechen.

Manche Medien wie zum Beispiel die *Berliner Zeitung* stellen es ihren Autoren auf der Meinungsseite völlig frei, welche Auffassung sie dort vertreten wollen – im Rahmen von Demokratie und Rechtsstaat. Sie nehmen dabei in Kauf, dass im Laufe von Wochen und Monaten sehr unterschiedliche, manchmal sogar gegensätzliche Meinungen im Leitartikel vertreten werden. Möglicherweise verwirrt das gelegentlich den einen oder anderen Leser; andererseits wird eine Zeitung durch einen solchen Meinungspluralismus besonders interessant. Solange die Leitartikel mit dem Namen des Autoren überschrieben sind, wissen die meisten Leser, dass sie die Meinung einem bestimmten Verfasser und nicht der gesamten Zeitung zuordnen sollten.

Andere Zeitungen haben eine „Blattlinie": Dort geben der Chefredakteur oder die Redaktionskonferenz vor, was die Position der Zeitung zu einer bestimmten Frage, beispielsweise zur Beibehaltung oder Abschaffung der Wehrpflicht, sein sollte. Alle Autoren, die auf der Meinungsseite zu diesem Thema schreiben, sind dann an diese Position gebunden. Noch weiter geht die *Financial Times Deutschland*, die Leitartikel ohne Angabe des Autoren veröffentlicht, weil sie im Namen der gesamten Zeitung geschrieben sind. Bevor ein solcher Leitartikel geschrieben wird, befasst sich eigens eine Konferenz mit den Argumenten, die dort zum Tragen kommen sollen. Einen anderen Weg gehen die deutschen Zeitungen der Springer-Presse: Wer Redakteur beispielsweise bei der *Welt* werden will, muss sich seit 1967 schriftlich zu gesellschaftspolitischen Grundsätzen verpflichten, die von der Unterstützung Israels und des Bündnisses mit den USA bis hin zur Verteidigung der sozialen Marktwirtschaft reichen.

Ein ganz anderes System existiert im öffentlich-rechtlichen Fernsehen. In der *ARD* ist es so, dass jeder der elf Sender mehrere Journalisten benennt, die für Kommentare in den *Tagesthemen* infrage kommen. Dazu gehören die Chefredakteure und andere leitende Mitarbeiter. In der Regel werden sie alle die politische Ausrichtung ihres jeweiligen Senders vertreten. So kam es, dass die Kommentatoren des *WDR* über Jahrzehnte ebenso linkslastig waren wie ihre bayerischen Kollegen konservativ.

Interessant ist es, wie in der *ARD* darüber entschieden wird, welcher Sender mit einem Kommentar zum Zuge kommt: Jeden Nachmittag findet eine Telefon-Schaltkonferenz der *ARD*-Chefredakteure statt, bei der das Thema des Tages festgelegt wird. Jeder Sender kann dann seinen Kandidaten dafür vorschlagen, entschieden wird per Kampfabstimmung. Ist der Tagesthemen-Kommentator erst einmal bestimmt, genießt er volle Freiheit: Den Inhalt seines Kommentars muss er mit niemandem mehr absprechen. Sogar nachträgliche Kritik an Meinungsstücken ist in der *ARD* verpönt.

Zusammenfassung

Alle Stilformen sind wichtig. Eine Reportage kann keine Nachricht ersetzen; ein Interview keine Analyse. Wer Journalist ist, sollte jede Form so gut wie möglich beherrschen. Klar ist allerdings auch, dass die Talente unterschiedlich verteilt sind. Es kann jemand ein begnadeter Feature-Schreiber sein und doch nicht in der Lage, eine eigene Meinung zu Papier zu bringen. Genauso gilt, dass es Journalisten gibt, die hervorragend recherchieren, aber Schwierigkeiten haben, die Ergebnisse ihrer Recherche gut aufzuschreiben. Eine Redaktion besteht immer aus einer Mischung von Talenten; die Aufgabe des Chefredakteurs und der Ressortleiter ist es, jeden einzelnen so einzusetzen, dass seine Stärken und nicht seine Schwächen zum Tragen kommen.

Und noch etwas sollte man wissen: Es kommt nicht nur darauf an, dass die Artikel oder Beiträge gut sind. Mindestens genauso wichtig ist, dass sie rechtzeitig fertig sind. Der Zeitdruck, unter dem Redakteure bei Zeitungen und elektronischen Medien stehen, ist groß. 300 Zeilen Reportage oder Interview in drei Stunden schreiben zu müssen, ist keine Seltenheit. Wer Perfektionist ist, wird unter diesen Bedingungen scheitern.

Ein guter Journalist vergisst nicht, welche Ansprüche er an seine eigene Leistung stellt. Aber er weiß auch, dass man manchmal bescheidener sein muss. Schließlich gilt immer noch, dass die Zeitung von morgen das Fisch-Einwickelpapier von übermorgen ist.

Weiterführende Literatur

Haller, Michael (2006): Die Reportage. 5., überarb. Auflage. Konstanz: UVK.
Mast, Claudia (2004): ABC des Journalismus: Ein Handbuch. Konstanz: UVK.
Nowag, Werner/Schalkowski, Edmund (1998): Kommentar und Glosse. Konstanz: UVK.
Schneider, Wolf (2001): Deutsch für Profis – Wege zu gutem Stil. München: Goldmann.
Wolff, Volker (2006): ABC des Zeitungs- und Zeitschriftenjournalismus. Konstanz: UVK.
Weischenberg, Siegfried (2001). Nachrichten-Journalismus. Anleitungen und Qualitäts-Standards für die Medienpraxis. Wiesbaden: Westdeutscher Verlag.

Kapitel 5: Darstellungsformen im Politikjournalismus
Perspektiven der Forschung

Der Politikjournalismus ist im Umbruch – und er steht in der Kritik. Altgediente Mitglieder der Zunft und Medienbeobachter schauen mit Sorge auf die Entwicklungen: Den erbitterten Kampf um Schlagzeilen, den wachsenden Kostendruck in den Redaktionen. Hans-Ulrich Jörges, Büroleiter des *Stern* in Berlin, wirft dem Politikjournalismus mangelnde Unabhängigkeit vor und beschreibt ein „System von Repression und Drohungen" seitens der Spitzenpolitiker, um sich Politikjournalisten gefügig zu machen (Jörges 2003). Der langjährige *Spiegel*-Reporter Jürgen Leinemann attestiert der Politikberichterstattung der Berliner Republik, sie sei weitaus „wilder, bildergeiler und skandalträchtiger" als zu Bonner Zeiten (Leinemann 2004). Von einem Qualitätsverlust der Politikberichterstattung ist vielfach die Rede, der sich in einer Verflachung und Personalisierung manifestiere. Derweil versäume es der Politikjournalismus tiefgründig über vielleicht weniger spektakuläre, aber für das demokratische Gemeinwesen nicht minder bedeutsame Themen zu berichten. Was ist aus wissenschaftlicher Perspektive von diesen Vorwürfen zu halten?

Die Politikberichterstattung hat sich in den vergangenen Jahren gewandelt. So fällt für das Fernsehen beispielsweise auf, dass die Sendezeit vieler politischer Magazine im öffentlich-rechtlichen Fernsehen gekürzt wurde. Andererseits gibt es inzwischen auf vielen Sendern politische Talkshows – von Maybrit Illner und Anne Will in der Prime-Time und auf den besten Sendeplätzen bis hin zu spätabendlichen Gesprächsrunden in den dritten Programmen oder auf *n-tv*. Studien belegen in der Tat, dass Politikvermittlung im Fernsehen immer häufiger in Form von Talkshows stattfindet.[1] Wie hat sich die Darstellung von Politik in den Medien

---

1 Vgl. Bruns/Marcinkowski 1997: 71; vgl. Schultz 2006; vgl. Tenscher 1999.

in den vergangenen Jahren noch verändert? Im folgenden Kapitel werden wichtige Forschungsergebnisse zum Wandel der Politikberichterstattung in Deutschland im Überblick zusammengefasst.

Lernziele

- ⇨ Welche Trends prägen die Politikberichterstattung?
- ⇨ Gibt es tatsächlich Anzeichen für einen Qualitätsverfall des Politikjournalismus?
- ⇨ Werden Politikjournalisten zunehmend zu Selbstdarstellern?

Politisches auf dem Rückzug? Politikjournalismus im Wandel

Studien für den Bereich Fernsehen belegen zunächst, dass es zwischen öffentlich-rechtlichen und privaten Sendern weiterhin erhebliche Unterschiede im Hinblick auf ihre Informationsleistung gibt. *ARD* und *ZDF* auf der einen und die privaten Sender auf der anderen Seite unterscheiden sich hinsichtlich Umfang und Vielfalt der Sendungen beträchtlich (vgl. Maurer 2005). *ARD* und *ZDF* berichten, einer Untersuchung von Torsten Maurer (2005) zufolge, pro Tag 2 ½ bzw. 2 Stunden lang über aktuelle Politik. Demgegenüber war *RTL* mit knapp 30 Minuten pro Tag derjenige Privatsender mit dem größten Anteil aktueller Politikberichterstattung. *ARD* und *ZDF* bieten mit Nachrichten, Magazinen, Talk-Shows, Reportagen und Dokumentationen auch die größte Vielfalt an Darstellungsformen für politische Inhalte, während bei den Privatsendern – mit Ausnahme einiger Sender der *RTL*-Gruppe – Nachrichten als Vermittlungsform dominieren.[2]

Die nachfolgende Tabelle zeigt: Auch im Zeitverlauf ist der Abstand zwischen öffentlich-rechtlichen und privaten Sendern in der Quantität der Politikberichterstattung geblieben.[3]

---

2   Vgl. als Forschungsüberblick Brosius 2001.
3   Im Auftrag der *ARD/ZDF*-Medienkommission beobachtet der Kölner Medienforscher Udo Michael Krüger seit 2005 die Entwicklung der Inhalte in den Hauptnachrichtensendungen von *ARD, ZDF, RTL* und *SAT.1*. Seine Studie kommt zu ähnlichen Ergebnissen: In Sachen Politikberichterstattung gibt es laut Krüger (2007) einen deutlichen

Abbildung 5: Politikberichterstattung im Fernsehen

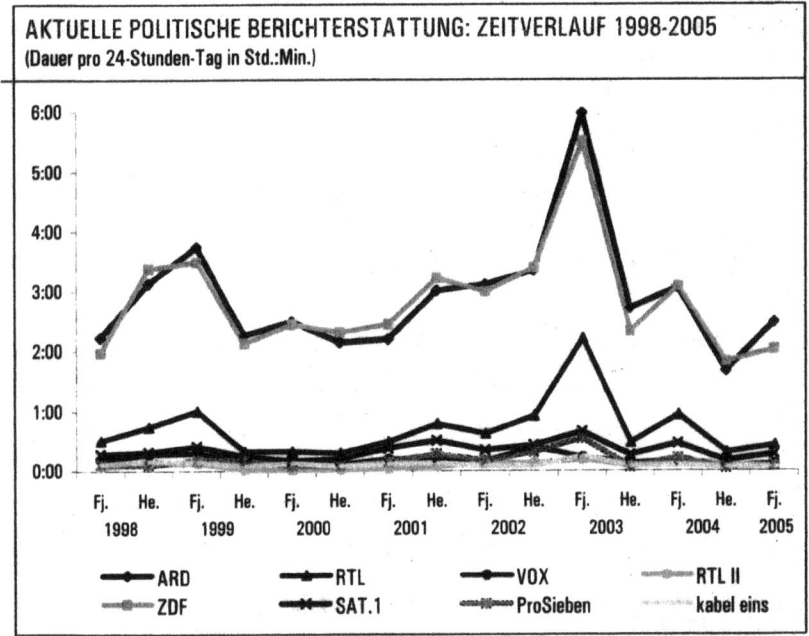

Quelle: Maurer 2005: 73

Michael Maier, Georg Ruhrmann und Kathrin Klietsch (2005), die sich in einer Untersuchung auf die Entwicklung der Qualität des Nachrichtenangebots bei öffentlich-rechtlichen und privaten Fernsehsendern in Deutschland zwischen 1992 und 2004 konzentriert haben, stellen allerdings auch öffentlich-rechtlichen Sendern keine guten Noten aus. Wenn man ausschließlich die Nachrichtensendungen im deutschen Fernsehen betrachte, habe die Bedeutung der politisch-gesellschaftlichen Berichterstattung in dieser Zeitspanne abgenommen, so die Forscher. Insbesondere nach 1998 setzte ein Bedeutungsverlust der Politik ein; das gelte sowohl für die öffentlich-rechtlichen als auch für die privaten Sender.

Unterschied zwischen den öffentlich-rechtlichen und den privaten Sendern. *ARD* und *ZDF* wenden im Vergleich zu *RTL* und *SAT.1* doppelt soviel Sendezeit für politische Inhalte auf, und die Schere geht weiter auseinander.

Im Bereich der Printmedien ist Hans Mathias Kepplinger in einer Langzeitstudie der Frage nachgegangen, wie sich das Berichterstattungsangebot deutscher überregionaler Tageszeitungen zwischen 1950 und 1995 entwickelt hat (Kepplinger 1988). Seit den siebziger Jahren ist der Umfang der Berichterstattung über Deutschland-Themen demnach insgesamt rückläufig. Seit den achtziger Jahren werden zunehmend Fotos und Grafiken eingesetzt, und die Beiträge sind kürzer geworden. Auch die Zahl der Eigenbeiträge ist leicht gesunken, die Zahl der Agenturmeldungen hingegen gestiegen. Für das Fernsehen haben Studien ähnlich gezeigt, dass in Fernsehnachrichten und politischen Magazinen insgesamt vermehrt kürzere Beiträge eingesetzt werden. Beiträge werden auch häufiger „visualisiert", also z.b. als Filmbericht anstelle einer Sprechermeldung präsentiert (vgl. u.a. Pfetsch 1996; Wegener 2001).[4] Für die überregionalen Tageszeitungen fällt ferner auf, dass zunehmend subjektive Darstellungsformen in der Politikberichterstattung eingesetzt werden. Politikjournalisten nutzen heute häufiger Reportagen und Kommentare, um politische Inhalte zu vermitteln, während zu früheren Zeiten die Nachricht als Vermittlungsform dominierte (Wilke/Reinemann 2003).

Insgesamt liefern die Studien zahlreiche Hinweise auf ein Umdenken in den Redaktionen. Im positiven Sinne kann man sie als Indiz dafür werten, dass sich die untersuchten Medien inzwischen verstärkt um eine publikumsfreundliche Darstellung politischer Inhalte bemühen. Deutet man die Ergebnisse negativ, dann ist zu bemängeln, dass Politikberichterstattung in den vergangenen Jahren kurzatmiger und oberflächlicher geworden ist. Wer als Politikjournalist ins Fernsehen strebt, wird bei den Öffentlich-Rechtlichen aber immer noch mehr Möglichkeiten haben als bei den privaten Sendern.

Wird der Politikjournalismus „bunter" und oberflächlicher?

In den vergangenen Jahren sind zudem eine Reihe von Studien entstanden, die der Frage nachspüren, inwiefern sich die Politikberichterstattung unter den Bedingungen des wachsenden Medienwettbewerbs verändert

---

4   Vgl. für eine Übersicht Wied 2007.

hat. Im Mittelpunkt der wissenschaftlichen Debatte stehen Entwicklungen hin zu einer „Boulevardisierung", einer „Personalisierung" und einer „Amerikanisierung" der Politikberichterstattung mit potenziell negativen Folgen für die Qualität der öffentlichen Debatte (vgl. Kapitel 1). Die zunehmende Orientierung der Medien auf Skandale sowie die Dominanz negativer Nachrichten sind bereits in Kapitel 3 thematisiert worden.

Wolfgang Donsbach und Katrin Büttner sind der Frage nachgegangen, ob sich für die Fernsehnachrichten der vergangenen zwanzig Jahre ein Trend zur *Boulevardisierung* nachweisen lässt – ob die Nachrichten heute also „personenenbezogener, emotionaler, skandalträchtiger, sensationeller und spekulativer" sind als zu früheren Zeiten, in denen *ARD* und *ZDF* noch den Rundfunkmarkt dominierten (Donsbach/Büttner 2005: 34). Die Autoren sehen sowohl bei den privaten als auch bei den öffentlich-rechtlichen Sendern im Zeitverlauf Tendenzen zur Entpolitisierung und Boulevardisierung. Vor allem das *ZDF* habe sich in seinen Nachrichtensendungen den Inhalten und Darstellungsformen von *RTL* und *SAT.1* angenähert, während die *ARD* dem klassischen Nachrichtenformat und der Konzentration auf politische Inhalte in den vergangenen zwei Jahrzehnten weitgehend treu geblieben sei (Donsbach/Büttner 2005). Eine wechselseitige Annäherung zwischen öffentlich-rechtlichen und privaten Sendern hinsichtlich ihres Informationsangebots thematisieren Untersuchungen über eine vermutete Konvergenz des Programmangebots von Bruns und Marcinkowski, die in den neunziger Jahren entstanden sind (vgl. Bruns/Marcinkowski 1997: 301).

Die Frage, ob die Berichterstattung über politische Sachthemen zunehmend von der Orientierung an prominenten Politikern verdrängt wird, steht im Mittelpunkt der Debatte um eine *Personalisierung* der Berichterstattung (vgl. u.a. Holtz-Bacha 2001). Wie stark der Politikjournalismus auf wenige Spitzenpolitiker fixiert ist, zeigt eine Studie von Uwe Michael Krüger (2002): Zwanzig Politiker dominieren demzufolge über die Hälfte der journalistischen Beiträge zum Thema Politik in Deutschland (vgl. Krüger 2002: 82).

Personen sind fraglos wichtig für die Politikberichterstattung, weil sich schwierige Sachthemen leichter erläutern lassen, wenn man sie mit einem Protagonisten aus der Politik in Verbindung bringen kann. Parteien inszenieren ihre Spitzenkandidaten gerade in Wahlkampfzeiten, um

Wähler zu mobilisieren. Personalisierung ist seit jeher ein wesentliches Element der politischen Kommunikation, schon Konrad Adenauer und Willy Brandt führten auf ihre Person zugeschnittene Wahlkämpfe (vgl. Radunski 1996). Andererseits wird befürchtet, dass eine Personalisierung der Politikberichterstattung die öffentliche Debatte oberflächlicher macht, wenn in der Berichterstattung persönliche Eigenschaften eines Politikers die Frage nach seiner Fachkompetenz überlagern und private Aspekte für die Wahrnehmung von Politikern bestimmend werden. Über das Ausmaß der Personalisierung der Politikberichterstattung unter den verschärften Wettbewerbsbedingungen des heutigen Mediensystems gibt es in der wissenschaftlichen Debatte unterschiedliche Ansichten.[5] Beispielsweise in der Wahlberichterstattung können eine Reihe von Forschern keine übermäßige oder gar zunehmende Personalisierung erkennen. Sie sprechen allenfalls von punktuellen Anzeichen für eine Personalisierung der Berichterstattung (vgl. u.a. Donsbach/Jandura 1999; vgl. u.a. Bruns/ Marcinkowski 1997).

Vom Beobachter zum Selbstdarsteller?

Mitunter werden Entwicklungen wie eine „Boulevardisierung" und „Personalisierung" – ebenso wie eine zunehmende Orientierung auf die Ergebnisse der Meinungsforschung (vgl. Kapitel 8) – auch als Anzeichen einer „Amerikanisierung" der politischen Kommunikation in Deutschland gedeutet (vgl. Kamps 2000; Wilke/Reinemann 2003).[6] Ein weiteres Phänomen kennzeichnet die TV-Politikberichterstattung in den USA: Neben Politikern, Politikberatern und Wissenschaftlern treten dort seit einiger Zeit vermehrt auch Journalisten als Experten in politischen Talkshows auf. Journalisten werden damit selbst zu Akteuren, sie verwandeln sich von Berichterstattern zu Selbstdarstellern (vgl. Eilders 2008). Für den Bundestagswahlkampf 2005 deutet eine Studie auf ähnliche Entwicklungen hin.

---

5 Vgl. für einen Überblick: Marcinkowski/Greger 2000.
6 Festzuhalten bleibt hier aber, dass sich die politischen und medialen Rahmenbedingungen für politische Kommunikation in den USA deutlich von den Verhältnissen in Deutschland unterscheiden.

„Über den gesamten Zeitraum vom 24. Mai (Ankündigung von Neuwahlen) bis zum Wahltag am 19. September 2005 betrachtet, traten in der Wahlkampfberichterstattung Journalisten 95-mal in Gastrollen als Experten auf. (...) (V)iele nutzten diese Foren, um Politik zu machen und um dezidierte Wahlempfehlungen auszusprechen: Dieses Phänomen kulminierte stark in der Person von Hans-Ulrich Jörges (*Stern*), der sechs Auftritte in politischen Wahlsendungen hatte – drei davon unmittelbar vor der Wahl – und dabei vehement gegen Gerhard Schröder als Kanzler und Rotgrün als Regierung eintrat." (Hohlfeldt 2006: 13)

Treten Journalisten im Fernsehen als Experten für politische Themen auf, kann sich die Frage nach ihrer professionellen Distanz stellen. Andererseits nutzen gerade viele Verlage aus nachvollziehbaren Gründen gern die Chance, ihre „Edelfedern" im Fernsehen vorzuzeigen – weil sie damit indirekt Werbung machen für die klugen Köpfe, die hinter ihren Blättern stecken.

Zusammenfassung

Die Politikberichterstattung hat sich in den vergangenen Jahren verändert. Langzeitstudien und vergleichende Forschungen deuten darauf hin, dass sich die Redaktionen bei Print- und Rundfunkmedien einerseits verstärkt um eine publikumsfreundliche Aufbereitung politischer Themen bemühen. Andererseits geben Studien aber auch Hinweise auf eine im Vergleich zu früheren Zeiten oberflächlichere Politikberichterstattung, die stärker von visuellen Reizen geprägt wird.

Weiterführende Literatur

Bruns, Thomas/Marcinkowski, Frank (1997): Politische Information im Fernsehen – eine Längsschnittstudie zur Veränderung der Politikvermittlung in Nachrichten und politischen Informationssendungen Opladen: Leske + Budrich.
Maurer, Marcus/Reinemann, Carsten (2006): Medieninhalte – Eine Einführung. Wiesbaden: VS Verlag für Sozialwissenschaften.
Wied, Kristina (2007): Der Wahlabend im deutschen Fernsehen – Wandel und Stabilität der Wahlberichterstattung. Wiesbaden: VS Verlag für Sozialwissenschaften.
Schicha, Christian/Brosda, Carsten (Hrsg.) (2002): Politikvermittlung in Unterhaltungsformaten – Medieninszenierungen zwischen Popularität und Populismus. Münster: LIT.
Wegener, Claudia (2001): Informationsvermittlung im Zeitalter der Unterhaltung – Eine Langzeitanalyse politischer Fernsehmagazine. Wiesbaden: Westdeutscher Verlag.

Kapitel 6: Parteien und Parteilichkeit als Herausforderung für den Politikjournalismus Sichtweisen der Praxis

Am 18. September 2005 um 18.01 Uhr schaut die Republik überrascht auf die Fernseher: Bei der vorgezogenen Bundestagswahl schneidet die SPD mit 34,2 Prozent der Stimmen besser, die Union mit 35,2 Prozent hingegen schlechter ab als von vielen Meinungsforschern und Journalisten erwartet. Der amtierende Bundeskanzler Gerhard Schröder (SPD) ruft seinen Anhängern daraufhin triumphierend zu, er und seine Partei hätten sich erfolgreich gegen „Medienmacht und Medienmanipulation" zur Wehr gesetzt.

Der Medienkanzler als Opfer einer Journalisten-Kampagne? Schröder ist offensichtlich felsenfest davon überzeugt – und setzt in der „Elefantenrunde" von *ARD* und *ZDF* noch eins drauf: Stellvertretend für viele Journalisten in Deutschland greift er die Moderatoren der Sendung, *ARD*-Chefredakteur Hartmut von der Tann und dessen *ZDF*-Kollegen Nikolaus Brender, frontal an. Er bleibe Bundeskanzler, sagt Schröder – und wendet sich dann an die Journalisten: „Auch wenn Sie dagegen arbeiten." Brender und von der Tann reagieren empört: „Ich weise darauf hin, dass der *ARD* und dem *ZDF* dies nicht vorzuwerfen ist," entgegnet Brender. „Nicht alles, was Ihnen nicht passt, ist Medienkampagne!"

Ähnlich wie Schröder spricht später auch der damalige Außenminister, Schröders Koalitionspartner Joschka Fischer davon, viele Journalisten hätten zuletzt „Rot-Grün weghaben wollen". Hinter der flapsigen Formulierung verbirgt sich ein schwerwiegender Vorwurf: Folgt man Fischer und Schröder, dann hätten die Journalisten nicht als neutrale Beobachter über den Bundestagswahlkampf berichtet, sondern bewusst Stimmung gegen die amtierende rot-grüne Regierung gemacht.

Spielt es für die Berichterstattung überhaupt eine Rolle, welchem politischen Lager die Sympathien der Medienmacher gehören? Schließlich sollen Journalisten doch nach allen Seiten hin kritisch berichten. Welche Probleme ergeben sich, wenn ein Politikjournalist mit einer Partei, über die er berichten soll, sympathisiert? Und wie sollen Journalisten mit extremen Parteien umgehen?

Lernziele

- Welche Probleme tauchen hinsichtlich der Parteilichkeit von Politikjournalisten in der Praxis auf?
- Welche Gefahren ergeben sich bei der Berichterstattung über extremistische Parteien?

Abstand halten: Kardinaltugend im Politikjournalismus

Eine zu große politische Nähe ist gefährlich. Vor allem unter den älteren Journalisten in Berlin gibt es viele, die selbst Mitglied einer Partei sind. Darunter sind besonders viele Sozialdemokraten: Die Begeisterung über Willy Brandt („Willy wählen") Anfang der 70er Jahre erfasste viele junge Leute, von denen manche später Journalisten wurden. Jüngere Journalisten identifizieren sich dagegen seltener mit einer Partei. Es ist ein Unterschied zwischen Generationen, wie er sich auch in der Bevölkerung spiegelt: Unter den jüngeren Deutschen gib es sehr viel weniger Mitglieder einer Partei, eines Vereins oder anderer Organisationen als früher.

Dennoch: Es gibt sie, die Parteiloyalitäten im Journalismus, und sie werfen erhebliche Fragen für die Sachlichkeit der Berichterstattung auf. Wer bei *ARD* und *ZDF* als Politikjournalist Karriere machen will, von dem wurde gerade in vergangenen Jahrzehnten oftmals ideologische Standfestigkeit erwartet: Wenn es um die Besetzung wichtiger Posten in der Politikredaktion geht, konnte die Frage nach dem Parteibuch von Journalisten in den Redaktionen eine wichtige Rolle spielen. Unter Journalisten gab und gibt es dafür den schönen Begriff des „Tickets": Ob einer schwarz oder rot „angepinselt" ist, entscheidet auch heute manchmal noch darüber, für welche Posten er in Frage kommt.

In den Aufsichtsgremien der öffentlich-rechtlichen Sender sind die Parteien nach wie vor ganz offiziell als gesellschaftlich relevante Gruppen vertreten. Die Rundfunk- und Fernsehräte wählen auch nicht nur die Intendanten, sondern wachen zudem darüber, dass die Programmgrundsätze eingehalten werden und genehmigen die Haushalte der Sender. Die Höhe der Rundfunkgebühren, der wichtigsten Einnahmequelle des öffentlich-rechtlichen Fernsehens und Radios, wird ohnehin von Politikern festgelegt. Für das Privatfernsehen interessieren sich die Parteien weniger. Zwar üben sie über die Landesmedienanstalten auch hier einen Einfluss aus, doch er ist lange nicht so groß wie bei den Rundfunkräten. Vor allem aber spielt die politische Berichterstattung bei den Privatsendern eine viel geringere Rolle: Eigene politische Programme gibt es wenig, und selbst in den Nachrichten zeigen die Privaten lieber *Sex and Crime* als politische Interviews.

Aber auch in den Printmedien gibt es nach wie vor Partei-Anhänger, und viel zu oft berichten sie dort ausgerechnet über die Partei, der ihre Sympathien gelten. Womöglich erhoffen sich Chefredakteure von einer solchen Zuteilung einen besseren Zugang ihrer Reporter zu Informationen und Interviews. Manchmal funktioniert das, ohne dass die Berichte kritische Distanz vermissen lassen. Meistens allerdings nicht. Erinnert sei hier an die gute Praxis des preußischen Außenministeriums, als Botschafter in den Vatikan nur Protestanten zu entsenden. Ein Katholik hätte auf diesem Posten versuchen müssen, zwei Herren zu dienen – aus Sicht der Preußen eine Unmöglichkeit.

Sich für schmeichelhafte Artikel bezahlen zu lassen, ist in Deutschland glücklicherweise ziemlich unüblich – ganz im Gegensatz zu Ländern wie beispielsweise Russland. Auch die Zeit, in der Journalisten bei Pressekonferenzen mit kleinen und größeren Geschenken begrüßt wurden, ist vorbei, jedenfalls in der politischen Berichterstattung. Trotzdem gibt es Versuchungen: So verfügen manche Minister über Budgets, die es ihnen ermöglichen, Journalisten auf Reisen einzuladen. Wer ein solches Geschenk annimmt, muss einen außergewöhnlichen – und nicht gerade sehr sympathischen – Charakter haben, um danach noch Böses über den Gastgeber zu schreiben. Nicht umsonst ist es amerikanischen Journalisten verboten, sich auch nur zu einem Mittagessen einladen zu lassen.

Kein Rederecht für die NPD? Vom schwierigen Umgang mit extremistischen Parteien

Und noch ein Wahlabend: 19. September 2004, Landtagswahl in Sachsen. Teils ratlos, teils entsetzt verfolgen diesmal viele, dass die rechtsextreme NPD 9,2 Prozent der Stimmen für sich verbuchen kann – und damit fast gleichauf zieht mit der SPD, die auf 9,8 Prozent der Stimmen kommt. Kalt erwischt vom Wahlerfolg der NDP wurden an diesem Abend nicht nur die Politiker, sondern auch die Journalisten. Die *Berliner Zeitung* schrieb dazu später:

> „Als die NPD am 19. September ihren Einzug in den Landtag geschafft hatte, schwankte die Stimmung unter den Journalisten in Dresden zwischen Ratlosigkeit und Aktionismus. Aufgeregt rannte die Medienmeute hinter drei NPD-Sicherheitsleuten her, die schon mal mediengerecht ins Foyer des Landtags einmarschierten. Schweigend hörten sich später zwei Dutzend Journalisten Parolen des Spitzenkandidaten Holger Apfel an. Als der dann in den Wahlstudios von *ZDF* und *ARD* seine Stammtisch-Lyrik verbreitete, verließen die anderen Politiker den Raum. Die Moderatoren entzogen ihm das Mikrofon und brachen Interviews einfach ab. Spätestens nach diesen hilflosen Reaktionen stellte sich die Frage: Wie ist mit Rechtsextremen in der Politik-Berichterstattung umzugehen? Totschweigen? Oder berichten und damit Gefahr laufen, den Rechten ein Podium zu bieten?" (König 2004: 30).

Fraglos ist der Umgang mit rechtsradikalen Politikern gerade im Live-Fernsehen eine Gratwanderung, wie die Moderatorin der umstrittenen Wahlsendung, Bettina Schausten vom *ZDF*, später resümierte. Aber auch ihre Kollegen in Print-, Radio- und Online-Medien stehen vor der Frage, ob sie (rechts)extremen Politikern tatsächlich kein Forum geben sollen, wie der Chefredakteur der *Märkischen Oderzeitung* früher einmal über die DVU sagte – oder ob sie eingehend über diese Parteien berichten und dabei die Gefahr in Kauf nehmen, möglicherweise unfreiwillig „Werbung" für rechtsextremes Gedankengut zu machen.

Der Wahlabend in Sachsen bietet viel Stoff für Diskussionen über den richtigen Umgang der Medien mit rechtsextremen Parteien. Zugleich regt er dazu an, über das Publikumsbild der Journalisten nachzudenken. Befürchten womöglich diejenigen Journalisten, die für Totschweigen plädieren, dass ein Teil ihres Publikums zumindest latent empfänglich für rechte Parolen ist und es folglich vor etwaigen Einflüssen rechtsextremer Politiker geschützt werden muss? Je weniger die extremen Parteien in den Massenmedien präsent sind, desto geringer die Zahl ihrer Anhänger, so lautet in diesem Fall wohl die – gutgemeinte – Kalkulation. Doch ein Journalist, der auf diese Weise Verantwortung für sein Publikum übernehmen will, wird seiner Aufgabe nicht gerecht und handelt letztlich unprofessionell. Politische Urteile gehören in den Kommentar und sollten ansonsten dem Leser, Hörer oder Zuschauer überlassen werden. Politikberichterstattung im Nachrichtenteil verlangt eine nüchterne Auseinandersetzung auch mit heiklen Themen – auch wenn dies angesichts der Akteure und Schlagworte extremer politischer Gruppierungen noch so schwer fällt.

Zusammenfassung

Auch wenn von einer Parteipresse in Deutschland längst keine Rede mehr sein kann, spielen politische Bindungen von Journalisten mitunter eine wichtige Rolle: Spitzenpositionen bei *ARD* und *ZDF* wurden insbesondere in vergangenen Jahrzehnten an Journalisten vergeben, die einer der beiden Volksparteien nahe stehen, und zu Parteitagen werden von den Redaktionen oftmals Kollegen entsandt, die mit der jeweiligen Partei sympathisieren. Diese Praxis ist problematisch und wirft Fragen nach der Unabhängigkeit der Berichterstattung auf. Politikjournalisten sollten kritische Distanz zu allen Parteien wahren.

Weiterführende Literatur

Koelbel, Herlinde (2001): Die Meute. Macht und Ohnmacht der Medien: München: Knesebeck.

Kapitel 6: Parteien und Parteilichkeit als Herausforderung für den Politikjournalismus Perspektiven der Forschung

„Jede Wahl verlangt vom Bürger einen Vertrauensvorschuss und insofern auch einen gewissen Mut. Diese Wahl verlangt das sogar in besonderer Weise. Wir unterstützen einen Wechsel zu Schwarz-Gelb, weil wir hier – bei allen Risiken – die mit Abstand größte Chance für einen stimmigen und verlässlichen Reformkurs sehen. Wir glauben, dass Angela Merkel ihre Partei vergleichsweise gut aufgestellt hat. Aber wir meinen auch, dass sie nur mit einer starken FDP ihre liberale Politik durchsetzen kann."

Mit diesen Worten setzte sich die *Financial Times Deutschland* wenige Tage vor der Bundestagswahl 2005 für die FDP ein. Bei der Bundestagwahl 2002 hatte die Zeitung erstmals ein Tabu gebrochen und eine Wahlempfehlung (damals zugunsten von CDU/CSU) ausgesprochen.

Die Redaktionsleitung der *Financial Times Deutschland* hatte sich damit nicht nur über heftige Konflikte innerhalb der eigenen Redaktion hinweggesetzt, sondern auch über eine Tradition im deutschen Nachkriegsjournalismus, nach der Medien keine expliziten Wahlempfehlungen auszusprechen haben. Für ihre spektakuläre Aktion erntete die *Financial Times Deutschland* viel PR, zugleich aber auch manch bissige Bemerkung seitens der Kollegen. „Ich finde eine Wahlempfehlung nicht sinnvoll, da die Zeitung, die das macht, unter parteipolitischen Verdacht fällt", monierte beispielsweise Peter Christ, Chefredakteur der *Stuttgarter Zeitung*. Wie gehen Journalisten im Beruf mit politischen Präferenzen um?

Lernziele

○ Welches Rollenverständnis ist unter Journalistinnen und Journalisten in Deutschland verbreitet?
○ Was weiß die Forschung über die politischen Präferenzen von Journalisten?
○ Inwiefern beeinflussen diese die politische Berichterstattung?

Grün bevorzugt? Politische Sympathien der Journalisten in Deutschland

Über Schröders Vorwurf an die Adresse der Journalisten wurde nach der Wahl 2005 noch viel diskutiert. Manche Beobachter warfen insbesondere führenden Journalisten wie beispielsweise Stefan Aust, damals Chefredakteur des *Spiegel*, vor, bewusst – und für viele überraschend – die Anliegen des bürgerlichen Lagers vertreten zu haben. Gibt es tatsächlich so etwas wie eine „konservative Wende" im deutschen Journalismus (vgl. z.B. Hachmeister 2007)?

Die Daten der Forschung liefern hierfür keine Anhaltspunkte. Siegfried Weischenberg, Maja Malik und Armin Scholl haben in einer repräsentativen Studie rund 1.500 Journalisten u.a. nach ihrem Rollenverständnis und ihren politischen Sympathien befragt (Weischenberg/Malik/Scholl 2006). Auf die Frage „Welcher Partei fühlen Sie sich am nächsten? Das heißt nicht, dass Sie diese Partei immer wählen, sondern nur, dass Sie ihr – ganz allgemein gesprochen – zuneigen" haben die Journalisten folgende Antworten gegeben:

○ 36 Prozent der Befragten sympathisierten mit den Grünen. Auch die SPD fand unter den Medienmachern vergleichsweise viele Anhänger: 26 Prozent gaben an, dass sie den Sozialdemokraten nahe stehen. Nimmt man die Werte für SPD, Bündnis 90/Grüne und PDS/Die Linke zusammen, neigten 63 Prozent der Journalisten einer dieser „linken" Parteien zu.

Perspektiven der Forschung

- ⇨ Sympathien für „rechte" Parteien wie CDU und CSU hegten hingegen nur 9 Prozent der Befragten. 6 Prozent der Journalisten tendierten zur FDP; damit verorteten sich nur insgesamt nur 15 Prozent der Befragten im bürgerlichen Lager.
- ⇨ 20 Prozent legten Wert auf die Feststellung, dass sie keine Partei favorisieren (Weischenberg/Malik/Scholl 2006: 70ff.).

Auch wenn wir in Umfragen erhobene Parteipräferenzen nicht mit tatsächlichen Wahlergebnissen vergleichen können – eines fällt doch ins Auge: Die politischen Sympathien der Journalisten unterscheiden sich erheblich vom Wahlverhalten der Bevölkerung.

Abbildung 6: Parteineigung der Journalisten 1993 und 2005 (in Prozent)

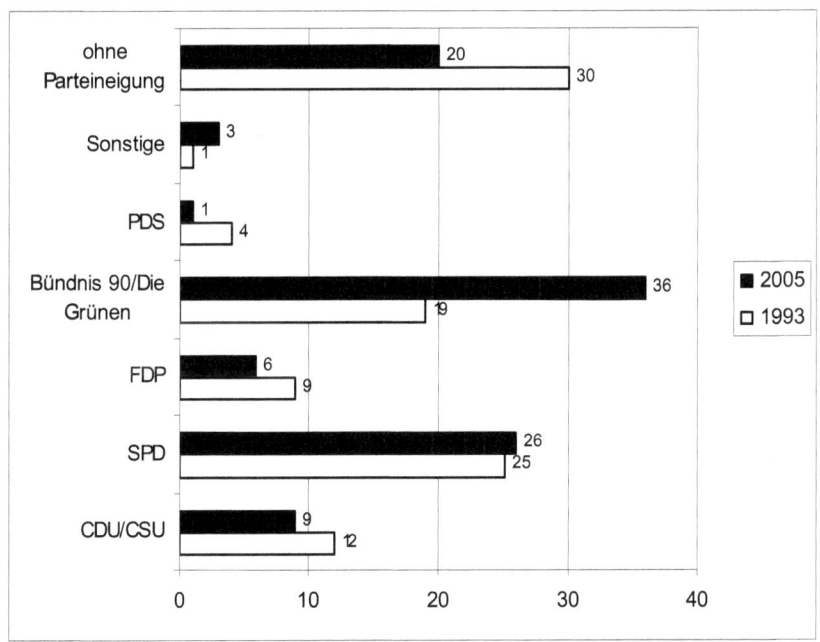

Quelle: Weischenberg/Malik/Scholl 2006: 71

Die Debatte um einen etwaigen Rechtsruck unter Deutschlands führenden Publizisten ist aber nicht neu. Seit vielen Jahren wird – unter unterschiedlichen Vorzeichen – über die Frage diskutiert, ob die politischen Vorlieben von Journalisten Einfluss auf ihre Berichterstattung ausüben. Vor knapp dreißig Jahren legte beispielsweise der Mainzer Kommunikationswissenschaftler Hans Mathias Kepplinger eine Untersuchung vor, laut der sich die Journalisten von *ARD* und *ZDF* im Wahljahr 1976 quasi als Wahlkampfhelfer der SPD/FDP-Koalition betätigt hätten. Der damalige SPD-Spitzenkandidat Helmut Schmidt sei in den politischen Magazin-Sendungen optisch schmeichelhafter dargestellt worden als sein Herausforderer Helmut Kohl von der CDU, der unter anderem häufiger aus der (unvorteilhaften) Frosch- oder Vogelperspektive gefilmt worden sei (vgl. Kepplinger 1980). Frühere Studien hatten bereits ergeben, dass Journalisten bei den öffentlich-rechtlichen Sendern überdurchschnittlich große Sympathien für die SPD hegten (vgl. Kepplinger 1979). Zugespitzt konnte die Botschaft der „Kamerawinkel-Studie" so verstanden werden: SPD-nahe Journalisten favorisieren in ihrer Berichterstattung Politiker der SPD. Das Abschneiden der SPD bei der Wahl 1976 wurde als Indiz für die Macht der Medien gewertet. Kepplingers Studie hat – zusammen mit Arbeiten seiner damaligen Kollegen an der Universität Mainz, darunter der bekannten Meinungsforscherin Elisabeth Noelle-Neumann – in Politik, Medien und Wissenschaft für hitzige Debatten gesorgt. Politiker der damaligen Opposition forderten, dass sich die Medien neutral verhalten müssten; Redaktionen begannen, Strichlisten darüber zu führen, wie oft sie welchen Politiker ins Bild nahmen. Wissenschaftler wiederum stellten das methodische Vorgehen in Frage (vgl. Merten 1982) und beanstandeten einen Kurzschluss:[1] Von den politischen und beruflichen Einstellungen der Journalistinnen und Journalisten sei „keineswegs a priori auf die Medieninhalte zu schließen, also Handlungsrelevanz zu unterstellen" (Weischenberg 1995: 442). Anders gesagt: Wer annimmt, dass ein SPD-naher Journalist ganz nach Gusto SPD-Politiker hochjubeln und damit die Leser, Hörer, Zuschauer derart stark beeinflussen kann, dass sie anschließend auch noch brav SPD wählen, der macht es sich zu einfach.

---

1 Zur Kritik vgl. ausführlich Merten 1982, Weischenberg 1989.

In jüngerer Zeit wurde denn auch in der Wissenschaft kein Versuch mehr unternommen, Journalisten pauschal Parteilichkeit nachzuweisen. Kepplinger hat später gezeigt, dass nicht die Parteienzugehörigkeit ausschlaggebender Faktor dafür ist, wie oft es ein Politiker in die Nachrichten schafft. Vielmehr berichten die Medien besonders oft über den jeweiligen Amtsinhaber.[2]

Nach angelsächsischem Vorbild? Rollenverständnis deutscher Journalisten im Wandel

Aus wissenschaftlicher Sicht spielt die Frage nach dem Selbstverständnis von Politikjournalisten eine wichtige Rolle, da man davon ausgeht, dass das Rollenverständnis der Medienmacher auch die Nachrichtenauswahl in den Redaktionen beeinflusst (Donsbach 2008). Ein Journalist, der sich einem neutralen Informationsjournalismus verpflichtet fühlt, wird mit vielen politischen Themen möglicherweise anders umgehen als ein Journalist, der sich als Anwalt der Schwachen versteht. Als nur ein Beispiel seien die seit Jahren andauernden Kontroversen um Reformen bei der Sozialhilfe genannt. Wolfgang Donsbach hat in einem Modell verdeutlicht, dass neben *unabhängigen Variablen* wie dem Nachrichtenwert einer Information (vgl. Kapitel 3) oder den wirtschaftlichen Rahmenbedingungen eines Mediums auch *intervenierende Variablen* wie das Rollenverständnis, die Ausbildung und die beruflichen Kontakte von Journalisten die Nachrichtenentscheidungen in den Redaktionen beeinflussen (vgl. Donsbach 2008: 283).

Die Studie von Weischenberg, Malik und Scholl hat gezeigt: Immer mehr Journalistinnen und Journalisten in Deutschland fühlen sich in erster Linie einem „Informationsjournalismus" verpflichtet. Knapp 90 Prozent sagen, dass sie das Publikum möglichst neutral und präzise informieren wollen. Anfang der neunziger Jahre, als die Studie zum ersten Mal durchgeführt wurde, hatten nur rund 75 Prozent diese Rolle für sich als zentral bewertet. Ebenso geben heute je rund zwei Drittel der Journalisten an, sie wollten komplexe Sachverhalte erklären, dem Publikum mög-

---

2 Vgl. hierzu aber auch z.B. Donsbach/Jandura 2003.

lichst schnell Informationen vermitteln und die Realität genauso abbilden, wie sie ist (Weischenberg/Malik/Scholl 2006: 102ff.).

Abbildung 7: Einflussfaktoren auf Nachrichtenentscheidungen

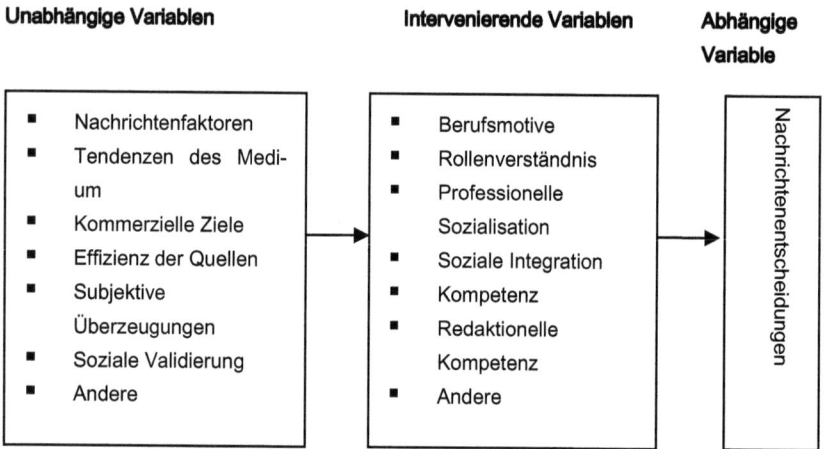

Quelle: Donsbach 2008: 283

Die Zustimmung zum Rollenbild des Informationsjournalisten ist also gestiegen, während sich heute weniger Journalisten als noch vor rund zehn Jahren als „anwaltschaftliche Journalisten" verstehen, die nicht nur Dinge beobachten, sondern auch bewegen wollen. 58 Prozent der Befragten wollen heute Kritik an Missständen üben, weniger als ein Drittel will sich einsetzen für die Benachteiligten in der Bevölkerung, nur noch ein Viertel der befragten Journalisten hat die Absicht, Politik, Wirtschaft und Gesellschaft zu kontrollieren (Weischenberg/Malik/Scholl 2006: 106ff.).

Wir können daraus ein vorsichtiges Fazit ziehen: Insgesamt wollen die deutschen Journalistinnen und Journalisten heute eher Beobachter denn Macher sein. Zugleich stehen sie dem Rollenbild des Unterhalters mit zunehmender Skepsis gegenüber – trotz oder auch gerade wegen der Diskussion um „Politainment" und eine Verflachung des (Politik-)Journalismus.

Wenn sich Brender und von der Tann also gegen die Beschuldigungen des damaligen Bundeskanzlers Schröders verwahrten, sie hätten die rot-grüne Regierung „wegschreiben" und „wegsenden" wollen, dann liegen sie auf einer Linie mit ihren Kolleginnen und Kollegen im ganzen Land, die ihre Rolle als neutrale Beobachter und Informationsvermittler hervorheben. Weischenberg et al. (2006: 98) mahnen gleichwohl zur Vorsicht, wenn es darum geht, von den Rollenselbstbildern der Journalisten auf ihr tatsächliches Verhalten in der Redaktion zu schließen. Und es gibt Gegenpositionen zu der These, Journalisten in Deutschland wollten vor allem neutral informieren: Forscher wie Renate Köcher und Wolfgang Donsbach haben vergleichende Studien durchgeführt, nach denen deutsche Journalisten im Unterschied zu ihren angelsächsischen Kollegen bis in die achtziger Jahre hinein dazu neigten, das Publikum belehren zu wollen (vgl. Donsbach 1982; Köcher 1986).

Unparteilichkeit als Ideal: Ein Rückblick in die Journalismusgeschichte

Wie kommt es, dass wir von Journalisten heute Unparteilichkeit erwarten? Wer beispielsweise einen amerikanischen Zeitungsleser aus dem Jahr 1800 auf diese Vorstellung angesprochen hätte, hätte ungläubiges Kopfschütteln und Belustigung geerntet. Zeitungen in den USA waren früher fest in der Hand der verschiedenen politischen Fraktionen und damit – für alle erkennbar – Sprachrohr einer Partei, die ihre Medien oftmals auch finanziell über Wasser hielt. Die Norm eines unparteilichen und objektiven Journalismus konnte sich erst durchsetzen, als die Zeitungen sich aus der ideologischen Umklammerung politischer Gruppen lösten und nach wirtschaftlicher Unabhängigkeit zu streben begannen. Philomen Schönhagen (1999) hat diese Entwicklung für Deutschland nachgezeichnet, Michael Schudson (1978) zeigt am Beispiel der *penny press* anschaulich, wie sich die Medien in den USA nach und nach von der Politik gelöst haben: Medienmogule wie Randolph Hearst und Joseph Pulitzer nutzten demnach im 19. Jahrhundert Fortschritte in der Drucktechnik, um in den aufstrebenden Metropolen wie New York und Boston Tageszeitungen wie die *Sun* und den *Herald* in bislang ungeahnter Massenauflage zu drucken und zu vertreiben. Ihr Publikum war bunt gemischt: Männer und Frauen, Arbeiter und Angestellte, Eingesessene und Einwanderer, deren Interessen an politischen Informationen, aber auch an *sex & crime*, Sport, Wirtschaft, Unterhaltung etc. viel zu unterschiedlich waren, als dass die Verleger es sich hätten leisten können, in ihren Blätter eine parteipolitische Linie zu vertreten. Ein „neutraler" Blick auf das politische Geschehen wurde zum Markenzeichen der *penny press* – schließlich konnten Pulitzer, Hearst & Co. ihren Anzeigenraum umso teurer verkaufen, je mehr Leser sie hatten. Ganz ähnlich formulierte die *Times* als führende Zeitung Großbritanniens 1852 ihr Konzept von der Presse als „vierter Gewalt": Die Medien sollten sich demnach als „Bindeglied" zwischen Regierung und öffentlicher Meinung verstehen und ausdrücklich nicht „Sprachrohr" einer Partei oder der Regierung sein.

Blickt man zurück in die Entwicklungsgeschichte des Journalismus in Deutschland, wird deutlich, warum die Meinungspublizistik hierzulande eine besondere Rolle spielt und der Leitartikel nach wie vor einen hohen Stellenwert genießt. In einer vergleichenden Studie hat Jörg Requate (1995) gezeigt, dass Deutschland eine Sonderstellung einnimmt, wenn man die Entwicklung des Journalismus in verschiedenen Ländern vergleicht. Anders als in den angelsächsischen Ländern, aber auch in Frankreich, gab es im Deutschland des 19. Jahrhunderts keine Pressefreiheit, stattdessen herrschte strenge Zensur von staatlicher Seite. Von den Blattmachern wurde „Unparteilichkeit" erwartet – sprich: Kritiklosigkeit an den Zuständen. Kaum verwunderlich, dass journalistische „Unparteilichkeit" für die Öffentlichkeit im 19. Jahrhundert zum Synonym von Hofberichterstattung wurde. Als vorbildlich galten Gesinnungsfestigkeit und Engagement für eine der entstehenden Parteien trotz der widrigen Umstände, die auch im späteren Kaiserreich herrschten (vgl. Requate 1995).

Zusammenfassung

Die Frage nach der Parteilichkeit von Journalisten ist in der Medienpraxis und in der Kommunikationswissenschaft immer wieder kontrovers diskutiert worden. Nachdem den Journalisten lange Zeit vorgeworfen wurde, linkslastig zu sein, wird neuerdings über einen

Rechtsruck unter führenden deutschen Medienmachern gestritten. Tatsächlich zeigen Studien, dass die Mehrheit der Journalisten in Deutschland mit den Grünen sympathisiert. Die Vorstellung, dass Journalisten ihr Publikum zugunsten einer Partei instrumentalisieren wollen, ist aber nicht mehr zeitgemäß. Die Forschung hat differenzierte Modelle zu den Faktoren entwickelt, die Einfluss auf die Journalisten und ihre Berichterstattung nehmen. Die Journalisten verstehen sich in der überwiegenden Mehrheit als neutrale Informationsvermittler, die Zustimmung zum Rollenbild des anwaltschaftlichen Journalisten ist gesunken.

Weiterführende Literatur

Pfetsch, Barbara (2003): Politische Kommunikationskultur. Politische Sprecher und Journalisten in der Bundesrepublik und den USA im Vergleich. Wiesbaden: Westdeutscher Verlag.

Requate, Jörg (1995): Journalismus als Beruf. Entstehung und Entwicklung des Journalistenberufs im 19. Jahrhundert – Deutschland im internationalen Vergleich. Göttingen: Vandenhoeck & Ruprecht.

Schulz, Winfried (2007): Politische Kommunikation. Theoretische Ansätze und Ergebnisse empirischer Forschung zur Rolle der Massenmedien. 2. Auflage. Wiesbaden: VS Verlag für Sozialwissenschaften.

Weischenberg, Siegfried/Malik, Maja/Scholl, Armin (2006): Souffleure der Mediengesellschaft. Report über die Journalisten in Deutschland. Konstanz: UVK.

Wilke, Jürgen (Hrsg.) (1999): Mediengeschichte der Bundesrepublik Deutschland. Köln: Böhlau.

Kapitel 7: Recherche im Politikjournalismus
Sichtweisen der Praxis

> Es ist der 29. August 2005, kurz vor sieben Uhr morgens. „Scyllacat" schickt ihre vorerst letzte Nachricht ins Internet. „Gebäude nebenan eingestürzt. Das hier vielleicht auch bald. Wand fehlt, große Risse. Schöner Trip, liebe Euch." In New Orleans steigt das Wasser. Der Hurrikan Katrina hat die Deiche zerstört. Hunderttausende sind aus der Stadt geflohen. Andere harren noch aus, haben sich in das riesige Sportstadium Superdome geflüchtet oder verschanzen sich daheim. Auf staatliche Hilfe können sie nicht hoffen. Armee und Polizei versagen in dieser Krise.

Es ist der Moment, in dem das Bloggen in den USA den Durchbruch schafft. Per Weblog machen die Einwohner von New Orleans bekannt, was in der Stadt passiert. Sie schildern die Katastrophe, sie veröffentlichen Fotos, sie verschicken Hilferufe. Über diese Weblogs informieren sich auch die aus der Stadt Geflüchteten, wie es daheim aussieht. Und die Welt nimmt Anteil – ebenfalls per Weblog. Innerhalb weniger Tage treffen Hunderttausende von Beiträgen zum Thema Katrina im Internet ein.

Kein Fernsehsender und keine Zeitung können mithalten mit der Fülle der Informationen, die die Blogger über das Internet verbreiten. Sie erleben eine Katastrophe in ihrer eigenen Stadt, und ihre Berichte darüber sind schneller und authentischer als alles, was die traditionellen Medien zu Stande bringen. Was sie im Internet schreiben, schockiert das gesamte Land, weil es deutlich macht, wie schlecht die staatlichen Stellen auf die Katastrophe vorbereitet waren. Weblogs über den Hurrikan und seine Folgen werden auch für die traditionellen Medien in aller Welt zu einer wichtigen Quelle – auch das ist eine Premiere.

Zum wichtigsten Forum im Internet wird in diesen Tagen *NOLA.com*, der Internet-Ableger der wichtigsten Zeitung von New Orleans, der *Times-Picayune*. Bis zum August 2005 war *NOLA.com* allenfalls dafür bekannt, dass es per Web-Kamera Lifeübertragungen von den Karnevalsfeiern am Mardi Gras zeigte. Aber während des Hurrikans wurde es zum zentralen Kommunikationskanal. Auch die *Times-Picayune*, die wegen der Überschwemmung nicht gedruckt werden konnte, veröffentlichte ihre Berichte über die Katastrophe bei *NOLA.com*.

Interessanterweise wurde das Internet-Medium auch zur Anlaufstelle für die Rettungsdienste. Dort liefen nämlich die Hilferufe von Leuten auf, die vom Wasser eingeschlossen waren. „Es war merkwürdig, weil wir uns zuerst nicht erklären konnten, wo die Hilferufe herkamen", sagte NOLA-Chefredakteur Jon Donley später in einem Interview. „Beispielsweise hieß es in einem E-Mail aus Idaho, an dieser oder jener Adresse lebt noch jemand, und er befindet sich im Schlafzimmer im ersten Stock. Schließlich haben wir begriffen, dass die Leute selbst in den ärmsten Vierteln Handys haben und Textnachrichten an ihre Freunde oder Verwandte gesendet haben. Die schicken die Hilferufe dann an uns weiter." Selbst die US-Küstenwache nutzte schließlich die *NOLA*-Blogs und Foren, um Opfer der Überschwemmung aufzufinden. Als das Wasser zurückging, wurde *NOLA.com* auch noch zum Ersatz für den staatlichen Suchdienst und damit zur Anlaufstelle für all die, die Verwandte oder Freunde vermissten. Die Website erhielt für den Einsatz während des Katrina-Hurrikans zwei Pulitzer-Preise. Es war das erste Mal, dass die prestigereichsten Journalismus-Preise an ein Internet-Medium gingen. Übrigens ging die Sache für „Scyllacat" ebenfalls gut aus. Eine Nachbarin berichtete im Weblog, „Scyllacat" habe durch den Sturm zwar ihre Internet-Verbindung eingebüßt, es gehe ihr aber gut.

Lernziele

⊃ Wie wandeln sich die Recherche-Strategien von Journalisten im digitalen Zeitalter?
⊃ Wie plant man eine Recherche?

Von der Idee zum Beitrag: Strategien für die Recherche

Dass Blogs eine Recherche auslösen, ist immer noch die Ausnahme. Berichte in den Nachrichtenagenturen oder in anderen Medien sind der häufigste Anlass für Journalisten, sich selbst ans Recherchieren zu machen. Manchmal geht es darum, dass eine Konkurrenzzeitung wichtige Informationen meldet und das eigene Blatt nachziehen will: Der Journalist wird zunächst überprüfen wollen, ob der bereits veröffentlichte Bericht überhaupt stimmt und dann erforschen, ob es weitere Entwicklungen in der Angelegenheit gibt. Denn mit Verspätung exakt dasselbe melden, was der Wettbewerber schon vorher wusste, das verträgt sich schlecht mit dem journalistischen Ehrgeiz.

Wichtige Anstöße für Recherchen gibt der Terminkalender. Weiß man, dass der Koalitionsausschuss zusammentritt, dann kann man vorher in Erfahrung bringen, welches die strittigen Themen sind, und nachher herausfinden, was aus den Konfliktpunkten geworden ist. Ähnliches gilt für die Zusammenkünfte der Parteigremien, für Treffen der Ministerpräsidenten, Sitzungen des Vermittlungsausschusses und viele andere Termine, die für das politische Berlin wichtig sind (siehe Kapitel 3). Dann gibt es natürlich auch Recherchen, die sich aus der Berichterstattung selbst ergeben. Wenn Kanzlerin Merkel eine Regierungserklärung hält, werden die meisten Medien im Reichstag präsent sein. Kündigt sie dort eine neue Initiative zur Rüstungszusammenarbeit mit Frankreich oder eine Umgestaltung der Familienförderung an, dann sind das Themen für die Recherche. Natürlich will man so genau wie möglich wissen, was geplant wird; man möchte aber auch einen Eindruck davon gewinnen, auf wie viel Zustimmung die Pläne stoßen. Schließlich ergeben auch die Unterhaltungen, die man mit Politikern, Sprechern und anderen Quellen führt, immer wieder wertvolle Anregungen. Auf Fragen wie „Was steht denn diese Woche noch an?" erhält man erstaunlich oft interessante Antworten.

Wenn man nun sein Thema gefunden hat, wird man zunächst – wenn die Zeit bis zum Redaktionsschluss reicht – nachsehen wollen, was bereits bekannt und veröffentlicht ist.

Sichtweisen der Praxis

- Größere Medien haben einen Dokumentationsdienst, der Artikel zu dem Thema zusammenstellen kann.
- Im Internet kann man kostenfrei die Archive einiger Rundfunksender und Zeitungen nutzen; andere verlangen eine Gebühr für jeden abgerufenen Artikel.
- Oft helfen Internet-Suchmaschinen wie Google News weiter, wenn man wissen will, ob und wie viel bereits über ein Ereignis berichtet wurde.
- Auch die Wikipedia bietet für einen ersten Überblick nützliche Informationen. Aber Achtung! Für die Richtigkeit dieser Angaben steht niemand gerade!

Hat sich man sich kundig gemacht, fängt die eigentliche Recherche an. Man überlegt, wer wissen könnte, was man erfahren will:

- Geht es um eine Ankündigung in einer Regierungserklärung, ist sicherlich der erste Ansprechpartner der Regierungssprecher.
- Kommt man bei ihm nicht weiter, können unter Umständen die Sprecher der zuständigen Fachministerien helfen.
- Bekommt man von den Sprechern keine Auskunft, muss man womöglich andere Kontakte ins Kanzleramt oder in die Ministerien nutzen: Staatssekretäre oder Abteilungsleiter, die mit der Materie befasst und unter Umständen bereit sind, im Hintergrund darüber zu sprechen.
- Weitere potenzielle Quellen sind die zuständigen Fachleute aus der Regierungsfraktion. Die Exekutive bemüht sich in der Regel, die führenden Abgeordneten der eigenen Partei frühzeitig in ihre Pläne einzubinden, um Widerstände im Gesetzgebungsverfahren zu vermeiden.
- Ist das Thema dagegen der Konflikt zwischen Bund und Ländern um ein neues Steuergesetz, empfiehlt es sich, in die Telefonrecherche auch Landesministerien einzubeziehen, zumal die Sprecher dort gelegentlich auskunftsfreudiger sind als ihre Berliner Kollegen.
- Nützlich ist es auch, Abgeordnete zu kennen, die im Vermittlungsausschuss von Bundestag und Bundesrat sitzen und über die Verhandlungen dort berichten können.

So kommt man bei jedem denkbaren Thema auf eine Liste von Ansprechpartnern, die einem womöglich weiter helfen können. Allerdings drängt fast immer die Zeit. Meist bleiben bis zum Redaktionsschluss nur ein paar Stunden, in denen der Artikel oder der Beitrag recherchiert und geschrieben werden muss. Dies ist der Moment, für den man an seinen Kontakten gearbeitet hat: Damit einen der Sprecher ganz sicher zurückruft, damit man den wichtigen Abgeordneten auf dem Handy erreichen kann, oder damit man selbst an einem geschäftigen Arbeitstag zum Staatssekretär durchgestellt wird.

Noch schwieriger als für schreibende Journalisten ist die Arbeit für Fernsehkorrespondenten: Telefonisch informiert zu werden reicht ihnen nicht. Sie brauchen immer jemanden – am besten einen prominenten Politiker – der willens ist, sich vor der Kamera zu äußern. Bei heiklen Themen kann das schwierig sein; vor allem kostet es mehr Zeit als die Recherchen der Zeitungskollegen.

Je brisanter die Informationen sind, die bei einer Recherche gewonnen werden, umso sorgfältiger müssen Journalisten mit ihnen umgehen. Aussagen, mit denen sich ein Politiker oder ein Sprecher zitieren lässt, sind in der Regel unproblematisch. Bei ihnen muss man nur darauf achten, dass der Zitierte auch die fachliche Kompetenz hat, sich zu der Frage zu äußern. Angaben, die „unter zwei" (vgl. Kapitel 1) gemacht wurden, sollte man dagegen noch von anderer Stelle bestätigt bekommen, um sie verwenden zu können. Eine gute Regel ist es, solche Informationen nur zu veröffentlichen, wenn sie von zwei voneinander unabhängigen Quellen bestätigt wurden. Davon sollte man nur dann abgehen, wenn man sicher ist, seiner Quelle vertrauen zu können.

Natürlich gibt es auch im Politikjournalismus das Gebot, fair zu sein – so wie es für jede Art von Berichterstattung gilt. Geht es um Streitfragen, muss man mehr als eine Meinung darstellen. Enthält ein Bericht scharfe Kritik an einem Politiker, gehört es zur Sorgfaltspflicht, dem Betroffenen die Chance zu geben, sich zu den Vorwürfen zu äußern. Man muss einem Politiker dafür nicht unbegrenzt viel Zeit geben, und man sollte auch die Veröffentlichung des Berichts nicht von seiner Antwort abhängig machen. Aber er muss eine faire Chance bekommen haben, seine eigene Position darzustellen.

Hände weg von E-Mail-Interviews: Quellen und Recherche im Internet

Als Instrument der Recherche spielt das Internet für Journalisten längst eine überragende Rolle. Google und Wikipedia sind – allen Unkenrufen und aller Kritik zum Trotz – aus der journalistischen Existenz nicht mehr wegzudenken. Sie helfen, einen ersten Eindruck von einem Thema zu gewinnen, Interview-Partner zu suchen, die Rechtschreibung eines Namens zu überprüfen oder eine Jahreszahl zu ermitteln. Für die Arbeit ist das außerordentlich nützlich – aber nur, wenn man sich regelmäßig in Erinnerung ruft, dass es keine Garantien für die Richtigkeit von Google- oder Wikipedia-Einträgen gibt.

Nützlich ist, dass inzwischen praktisch alle offiziellen Dokumente im Netz verfügbar sind: Regierungserklärungen der Bundeskanzlerin, Fotos historischer Gipfeltreffen, die Debattenaufzeichnungen aus dem Bundestag, die Tagesordnungen im Bundesrat. Das Handarchiv, das viele Journalisten pflegen, kann der Computer allerdings nur zum Teil ersetzen. Denn so interessante Papiere wie interne Dokumente und Entwürfe aller Art sind im Internet in der Regel nicht zu finden.

Manchmal hilfreich, oft aber auch lästig ist die Art, wie Politiker und Verbände die neuen technischen Möglichkeiten nutzen. Eine Pressemitteilung oder eine Rede muss heute nicht mehr einzeln an die Redaktionen gefaxt werden; stattdessen genügt ein Knopfdruck, um sie kostenlos, ohne Mühe und ohne Zeitverlust an jeden einzelnen Redakteur zu mailen, den das Thema unter Umständen interessieren könnte. Für Journalisten bedeutet das, dass ihre Mailbox überquillt vor Nachrichten, die großteils völlig uninteressant sind. Manchmal enthalten sie aber doch Informationen, die auf anderem Wege wohl keinen Eingang gefunden hätten.

Auch in der übrigen Kommunikation haben E-Mails das Fax und manchmal sogar das Telefon ersetzt. Interviews werden per Mail zur Autorisierung geschickt, überarbeitet und dann zurückgesandt. Gesprächspartner, die von einer Besprechung zur anderen eilen, sind unter Umständen per Mail leichter zu erreichen als auf dem Handy. Denn nicht nur bei Geschäftsleuten, auch bei Politikern werden Klein-Computer wie der Blackberry immer beliebter, um auch während der Sitzungen diskret Kontakte pflegen zu können. Per Mail wird auch oft ausgemacht, dass

Politiker ein kurzes Zitat zu einem aktuellen Ereignis liefern. Oft weiß der Journalist dabei nicht, ob die Sätze, die er dann irgendwann in seiner Inbox vorfindet, überhaupt von dem Politiker selbst stammen oder ob sie von seinem Sprecher verfasst wurden. Im Zweifelsfall ist es ihm auch egal.

So bequem ein solches Verfahren ist – es sollte mit Zurückhaltung genutzt werden. Ein schriftlich übermitteltes Zitat kann kein Gespräch ersetzen.

- Es sind keine Nachfragen möglich, der Journalist erfährt keinen Hintergrund zu der geäußerten Meinung.
- Oft genug sind die Formulierungen schrecklich hölzern.
- Hat man einmal einen solchen Kommentar bei einem Sprecher oder Politiker bestellt, ist es sehr unhöflich, ihn nicht in die Berichterstattung einzubauen, wenn er eintrifft – egal wie uninteressant er am Ende ausgefallen ist. Was für einzelne Zitate gilt, gilt natürlich erst recht für Interviews.
- Auf ein schriftliches Frage-Antwort-Spiel sollte man sich als Journalist auf gar keinen Fall einlassen, das Ergebnis ist fast immer miserabel.

Zusammenfassung

Größere Recherchen sollten strategisch geplant werden – das gilt sowohl für investigative Recherchen als auch für Recherchen, die sich aus dem laufenden Tagesgeschehen ergeben. In Archiven kann man sich einen Überblick über den Sachstand verschaffen. Ansprechpartner für die eigenen Recherchen sind zunächst die Pressesprecher der fachlich zuständigen Organisationen sowie das eigene Netzwerk in Parteien, Ministerien und Verbänden. Zudem lohnt es sich oftmals, die Recherche „im Hintergrund" oder auf Landesebene fortzutreiben.

Weiterführende Literatur

Blittkowsky, Ralf (2002): Online-Recherche für Journalisten. Konstanz: UVK.
Haller, Michael (2004): Recherchieren Konstanz: UVK.
Friedrichs, Jürgen, Schwinges, Ulrich (2005): Das journalistische Interview. Wiesbaden: VS Verlag für Sozialwissenschaften.
Baumert. Andreas (2004): Interviews in der Recherche. Wiesbaden: VS Verlag für Sozialwissenschaften.

Kapitel 7: Recherchen im Politikjournalismus
Perspektiven der Forschung

> Seit Wochen streiten die Parteien erbittert über die anstehende Gesundheitsreform. Wie sieht die Zukunft der gesetzlichen und der privaten Krankenversicherung aus? Auf welche Änderungen müssen sich Ärzte und Patienten einstellen? Von den Auswirkungen des Mammutprojekts sind so gut wie alle Versicherten betroffen – ebenso wie die Gesundheitsindustrie. Viele Verbände haben sich in den vergangenen Wochen mit Kritik und Änderungsvorschlägen zu Wort gemeldet.
> Heute lädt der Bundesverband der privaten Krankenversicherer zur einer Pressekonferenz ein: Eine Studie soll vorgestellt werden, die die nach Ansicht des Verbands fatalen Folgen der Gesundheitsreform für die medizinische Versorgung in Deutschland belegt. Große Kisten stehen für die Journalisten bereit: Jeder Medienvertreter, der die Pressekonferenz besucht, erhält eine der Studien – fast vierhundert Seiten stark, gespickt mit Zahlenkolonnen und Tabellen.
> Viele Journalisten schleppen das dickleibige Werk zurück in die Redaktion, blättern die Studie durch – und verlassen sich dann doch darauf, was die Kollegen bei den Agenturen und bei *Spiegel Online* über die Studie schreiben: Der Redaktionsschluss drängt. Schade um die Geschichte oder den neuen Blickwinkel, der sich vielleicht in der Studie versteckt hätte, hätte man nur genügend Zeit gehabt, sie gründlich zu lesen.

Der wohl bekannteste investigative Journalist in Deutschland ist Hans Leyendecker von der *Süddeutschen Zeitung*, der unter anderem den CDU-Spendenskandal aufdeckte. Doch nur wenige Journalisten haben wie er die Möglichkeit, sich wochenlang in Sachverhalte zu vertiefen und ein weit verzweigtes Netz von Quellen zu nutzen. Eine Studie zur Situation des investigativen Journalismus in Deutschland hat gezeigt, dass nur ein paar Dutzend Journalisten in Deutschland schwerpunktmäßig investigativ arbeiten – in den USA sind an die 5.000 Journalisten in der Vereinigung „Investigative Reporters and Editors" (IRE) organisiert (Cario 2006). Dieser Befragung investigativ arbeitender Journalisten zufolge haben sich die Bedingungen für Recherchen aufgrund der geschrumpften Redaktionsbudgets in den vergangenen Jahren verschlechtert. Zudem fehle es in deutschsprachigen Redaktionen oft an den notwendigen Strukturen für investigative Recherchen – dass also diejenigen Mitarbeiter, die eine „heiße Spur" verfolgen, auch entsprechend von ihren Routineaufgaben in der Redaktion entlastet werden. Für angehende Politikjournalisten heißt das: Wer eine größere Recherche in Angriff nimmt, muss dies oft neben dem redaktionellen Alltagsgeschäft erledigen.

Lernziele

⊃ Welche Rolle spielen Recherchen im redaktionellen Alltag?
⊃ Wie wird das Internet von Journalisten für Recherchen genutzt?
⊃ Wie unterscheiden sich die Bedingungen für Recherche in Online-Redaktionen?

Journalistenberuf im Wandel: Immer weniger Zeit für Recherche

Schaut man sich wissenschaftliche Daten zum Alltag der Medienmacher an, dann fällt auf, dass Journalisten in Deutschland immer weniger Zeit für Recherche haben. Siegfried Weischenberg, Maja Malik und Armin Scholl stellten im Rahmen der Studie „Journalisten in Deutschland" (2006) fest, dass sie stattdessen zunehmend Zeit für organisatorische Aufgaben aufwenden.

Abbildung 8: Zeitbudget deutscher Journalisten/Tag

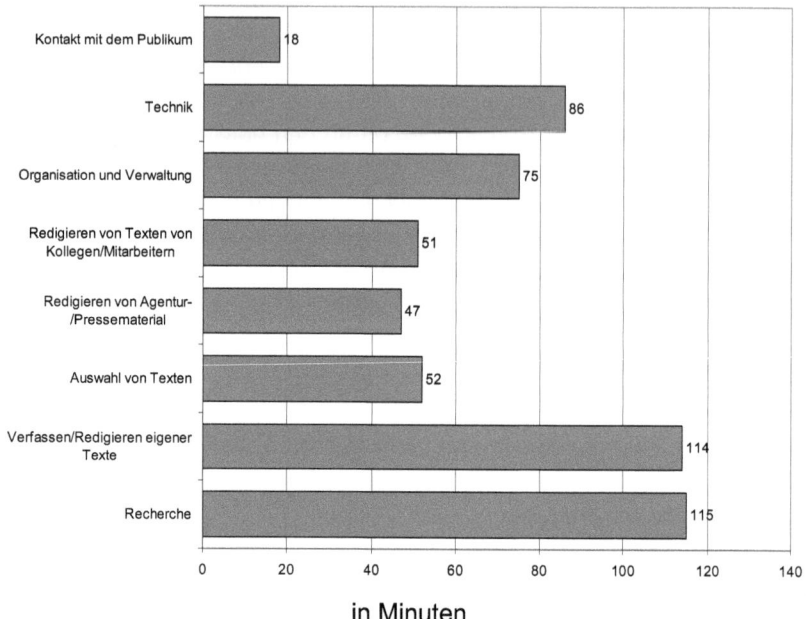

Quelle: Weischenberg/Malik/Scholl 2006: 80

Am Fall „Watergate" lässt sich die unterschiedliche Aufgabenverteilung in deutschsprachigen und angelsächsischen Redaktionen studieren: Während in Deutschland, Österreich und der Schweiz das Berufsbild des Redakteurs als „Allrounder" vorherrscht, der sowohl recherchiert und Beiträge verfasst als auch Agenturtexte redigiert, freie Mitarbeiter koordiniert und Seiten bzw. Sendungen produziert, herrscht in manchen angelsächsischen Redaktionen eine strenge Rollentrennung: Zwischen den *reporters,* die „nach draußen" gehen und Stoff sammeln, und den *editors,* die auf der Grundlage dieses Stoffs die Beiträge verfassen (vgl. Esser 2001). Übrigens gibt es in angelsächsischen Ländern – anders als hierzulande – auch eine klare, meist sogar räumliche Trennung zwischen den „Machern" des Nachrichtenteils und der Kommentarseiten. Wie unterschiedlich Journalisten in Deutschland, Großbritannien und den USA arbeiten, haben Wolfgang Donsbach und Thomas Patterson in einer Studie Mitte der 90er Jahre gezeigt (Donsbach 1995): Während sich deutsche Journalisten stark auf Agenturmaterial stützen, spielen für angelsächsische Journalisten eigene Recherchen eine deutlich größere Rolle. Deutsche Journalisten sind zudem sehr viel häufigerer mit Produktionsaufgaben (z.B. Layout) beschäftigt als ihre Kollegen in England oder in den USA.

Abbildung 9: Journalistische Recherche im internationalen Vergleich – Häufigkeit redaktioneller Tätigkeiten

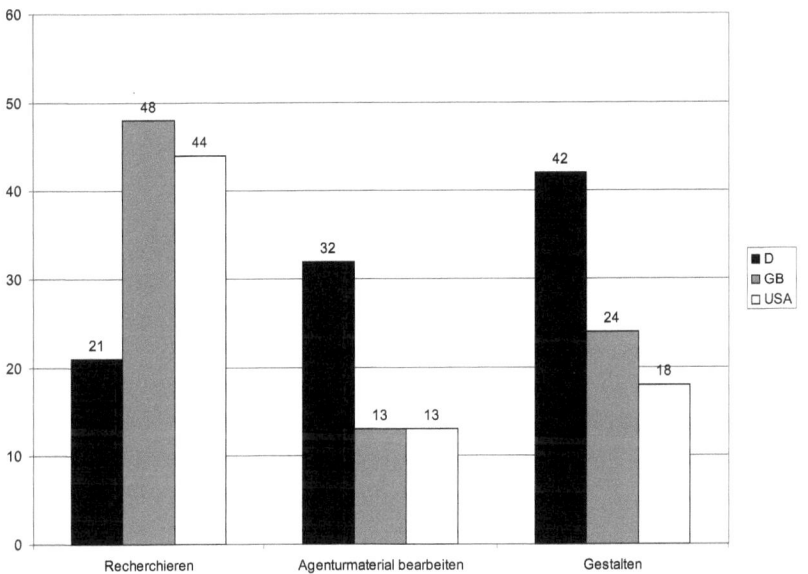

Eigene Darstellung nach Donsbach 1995

Das Internet hat aber auch den Arbeitsalltag derjenigen Journalisten, die bei „klassischen" Print- oder Rundfunkmedien arbeiten, nachhaltig verändert. Im Schnitt sind Journalisten inzwischen jeden Tag rund zwei Stunden online (vgl. Weischenberg/Malik/Scholl 2006: 79 ff.). Davon wenden sie etwas mehr als eine Stunde für Online-Recherchen und knapp eine Dreiviertelstunde für E-Mail-Kontakte auf

Untersuchungen zeigen, dass Blogs bei der Recherche im Politikjournalismus eine eher unbedeutende Rolle spielen. Neuberger/Nuernbergk/Rischke haben 2006 Leiter von Nachrichtenredaktionen zur Nutzung von Blogs befragt. Ergebnis: In knapp 60 Prozent der untersuchten Redaktionen machen die Journalisten beruflich von Blogs (noch) keinen Gebrauch. Diejenigen Redaktionen, die Blogs beruflich nutzen, tun dies vor allem, um Themenideen zu sammeln – und um über das Phänomen Blogs zu berichten (vgl. Neuberger/Nuernbergk/Rischke 2007). So sind die E-Campaigning-Strategien von Hillary Clinton und Ségolène Royal während ihrer Wahlkämpfe immer wieder Medienthema gewesen. Dass Blogs den Journalismus langfristig verdrängen könnten, glaubt den Forschern zufolge so gut wie kein Nachrichtenredakteur hierzulande – zumal auffällt, dass viele Blogger mit Vorliebe per Copy & Paste journalistische Texte recyceln, anstatt selbst ausführliche, recherchierte Beiträge zu verfassen (vgl. Neuberger/Nuernbergk/Rischke 2007: 103).

Ein wenig anders sieht das Bild in den USA aus. In manchen Kreisen der amerikanischen Bevölkerung – bei den fundamentalistischen Christen beispielsweise – herrscht ausgeprägtes Misstrauen gegenüber den traditionellen Medien, die als zu „liberal", sprich als linkslastig, wahrgenommen werden. Hier haben Blogs, die die Welt aus der Sicht von Gleichgesinnten erklären, Hochkonjunktur. Im Präsidentschaftswahlkampf 2004 bezogen diese Foren ausdrücklich Stellung für Präsident George W. Bush, der als Freund der Rechtskonservativen und der christlich-fundamentalistischen Bewegung galt. Im Internet entstand in diesen Monaten eine einflussreiche Gegenöffentlichkeit zu den etablierten Medien.

Auch während des Irak-Kriegs spielte das Internet eine wichtige Rolle: Fast alle Journalisten, die über die Eroberung Iraks durch die Streitkräfte der USA und ihrer Verbündeten berichteten, waren „embedded", zogen also als Teil der vorrückenden Armee-Einheiten in das Land ein. Eine ganz andere Sicht dieses Kriegs fand sich zur selben Zeit im Internet: In Bagdad schrieb ein Iraker einen Blog aus der bombardierten Stadt. Die Berichte des 29jährigen Salam Pax über die Bombenangriffe und den Kriegsalltag in Bagdad wurden berühmt.

„Wetten, dass..?" und „Lindenstraße": Konkurrenz für den Politikjournalismus?

Mit einer Medienkampagne der besonderen Art überraschte das Pentagon vor einiger Zeit die internationale Öffentlichkeit: Die im Irak stationierten US-amerikanischen Soldaten wurden von ihrem obersten Dienstherrn aufgefordert, Videos aus ihrem Alltag im Irak bei *YouTube* einzustellen, soweit sie dazu geeignet waren, Sympathie für die Truppen zu wecken. Angesichts der nicht enden wollenden negativen Berichterstattung über das Wirken der US-Truppen im Irak setzten die Kommunikationsverantwortlichen im Pentagon offenbar große Hoffnungen auf *YouTube*: Die Videos sollen die (vor allem amerikanische) Öffentlichkeit direkt erreichen, also ungefiltert durch die kritische Vermittlungsinstanz des Journalismus.

Ein Beispiel aus den USA, gewiss – und sicher unterscheidet sich die politische Kommunikationskultur in Amerika von der des deutschsprachigen Raums nach wie vor erheblich. Doch auch in Deutschland lässt sich beobachten, dass Politiker versuchen, am Journalismus vorbei ein Massenpublikum zu erreichen. Gerade in Wahlkampfzeiten machen Politiker immer wieder durch Auftritte in Unterhaltungsshows wie *„Wetten, dass.."*, in Serien wie der *„Lindenstraße"* und in Talkshows wie *„Kerner"* von sich reden, in denen es nicht um einen Austausch politischer Argumente, sondern um die Person und die privaten Seiten von Politikern geht. Wenn Politiker, zumal in Kampagnenzeiten, Unterhaltungssendungen für ihre Medienauftritte nutzen, haben sie dabei zwei Dinge im Sinn: Zum einen suchen sie nach Foren, in denen sie sich einem großen Publikum potenzieller Wähler präsentieren können, ohne auf journalistische Nachfragen hin inhaltlich argumentieren zu müssen. Zum anderen geht es darum, politisch desinteressierte Wähler zu erreichen, also diejenigen, die weder im Rundfunk oder online die Nachrichten verfolgen oder den Politikteil der Zeitung meiden. Dank der enormen Ausweitung des Medienangebots stehen den Politikern immer mehr Arenen für ihre Selbstdarstellung zur Verfügung (vgl. u. a. Dörner 2001).

Auch was journalistische Formate anbelangt, wird über die Grenze zwischen Information und Unterhaltung gestritten. Für den Politikjournalismus ist der Bedeutungszuwachs des „Politainment" eine Herausforderung: Einerseits gilt es, sich kritisch zu fragen, ob man den Politikern mit einem Bericht über den Ausflug des Generalsekretärs in den *Big Brother*-Container noch zusätzliche PR-Schützenhilfe leisten muss. Andererseits bieten die Politiker-Expeditionen ins Show-Business oft genug farbigen Stoff für Reportagen.

Online-Journalismus: Keine Zeit für Recherchen?

Wenn *Spiegel Online (SPON)* sich als neues Leitmedium in der deutschen Medienlandschaft etablieren konnte, dann vermutlich auch deswegen, weil sich die Arbeitsbedingungen der *SPON*-Redakteure und die journalistische Qualität ihrer Website deutlich von ihrer Konkurrenz im Netz abheben.

Schaut man sich bisherige Forschungsergebnisse über Online-Journalismus an, stellt sich die Frage, ob wir es hier – zumindest derzeit noch – mit einem „Journalismus zweiter Klasse" zu tun haben. Studien zeigen, dass in den Online-Redaktionen besonders häufig Berufsanfänger und Quereinsteiger ohne umfassende journalistische Ausbildung tätig sind. Der Arbeitsalltag von Online-Journalisten besteht vor allem aus dem Umarbeiten von Agenturmeldungen und Berichten anderer Massenmedien, für eigene Recherchen und Beiträge fehlt es fast überall an Zeit und Personal (vgl. Quandt u.a. 2006; Quandt 2007; Trappel 2007). In Online-Redaktionen wird zudem am wenigsten Wert auf journalistische Qualitätssicherung gelegt wird; so werden Beiträge beispielsweise oft erst nach (!) dem Einstellen auf die Website gegengelesen (vgl. Hermes 2006; Trappel 2007).

Inhaltsanalysen zum Online-Journalismus haben ähnlich ernüchternde Ergebnisse erbracht. So machten viele Nachrichten-Websites bis vor kurzem von den vielbeschworenen Möglichkeiten des Web 2.0 wenig Gebrauch. Multimediale Anwendungen, Feedback-Möglichkeiten und „partizipativer Journalismus" waren und sind eher die Ausnahme denn die Regel. Auf den Seiten der Online-Ableger der klassischen Leitmedien dominieren klassische Nachrichten – meist Agenturmaterial, das die Redakteure allenfalls noch durch Fotos angereichert haben. Andere journalistische Stilformen kommen kaum vor (vgl. Quandt 2008; Trappel 2007).

In jüngster Zeit gab es bei vielen Online-Medien einen Relaunch, so setzen die Websites von Tageszeitungen und Fernsehsendern z.B. häufiger Videos ein (vgl. Trappel 2007: 164). Inzwischen wird auch auf den Websites von Regionalzeitungen vermehrt mit kurzen Nachrichtenfilmen und anderen audiovisuellen Elementen gearbeitet, und Forscher erkennen Anzeichen für eine allmähliche Professionalisierung des Berufsfelds Online-Journalismus (vgl. Trappel 2007: 186ff.). Beobachter beklagen aber auch, dass selbst seriöse Online-Medien wie *Spiegel Online* auf den wachsenden Druck, Reichweite zu generieren, mit einer Verflachung der Inhalte reagieren: Skandalträchtige News, Klatsch und Sex & Crime werden demnach von immer mehr Medien bewusst ganz oben auf der Seite platziert, um Nutzer anzulocken – damit schwindet der Stellenwert der Politik. Gerade im Netz wird das Gebot der Trennung von redaktionellem Teil und Werbung zudem besonders häufig verletzt (vgl. Range/Schweins 2007). „Aus wirtschaftlicher Perspektive ist das Geschäft mit den Nachrichten mühselig", resümieren Range/Schweins (2007: 30). „Nachrichten-Sites haben hohe Fixkosten, da sie mit verhältnismäßig viel Personal produziert werden; gleichzeitig weigern sich die Leser, für Artikel zu zahlen. (...) Wer nur von Nachrichten lebt, erzielt keine große Reichweite."

Zusammenfassung

Journalisten müssen unter hohem Zeitdruck recherchieren. Aktuelle Studien zeigen, dass das Zeitbudget deutscher Journalisten für Recherchen schrumpft, für investigative Recherchen bleibt wenig Raum. Im Vergleich zu angelsächsischen Kollegen verlassen sich deutsche Journalisten zudem häufiger auf das Material, das von Nachrichtenagenturen angeliefert wird. Das Internet als Rechercheinstrument ist aus dem journalistischen Alltag nicht mehr wegzudenken. Blogs spielen für die Recherche im journalistischen Alltag (noch) nur eine untergeordnete Rolle. Besonders wenig Zeit für eigene Recherchen haben Online-Journalisten: Sie arbeiten vor allem vorhandenes Material um. Die Qualität vieler Online-Angebote wird von Forschern skeptisch beurteilt.

Weiterführende Literatur

Esser, Frank (1998): Die Kräfte hinter den Schlagzeilen. Englischer und deutscher Journalismus im Vergleich. Freiburg: Alber.

Quandt, Thorsten (2005): Journalisten im Netz. Eine Untersuchung journalistischen Handelns in Online-Redaktionen. Wiesbaden: VS Verlag für Sozialwissenschaften.

Trappel, Josef (2007): Online-Medien – Leistungsprofil eines neuen Massenmediums. Konstanz: UVK.

Kapitel 8: Politikjournalisten und ihr Publikum
Sichtweisen der Praxis

> Fraglos ist die Debatte über die Zukunft der Bundeswehr heute das Thema im politischen Berlin. Der Verteidigungsminister hat im Bundestag sein Konzept vorgestellt, mit dem er die Truppe für die Zukunft rüsten will. Oppositionsvertreter haben die erbärmliche Ausstattung der Soldaten beklagt. Der Artikel, der kurz darauf ganz oben auf der Website der Zeitung erscheint, fasst das Thema ebenso präzise wie lesenswert zusammen; zusätzlich hat der Autor aufschlussreiche Statements einholen können, vom Sprecher des Bundeswehrverbands bis hin zum einfachen Zeitsoldaten. Quo vadis Bundeswehr: Unter dieser Überschrift lädt ein Diskussionsforum die User ein, über die Reform der Truppe zu debattieren.
>
> Doch nur eine Stunde später ist der Artikel bereits auf die Mitte gerutscht, abgehängt von neuen Vorwürfen im Sex-Skandal gegen den britischen Innenminister. Nochmals eine Stunde steht der Artikel ganz am Ende der Seite – man muss schon eine ganze Weile scrollen, bis man unter der Meldung über die neue Cabrio-Version des Porsche 911 die Nachricht über die Bundeswehr-Debatte entdeckt.

In der Online-Redaktion, die für den digitalen Auftritt der Zeitung verantwortlich ist, entbrennt daraufhin eine heftige Diskussion über die Platzierung des Artikels. Der Redakteur, der die Debatte im Bundestag verfolgt hat und morgen auch in der Zeitung ausführlich darüber berichten wird, streicht die verteidigungspolitische Bedeutung heraus. Das Thema betreffe hunderttausende junge Männer, die in den nächsten Jahren ihren Wehrdienst ableisten müssen – nebenbei bemerkt, sei das nicht genau die Zielgruppe, die man im Netz erreichen möchte? Der Chef der Online-Redaktion hört sich die Argumente an und zuckt dann doch die Achseln: Der Bundeswehr-Artikel hatte in zwei Stunden enttäuschend wenig Klicks. Der Porsche-Artikel und der Sex-Skandal wurden von den Usern hingegen eifrig angeklickt.

Lernziele

➲ Wie groß ist das Interesse des Publikums an politischen Themen?
➲ Welche Rolle spielen Blogs für den Politikjournalismus?

Dem Publikum auf der Spur: Nutzerforschung im Politikjournalismus

Mit dem zunehmenden Wettbewerb um die Aufmerksamkeit des Publikums – welche sich eben nicht beliebig vermehren lässt – sind auch die Methoden der Publikumsforschung immer professioneller geworden. Wer heute den Beruf des Journalisten ergreift, kann sich kaum mehr leisten, nicht über *Reader Scan* und *Click Rates,* über *MA, AWA, ZAW* und *IVW* – hinter den Kürzeln verbergen sich wichtige Akteure bzw. Analysen der Medienmarktforschung – Bescheid zu wissen.[1] Denn die Auflage oder Quote eines Mediums entscheidet unmittelbar über dessen Werbeeinnahmen, und damit wiederum über die Ressourcen, die der Redaktion für ihre journalistische Arbeit zur Verfügung stehen. Mit Grafiken, Kästen, Bildern und „Erklärstücken" bemühen sich inzwischen fast alle Redaktionen darum, einen nutzerfreundlicheren Journalismus zu machen. Die Chefredaktion verlangt Geschichten, die laufen, und längst nicht immer sind es die politisch relevanten Themen, die beim Publikum besonders gut ankommen. Unterhaltungsangebote stoßen beim Publikum oft auf sehr viel größere Nachfrage als politische Berichterstattung.

Alle Meinungsforschungsinstitute kennen das Problem: Bei Umfragen sagen viele Menschen nicht die Wahrheit. Sie lügen auf die Frage nach ihrem Gewicht. Sie verschweigen ihre Sympathie für rechtsradikale Parteien. Und sie schwindeln auch, wenn sie gefragt werden, welche

---

1 Erläuterung der Abkürzungen: MA: Media-Analyse; AWA: Allensbacher Werbeträgeranalyse; ZAW: Zentralverband der deutschen Werbewirtschaft; IVW: Informationsgemeinschaft zur Feststellung der Verbreitung von Werbeträgern.

Texte einer Zeitung sie lesen. Das Feuilleton und die Leitartikel, antworten die Befragten gerne. Dass das vermutlich nicht stimmt, ahnen Zeitungsmacher schon lange. Aber angesichts des wirtschaftlichen Drucks in der Branche wüssten sie es gerne genauer. Eine neue Methode, Lesegewohnheiten zu analysieren, erfreut sich seit einigen Jahren wachsender Beliebtheit. Readerscan heißt das System: Ausgewählte Leser bekommen einen elektronischen Stift in die Hand, mit dem sie beim Lesen die Zeilen abfahren. Der Stift misst, was sie lesen, wann sie abbrechen und wie viel Zeit sie für einen Artikel aufwenden. An die 30 Zeitungen haben Readerscan inzwischen eingesetzt, um ihre Leser besser kennenzulernen, darunter *Die Zeit*, die *Berliner Zeitung* und der *Kölner Stadtanzeiger*. Für den Test wurden jeweils etwa hundert Leser ausgewählt, wobei Gruppen, die die Zeitung stärker ansprechen wollte wie junge Leser oder Frauen übergewichtet wurden. Readerscan ermöglicht es dann, die Ergebnisse des Lesetests nach Alter, Geschlecht oder anderen Merkmalen aufzuspalten. Kaum eine dieser Zeitungen hat die Berichterstattung auf Grund der Ergebnisse komplett umgestellt. Auch sind die Feuilletons nicht massenweise abgeschafft worden. Aber gerade auf handwerkliche Details wird in diesen Zeitungen inzwischen noch mehr geachtet.

Für Politikjournalisten hat Readerscan bei so gut wie allen Zeitungen sehr erfreuliche Ergebnisse erbracht. Die Tests zeigen, dass die Leser großen Wert auf politische Berichterstattung legen: sehr viel mehr als auf das Feuilleton, aber auch mehr als auf den Sport, der insgesamt schlechte Lesequoten hat. Übertroffen wird die politische Berichterstattung allerdings noch vom Vermischten. Die Wertschätzung für die Politik gilt in überraschender Deutlichkeit auch für die Leser von Boulevard-Blättern. Der *Berliner Kurier* beispielsweise hat aus Readerscan die Schlussfolgerung gezogen, die Zeitung öfter mit politischen Artikeln aufzumachen. Vor allem die Inlandsberichterstattung wird geschätzt. Artikel aus dem Ausland müssen besonders gut mit Fotos oder Grafiken aufbereitet sein und Themen attraktiv darstellen, um gelesen zu werden. Kurze Meldungen darüber, wer Wahlen in Mali oder in Paraguay gewonnen hat, werden vom Leser absolut ignoriert.

Überraschend ist schließlich auch, wie sehr Leser lange Artikel schätzen. Per elektronischem Stift wird deutlich, dass viele von ihnen große Reportagen und Essays nicht nur anfangen, sondern zu Ende lesen. Voraussetzung ist – so banal das klingt –, dass die Berichte gut geschrieben sind. Wenn sich der Autor allzu sehr wiederholt, steigt die Abbrecherquote. Überhaupt zeigt der Readerscan, welch große Rolle das journalistische Handwerk spielt. Fotos müssen zum Text passen, sonst schwindet die Aufmerksamkeit der Leser. Aus den Überschriften muss klar werden, welchen Inhalt der Bericht hat, sonst fangen die Leser ihn erst gar nicht an. Und Artikel, die mit einem Satz wie „Der Streit in der Union geht weiter..." beginnen, liest niemand. Schließlich soll die Zeitung Neuigkeiten enthalten.

Neue Möglichkeiten der Publikumsbindung: Politikjournalisten im Internet

Immer häufiger gehören zum Internetauftritt auch die Blogs und Podcasts ausgewählter Redakteure. Ein Lokalreporter plaudert dort täglich über den neuesten Klatsch im Rathaus, ein Wirtschaftsredakteur bewertet das Börsengeschehen, ein Politikredakteur macht sich Gedanken über die Globalisierung. Die beiden Chefredakteure von *ARD Aktuell*, Kai Gniffke und Thomas Hinrichs, analysieren in ihrem mit einem Grimme-Preis ausgezeichneten Blog redaktionelle Entscheidungen – und gewähren Usern auf diese Weise einen Einblick hinter die Kulissen des Medienbetriebs. Ein Foto des Autors gehört unbedingt dazu, genauso wie ein kurzer Lebenslauf und die Möglichkeit für den Nutzer, umgehend auf das Gelesene zu antworten. Solche Blogs ähneln den Kolumnen der Printmedien, aber sie sind noch flüchtiger. Selbst in ihrer Sprache nähern sie sich oft stark dem gesprochenen Wort. Insbesondere zu Wahlkampfzeiten laden Online-Medien auch Politiker ein, einen Blog auf ihrer Website zu führen.

Blogs und Podcasts sollen helfen, die Leser und Zuschauer an das eigene Medium zu binden, genauso wie die Diskussionsforen im Internet-Auftritt. Diese haben damit eine ähnliche Funktion wie die Leserbriefe bei Zeitungen, allerdings mit entscheidenden Unterschieden: Im Internet kann jede Zuschrift in jeder beliebigen Länge veröffentlicht werden. Gelesen wird sie allerdings nur von Leuten, die sich so sehr für das jeweilige Thema interessieren, dass sie sich bis in das Forum durchklicken. Leserbriefe – wenn sie denn veröffentlicht werden – erreichen dagegen ein sehr viel größeres Publikum und bieten mit ihrer Vielfalt einen Einblick in die Themen, die die Leserschaft einer Zeitung beschäftigt und aufgeregt haben.

Eine Kategorie von Leser-Zuschriften wird vermutlich in den kommenden Jahrzehnten aussterben: Der ausführliche, oft handschriftlich abgefasste Brief, der über mehrere Seiten Position bezieht zu einem Thema oder auch die Lebensgeschichte des Schreibers wiedergibt. Manchmal sind diese Schreiben interessant, manchmal stammen sie aber auch von Verfassern, die offensichtlich einer fixen Idee nachgehen oder sich verfolgt fühlen. Ins Internet-Zeitalter, wo ohnehin immer weniger Briefe verfasst werden, passen sie in keinem Fall besonders gut. Allerdings klagen auch viele Online-Redakteur über beleidigende oder wirre Publikumskommentare auf den von ihnen betreuten Websites – wohl mit ein Grund, warum vergleichsweise wenige Websites Feedback-Möglichkeiten einsetzen.

Zusammenfassung

Im Vergleich zu Unterhaltungsangeboten ist die Nachfrage nach politischer Information beim Publikum deutlich geringer. Gleichwohl geben aktuelle Untersuchungen Hinweise auf den hohen Stellenwert von Politikberichterstattung bei Teilen des Publikums. Blogs bieten auch im Politikjournalismus neue Möglichkeiten, mit dem Publikum in Kontakt zu treten.

Weiterführende Literatur

Armborst, Matthias (2006): Kopfjäger im Internet oder publizistische Avantgarde? Was Journalisten über Weblogs und ihre Macher wissen sollten. Münster: LIT.

Kapitel 8: Politikjournalisten und ihr Publikum
Perspektiven der Forschung

Heinrich Müller ist wütend auf den *SPIEGEL*. „Endlich ist das Umweltbewusstsein der trägen Masse Mensch ein wenig in Bewegung geraten – da kommt der SPIEGEL und bläst Entwarnung. Höchst fahrlässig," schreibt er in seinem Leserbrief zu dem großen Aufmacher „Die große Klima-Hysterie – Hilfe ... die Erde schmilzt!", den der *SPIEGEL* im Frühjahr 2007 veröffentlichte.

Zwei Dinge sind spannend an diesem Leserbrief: Zum einen hat Heinrich Müller offensichtlich vom *Spiegel* erwartet, dass dieser für eine gute Sache – den Klimaschutz – Partei ergreift, indem er Daten und Expertenmeinungen, die im Kontrast zum Tenor des viel diskutierten Klimaberichts der UN stehen, aus seiner Berichterstattung ausblendet. Leser Müller wünscht sich die Journalisten in der Klima-Debatte also eher als „Missionare" denn als „neutrale Berichterstatter" (vgl. Kapitel 4) – zumal die Redakteure des mächtigen *Spiegel*.

Dass auch die politische Klasse von starken Medienwirkungen ausgeht, zeigt schon die Bedeutung, die die Parteien der Besetzung von wichtigen Posten bei *ARD* und *ZDF* mit ihnen politisch nahe stehenden Journalisten beimessen (vgl. ebenfalls Kapitel 4), ebenso wie ihr stetes Bemühen, in den Medien präsent zu sein. Journalisten hingegen neigen oft dazu, den Einfluss der Medien herunterzuspielen. „Das versendet sich," hieß es in der Redaktion früher, als man noch keine Sendungen aus dem Internet herunterladen konnte, mitunter achselzuckend, wenn ein Beitrag journalistisch nicht sehr überzeugend war. Der Mainzer Kommunikationswissenschaftler Hans Mathias Kepplinger wiederum sagt: Positive und negative Fernsehberichterstattung über eine Partei kann messbare Auswirkungen auf die Zustimmung zu dieser Partei haben. Gerade bei einer knappen Ausgangslage kann sie durchaus wahlentscheidend sein – auch wenn die Mehrheit der Wahlentscheidungen weiterhin durch individuelle Faktoren geprägt ist (vgl. Kepplinger/Maurer 2005: 154 ff.). Studien zu den Wechselbeziehungen zwischen dem Politikjournalismus und seinem Publikum stehen im Mittelpunkt dieses Kapitels.

Lernziele

⊃ Inwiefern beeinflusst der Politikjournalismus die Wähler?
⊃ Welche Modelle zu Wirkung von Medien werden in der Wissenschaft diskutiert?
⊃ Welche Rolle spielen Meinungsumfragen im Politikjournalismus?

Wie mächtig sind die Medien? Politikjournalisten und das (wählende) Publikum

Die Frage, wie Massenmedien auf ihren Publika wirken, gehört zu den wichtigsten und spannendsten Fragen der Kommunikationswissenschaft. Blickt man zurück in die Geschichte der Kommunikationswissenschaft, so zeigt sich, dass sich die Vorstellungen über die Macht der Medien im Laufe der Zeit immer wieder stark gewandelt haben (vgl. Donsbach 1991; Brosius/Esser 1998).

Bis in die 50er Jahre ging die Kommunikationswissenschaft davon aus, dass Massenmedien starke und unmittelbare Wirkungen auf die Menschen ausüben. Die Wissenschaft hatte sich zum einen längst noch nicht vom „Stimulus-Response"-Modell gelöst, das am Anfang der Medienwirkungsforschung stand und von der Annahme ausging, dass Massenmedien mächtige „Sender" sind, über die sich Botschaften „störungsfrei" zu einem „Empfänger" übermitteln lassen, wo sie entsprechende Wirkung entfalten. Wenn man sich den geschichtlichen Hintergrund der damaligen Kommunikationswissenschaft vor Augen führt, wird umso deutlicher, warum den Medien zu dieser Zeit eine solche Macht zugesprochen wurde: In den beiden Weltkriegen wurden die Massenmedien von der politischen Führung der am Krieg beteiligten Länder systematisch eingesetzt. Im Ersten Weltkrieg schuf die US-Regierung ein mächtiges Propaganda-Büro; die Propaganda des NS-Regimes ist ein weiteres, besonders bedrückendes

Beispiel für eine solche Manipulation der Bevölkerung, zumal mittels der Medien Radio und Film (vgl. für einen Überblick Jäckel 2002: 66 ff.).

Abbildung 10: Paradigmenwechsel der Medienforschung nach Donsbach

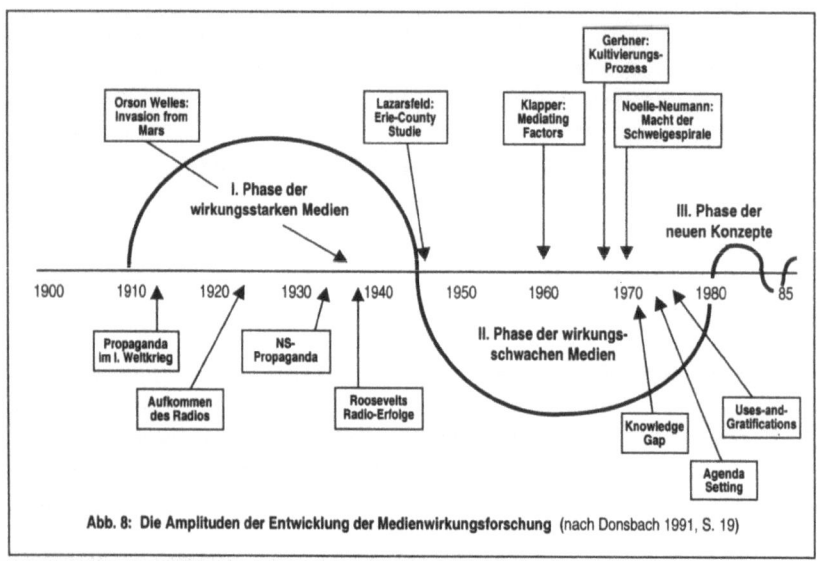

Quelle: Bonfadelli 1999: 26

Diese erste Phase kommunikationswissenschaftlicher Forschung wurde abgelöst durch eine zweite Welle von Forschungsarbeiten seit den fünfziger Jahren, die sich der Frage nach der Macht der Medien sehr viel skeptischer näherte. Im Zentrum stand nun die Frage, welche Faktoren den Einfluss der Medien auf die Menschen begrenzen (vgl. im Überblick Berghaus 1999). Wichtige Annahmen, die in diesem Zusammenhang aufgestellt und untersucht wurden, sind folgende[1]:

---

1 Vgl. Berghaus 1999; Schorr 2000; Schmitt-Beck 2000: 64ff.

Perspektiven der Forschung

- Nicht alle Menschen nutzen die Medien gleichermaßen intensiv – es gibt Meinungsführer, die besonders regen Gebrauch von der politischen Berichterstattung machen, und die damit erheblichen Einfluss auf die Einstellungen ihres sozialen Umfelds ausüben.
- Die Zuwendung und Verarbeitung von Medieninhalten wird von den eigenen sozialen Bindungen maßgeblich beeinflusst: Je nach gesellschaftlichem Hintergrund gehen die Menschen unterschiedlich mit Medien um.
- Auch bei der Meinungsbildung in politischen Fragen sind Massenmedien eine wichtige, aber keineswegs die einzige Informationsquelle. Eine besonders wichtige Rolle spielt in politischen Belangen die interpersonale Kommunikation. Damit gemeint sind Gespräche im familiären und beruflichen Umfeld, mit Freunden und Bekannten.
- Menschen sind keineswegs willfährige Opfer der Massenmedien, sondern wenden sich den Medien bewusst zu, weil sie sich von ihnen Information und Unterhaltung versprechen.
- Menschen suchen zudem nach Medieninhalten, die ihre vorhandenen Einstellungen eher bestätigen, als dass sie im Widerspruch zu ihrer persönlichen Meinung stehen.

„TV-Duelle" als Beispiel für Medienwirkungsforschung

Seit ca. 1970 finden in der Kommunikationswissenschaft erneut Modelle und Theorien große Beachtung, die starke Medienwirkungen betonen. Dabei werden hier ungleich komplexere Zusammenhänge angenommen, als dies in der Frühphase der Kommunikationsforschung der Fall war. Insbesondere das Fernsehen, das sich seit den sechziger Jahren als Massenmedium etabliert hat, übt erkennbar großen Einfluss auf die Menschen aus. Beispielhaft zeigen das die Reaktionen auf das erste TV-Duell in der Geschichte des Fernsehens: Als im Wahlkampf 1960 der republikanische Politiker Richard Nixon und sein demokratischer Herausforderer John F. Kennedy zu einer Redeschlacht aufeinander trafen, hatten die Amerikaner ganz unterschiedliche Ansichten davon, wer das Duell gewonnen hatte: Diejenigen, die die Rede am Radio verfolgt hatten, sahen Nixon als Sieger an – er war Kennedy rhetorisch überlegen. Diejenigen jedoch, die das Duell im Fernsehen erlebten, betrachteten mehrheitlich Kennedy als Sieger. Kennedy wirkte auf dem Bildschirm deutlich überzeugender als sein Konkurrent, und kurz darauf konnte er auch die Präsidentschaftswahl für sich entscheiden.

Im Bundestagswahlkampf 2002 fanden erstmals im deutschen Fernsehen „TV-Duelle" nach US-amerikanischem Vorbild statt: Gerhard Schröder und Edmund Stoiber traten sowohl bei den öffentlich-rechtlichen als auch bei den privaten Sendern gegeneinander an. Im Bundestagswahlkampf 2005 fand ein „TV-Duell" zwischen Angela Merkel und Gerhard Schröder statt. Nutzung und Wirkung dieser TV-Duelle sowie die Berichterstattung über die Duelle in den Medien sind von Kommunikationswissenschaftlern intensiv untersucht worden (vgl. Donsbach/Jandura/Hastall 2004; Maurer/Reinemann 2003; Maurer et al. 2007). Die Daten gaben Hinweise auf starke Medienwirkungen; im folgenden werden wichtige Ergebnisse von Studien zum TV-Duell 2005 skizziert (vgl. Maurer/Reinemann 2007):

⇨ Das Fernsehduell hatte starke Wirkung darauf, welchen Kandidaten die Zuschauer als „Sieger" der Debatte wahrnahmen – unabhängig von den politischen Präferenzen der Zuschauer.
⇨ Das Fernsehduell beeinflusste das Image des Kandidaten bei den Zuschauern stark: Bis zu einem Drittel der Zuschauer veränderten ihre Ansichten über Merkel und Schröder in Folge des Fernsehauftritts stark. Schröder konnte durch das TV-Duell viele zuvor unentschlossene Wähler für sich einnehmen.
⇨ Die TV-Duelle haben nach Ansicht der Forscher „erhebliche Lerneffekte", weil sie die Argumente der Kandidaten besonders aufmerksam verfolgen.
⇨ Im Anschluss an das Duell diskutierten viele Zuschauer mit Freunden und Kollegen über das Duell. Hinzu kam eine intensive Medienberichterstattung über die Stärken und Schwächen der Auftritte und Argumente von Schröder und Merkel. Diese „Nachberichterstattung" hatte besonderen Einfluss auf die Zuschauer: „Ein bemerkenswerter Teil derjenigen, die das Duell gesehen hatten, traute (..) bereits nach wenigen Tagen seinem eigenen Urteil über den

> Duellausgang nicht mehr. Stattdessen hatten viele Zuschauer ihre Ansichten dem wahrgenommenen Medientenor angepasst," schreiben Marcus Maurer und Carsten Reinemann. Ihr Fazit: „Diese Befunde, die sich mit unseren Befunden für die Duelle 2002 decken, stellen die Annahme, dass Fernsehduelle die unabhängige Urteilsbildung der Zuschauer fördern, erneut infrage. Die intensive Nachberichterstattung der Medien lässt vielmehr einen erheblichen Teil der Zuschauer bereits nach kurzer Zeit an seinem eigenen Urteilsvermögen zweifeln." (Maurer/Reinemann 2007: 240).

Aus der Vielfalt neuerer Konzepte zur Mediennutzung und -wirkung sollen hier zwei Konzepte herausgegriffen werden, die für den beruflichen Alltag von Politikjournalisten besonders interessant sein dürften, weil sie helfen können, die Dynamik der öffentlichen Meinung besser zu verstehen.[2]

- Die Theorie der *Schweigespirale* besagt, dass es einen erheblichen Unterschied zwischen *öffentlicher* und *veröffentlichter* Meinung gibt. Menschen haben demnach feine Antennen für das herrschende Meinungsklima, das wesentlich von den Massenmedien mitgeprägt wird. Wenn sie den Eindruck gewinnen, mit ihrer Meinung abseits des „gesellschaftlichen Mainstreams" zu stehen, ziehen sie sich zurück und vermeiden Gespräche, in denen sie ihre politische Meinung kundtun – was wiederum zur Folge hat, dass sich immer weniger Stimmen äußern, die dem herrschenden Meinungsklima widersprechen. Eine Schweigespirale kommt in Gang (Noelle-Neumann 1980).
- Der Begriff des *Agenda-Setting* steht für ein wichtiges Konzept der Medienwirkungsforschung: Massenmedien bestimmen demnach nicht, *was* die Menschen über einen bestimmten politischen Sachverhalt – beispielsweise den Umweltschutz – denken. Sie haben aber erheblichen Einfluss darauf, *worüber* die Menschen nachdenken, wie also die öffentliche Agenda strukturiert ist. Wenn die Bürger eines Landes in Folge entsprechender Medienberichterstattung beispielsweise das Thema Arbeitslosigkeit im Vergleich zu den Themen Umwelt oder innere Sicherheit als wichtiger einstufen, ist dies ein

---

[2] Vgl. ferner zu Framing-Effekten Matthes 2007.

Fall von Agenda-Setting. Die Mediennutzer übernehmen also zu einem erheblichen Teil die Medienagenda – gerade dann, wenn alle Medien konsonant berichten, ihre Berichterstattung also den gleichen Tenor aufweist.[3]

Rüdiger Schmitt-Beck hat ein Modell entwickelt, das noch einmal veranschaulicht, dass eine Vielzahl von Faktoren die politische Willensbildung der Menschen beeinflussen.

Abbildung 11: Einflüsse auf Wahlentscheidungen

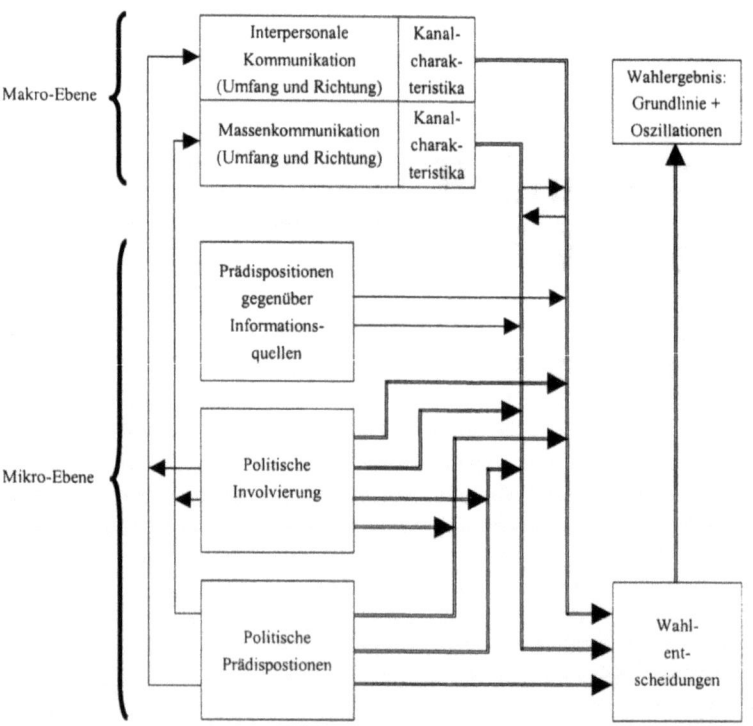

Quelle: Schmitt-Beck 2000: 74

3 Vgl. für einen Überblick Schulz 2008, S. 146ff; Rössler 1997.

Der Wähler im Visier des Politikjournalismus: Medien und Demoskopie

Jeden Freitagabend wird abgerechnet: Wenn Bettina Schausten im *ZDF* mit dem *Politbarometer* auf dem Bildschirm erscheint, geht es um Prozentpunkte. Welche Partei hat in der vergangenen Woche an Zustimmung gewonnen, welche verloren? Wenn am nächsten Sonntag Bundestagswahl wäre – welches Tortenstück im Kuchendiagramm würde mächtiger ausfallen – rot, schwarz, gelb, grün oder violett? Welche Kabinettsmitglieder erfreuen sich besonderer Beliebtheit, welche Sympathiekurve eines Politikers zeigt bedrohlich abwärts? Auch für Printmedien sind Meinungsumfragen, die oftmals exklusiv im eigenen Auftrag erstellt werden, begehrter Nachrichtenrohstoff, aus dem sich Schlagzeilen machen lassen: *Parteichef XY verliert dramatisch an Zustimmung.*

Meinungsumfragen sind eine wichtige Quelle des Politikjournalismus. Mehr noch, repräsentative Studien zu politischen Präferenzen und Wahlabsichten der Bürger haben in den vergangenen Jahren stark an Bedeutung für die Politikberichterstattung gewonnen. Heute gehört die Berichterstattung und Kommentierung der politischen Befindlichkeit der Republik zum festen Bestandteil von Politikjournalismus in Wahlkampfzeiten.

Dazu trägt bei, dass auch aufgrund von Fortschritten in der Technik der Datenerhebung immer mehr politische Akteure, beispielsweise Parteien, Umfragen in Auftrag geben und damit für Nachrichtenrohstoff sorgen. Und auch zwischen den Wahlterminen können Meinungsumfragen Schlagzeilen machen, insbesondere dann, wenn eine Partei oder ein wichtiger Politiker rapide an Zustimmung verliert und damit Anlass zu journalistischer Ursachenforschung gibt. In einer Studie zur Nutzung von Umfrageergebnissen in den führenden deutschen Zeitungen kommt Juliana Raupp für den Wahlkampf 2002 zu dem Ergebnis, dass nicht nur Politiker, sondern auch Journalisten taktisch mit Meinungsumfragen umgehen: Sie geben ihnen nämlich Gelegenheit, über die strategischen Spiele der politischen Kontrahenten zu berichten (Raupp 2003) – das ist journalistisch oftmals verlockender als die Berichterstattung über dröge Sachthemen.

Damit scheint sich die Meinungsforschung zunehmend zu einer Ergänzung des Politikjournalismus zu entwickeln – nachdem die Journalisten, Umfragen zufolge, die Demoskopen lange Zeit als Konkurrenz empfunden haben (Donovitz 2003: 119).[4] Raupp beschreibt das Spannungsverhältnis zwischen Journalismus und Meinungsforschung: „Der Anspruch der Presse, die öffentliche Meinung ‚widerzuspiegeln' und auszudrücken, was die Bürger denken, war eine Grundlage für die Forderung nach Pressefreiheit. Das Monopol, die öffentliche Meinung auszudrücken, wurde gebrochen, als Umfrageforscher auf den Plan traten und ihrerseits beanspruchten, öffentliche Meinung zu erfassen, und zwar wesentlich präziser." Nach der Bundestagswahl 2005 ist die hohe Bedeutung von Meinungsumfragen für den Politikjournalismus heftig diskutiert worden. Die Mehrheit der Meinungsforscher lag in diesem Wahljahr mit ihren Prognosen daneben. Auf Kritik stießen daraufhin nicht nur die Meinungsumfragen selbst, sondern auch der mitunter nachlässige Umgang von Politikjournalisten mit den Daten.

Wiederholt haben Studien übrigens gezeigt haben, dass Journalisten nur in geringem Umfang methodische Hinweise zu den zitierten Studien geben (vgl. Donovitz 1998; Raupp 2007). Handelt es sich wirklich um eine repräsentative Studie? Wie lautete der genaue Wortlaut der Befragung? Zu welchem Zeitpunkt wurde die Befragung durchgeführt – vor, während oder nach einer hitzigen politischen Debatte beispielsweise? All das sind wichtige Hinweise für den Leser, Hörer, Zuschauer oder User, um die Bedeutung der Umfrageergebnisse besser einschätzen zu können. Wer als Politikjournalist mit Umfrageergebnissen arbeitet, sollte handwerklich sauber mit den Daten umgehen und sich stets fragen, in wessen Auftrag die Studie entstanden ist.

Und noch aus einem weiteren Grund sind Umfrageergebnisse immer wieder Streitthema, sowohl für die politische Klasse als auch für Politikbeobachter: In der politischen Praxis wird ebenso wie in der Forschung darüber diskutiert, welche Auswirkungen Umfrageergebnisse auf die Wahlabsichten der Bevölkerung haben können: Nicht auszuschließen ist, dass die Bürger ihre eigene Stimmabgabe von den vermuteten Mehrheitsverhältnissen im Land abhängig machen.[5]

---

4   Vgl. auch zu unterschiedlichen Bewertungen von Umfragen bei liberalen und konservativen Zeitungen Brettschneider 2000.
5   Für einen Überblick vgl. Rössler 2003: 141f.

Zusammenfassung

Während Journalisten ihren Einfluss auf die öffentliche Agenda nicht selten mit Skepsis betrachten, schreiben Politiker und Wähler den Medien großen Einfluss zu. Auch die Kommunikationswissenschaft geht davon aus, dass die Massenmedien hohen Einfluss haben. Neuere Modelle wie der Agenda-Setting-Ansatz gehen davon aus, dass die Medien insbesondere bestimmen, welche politischen Themen vom Publikum als besonders wichtig angesehen werden. Meinungsumfragen spielen eine immer größere Rolle in der Politikberichterstattung. Politikjournalisten sollten unbedingt auf einen sorgfältigen Umgang mit den Daten achten, wenn sie Umfragen zum Anlass von Berichterstattung nehmen.

Weiterführende Literatur

Bonfadelli, Heinz (2004): Medienwirkungsforschung. Band 1: Grundlagen und theoretische Perspektiven. Band 2: Anwendungen in Politik, Wirtschaft und Kultur. Konstanz: UVK.
Donovitz, Frank (1998). Journalismus und Demoskopie. Berlin: Vistas.
Jäckel, Michael (2007): Medienwirkungen. Ein Studienbuch zur Einführung. Wiesbaden: VS Verlag für Sozialwissenschaften.
Meyen, Michael (2004). Mediennutzung. 2., überarb. Auflage. Konstanz: UVK/UTB.
Raupp, Juliana (2007): Politische Meinungsforschung. Die Verwendung von Umfragen in der politischen Kommunikation. Konstanz: UVK.

Kapitel 9: Verantwortung im Politikjournalismus
Sichtweisen der Praxis

„Auf meiner Mailbox fand ich um 8 Uhr 12 zunächst nur irgendwelche Wortfetzen vor. Eine Minute später ein zweiter Anruf. Der ging auch auf die Mailbox. Da stellt sich ein Beamter namentlich vor. Sagt, er sei vom Landeskriminalamt Brandenburg, stünde in meinem Garten zusammen mit Kollegen des BKA und des LKA mit einem Staatsanwalt, und man habe einen Hausdurchsuchungsbefehl vorliegen und wolle jetzt mein Haus durchsuchen. Ich möge freundlicherweise zurückrufen." (Burman 2005)

Mit diesen Worten erinnert sich der Journalist Bruno Schirra später an den Beginn der sogenannten „*Cicero*-Affäre", die monatelang hohe Wellen in Journalismus und Politik schlug. Was war geschehen? Das Politikmagazin *Cicero* hatte Anfang 2005 einen Artikel von Schirra veröffentlicht, in dem Schirra über mögliche Anschläge islamistischer Terroristen berichtete – und über die Bemühungen des Bundeskriminalamts, den Terroristen auf die Spur zu kommen. Schirra zitierte in seinem Artikel wiederholt aus einem Bericht des Bundeskriminalamtes, der den Vermerk *VS (Verschlusssache) – nur für den Dienstgebrauch* trug. Offensichtlich hatte ein Mitarbeiter des BKA Schirra die vertrauliche Akte zugeschanzt.

Die Behörden setzten daraufhin alles daran, die „undichte Stelle" im BKA ausfindig zu machen; neben Akten und Computern in Schirras Haus wurde auch eine Festplatte in der *Cicero*-Redaktion beschlagnahmt. Der Vorwurf der Behörden: Schirra und die Redakteure von *Cicero* hätten Beihilfe zum Geheimnisverrat geleistet, in dem sie vertrauliches Material für den Artikel benutzten. Cicero wehrte sich gerichtlich gegen das Vorgehen der Behörden; in einer aufsehenerregenden Entscheidung stellte sich das Bundesverfassungsgericht Anfang 2007 schließlich auf die Seite der *Cicero*-Redaktion, die das Redaktionsgeheimnis durch das Vorgehen der Staatsanwaltschaft Potsdam verletzt sah.

Sichtweisen der Praxis 171

Lernziele

◯ Welche Rechte und Pflichten haben (Politik)Journalisten?
◯ Welche „ethischen Leitplanken" sollten beachtet werden?
◯ Was versteht man unter „Kampagnenjournalismus"?

Rechte und Pflichten von Journalisten

Verglichen mit anderen – auch europäischen – Ländern genießen Journalisten in Deutschland umfassende rechtliche Privilegien.

◯ Journalisten dürfen vor Gericht und gegenüber der Polizei Auskunft über ihre Informanten verweigern, um ihre Quellen zu schützen.
◯ Durch das Redaktionsgeheimnis sind die Redaktionsräume grundsätzlich vor dem Zugriff von Polizei und Staatsanwaltschaft geschützt.
◯ Der Informantenschutz ist ein wichtiges Privileg der Journalisten.
◯ Journalisten gegenüber sind Behörden ferner grundsätzlich zu Auskunft verpflichtet, die jeweiligen Landespressegesetze regeln die Auskunftspflicht.

In den vergangenen Jahren ist es allerdings vermehrt zu Redaktionsdurchsuchungen, Lauschangriffen und Strafanzeigen gegen Journalisten gekommen, nachdem Journalisten aus internen Papieren von Behörden zitiert haben. Auch hier ging es meist darum, die undichten Stellen in den Behörden selbst ausfindig zu machen. Auch wenn es sich hier um Einzelfälle handelt, ist es hilfreich, seine Rechte als Journalist zu kennen; weiterführende Literatur zum Medienrecht wird am Ende des Kapitels empfohlen. Über Gesetzesänderungen und Gerichtsurteile, die für Journalisten relevant sind, informieren neben dem Presserat regelmäßig auch die Berufsverbände, der Deutscher Journalisten-Verband (DJV) und die Deutsche Journalisten-Union (dju). Wie sich das Anfang 2008 in Kraft getretene Vorratsdatenspeicherungsgesetz – es verpflichtet Anbieter von Kommunikationsdienstleistungen, Telefon- und Internetverbindungen ein halbes Jahr aufzubewahren – in der Medienpraxis auf den Informantenschutz auswirken wird, lässt sich bislang noch nicht abschätzen.

Echte und falsche Kampagnen im Politikressort

Vor einiger Zeit konnte man in der *Bild*-Zeitung lesen: Eine Vizepräsidentin des Deutschen Bundestags, die Grünen-Politikerin Katrin Göring-Eckardt, fährt als Dienstwagen keine deutsche Limousine, sondern ein japanisches Fabrikat. Die Zeitung zitierte dazu mehrere Abgeordnete, die sich über den mangelnden Patriotismus der Kollegin beschweren, und titelte dann: „Empörung im Bundestag". Auffällig an der Meldung: Unter den Politikern, deren Aussagen zitiert wurden, waren mehrere Hinterbänkler.

Man kann vermuten, dass die Geschichte auf folgende Weise entstand: Ein Reporter erfährt von dem japanischen Dienstwagen der Vizepräsidentin. Daraufhin werden mehrere Mitarbeiter und Praktikanten abgestellt, Abgeordnete abzutelefonieren. Sie alle werden kurz gefragt, ob sie die Dienstwagen-Auswahl empörend finden. Wer ja sagt, wird weiter befragt und in der Zeitung zitiert, wer nein sagt, kommt im Bericht nicht vor. Immerhin erhält auch Göring-Eckardt selbst Gelegenheit, zu dem Vorwurf Stellung zu nehmen.

Sollte sich die Recherche tatsächlich so abgespielt haben, wäre sie ein gutes Beispiel für eine Kampagne. Denn diese Geschichte entstand erst durch die Initiative der Zeitung. Kaum jemand im Bundestag interessiert sich für den Dienstwagen einer Vizepräsidentin, er war sicher kein Thema in irgendeinem Ausschuss, ja vermutlich wurde noch nicht einmal in irgendeinem der Korridore vor einem der Ausschüsse darüber gesprochen. Zu einer Geschichte wurde die Angelegenheit erst, als das Blatt anfing, Abgeordnete anzurufen.

In seinem ursprünglichen Sinne ist Kampagne ein Wort für Feldzug – eine organisierte und koordinierte Art des Angriffs also. Opfern einer publizistischen Kampagne wird die Analogie sofort einleuchten. Besonders schmerzhaft ist es, wenn es dabei um ihr Privatleben geht. Anders als beispielsweise in den USA oder Großbritannien sind die meisten deutschen Medien zwar an dieser Stelle sehr zurückhaltend. Doch gibt es auch hier Ausnahmen, vor allem in der Boulevard-Presse. So entschied die *Bild*-Zeitung Anfang 2007, eine Liebesaffäre des damaligen Landwirtschaftsministers Horst Seehofer öffentlich zu machen. Seehofer hatte neben seiner Familie daheim in Bayern über Jahre hinweg eine Geliebte in Berlin. Als er sich um den CSU-Vorsitz bewarb, berichtete *Bild* darüber

– mit empörtem Unterton über die Parteifreunde, die solche Gerüchte streuen.

Kampagnen müssen sich nicht immer gegen Personen richten; sie können auch politische Entscheidungen zum Ziel haben. So nutzte die *Frankfurter Allgemeine Zeitung* über Jahre hinweg jede Gelegenheit, gegen die Rechtschreibreform anzuschreiben. Die *Bild*-Zeitung wiederum schürte systematisch die Empörung gegen die Einführung der Praxisgebühr für gesetzlich Krankenversicherte. Sie erreichte damit zwar nicht die Rücknahme des Gesetzes. Ihre Berichterstattung führte aber dazu, dass weitere unpopuläre Reformpläne beispielsweise für die Pflegeversicherung auf Eis gelegt wurden.

Nicht immer haben Politiker Recht, wenn sie sich über eine Kampagne beschweren. Manche von ihnen wittern schon dann einen organisierten Angriff der Medien, wenn ihr Tun über längere Zeit auf Kritik stößt.

Die Kanzlerin am Pool: Ethische Grenzen der Berichterstattung

Nach dem ersten halben Jahr im Amt gönnte sich Angela Merkel einen Urlaub: Abtauchen aus dem Regierungsgeschäft – auf Ischia, gemeinsam mit Ehemann Joachim Sauer. Auch die deutsche Presse zog es daraufhin nach Italien: Reporter der *BILD*-Zeitung warteten schon am Hafen, als die Kanzlerin per Fähre auf Ischia eintraf. Sie recherchierten, wie viel ein Zimmer in dem von Merkel gebuchten Hotel kostete (148 Euro), und wo Merkel auf Ischia eine gute Seezunge bekommen könnte (Restaurant „Da Leopoldo").

Ihre Kollegen von der britischen *Sun* hielten sich nicht mit derlei Bagatellen auf: Sie versteckten sich mit einer Kamera bewaffnet im Gebüsch rund um Merkels Hotel und knipsten die Kanzlerin am Swimmingpool. Kurz darauf prangte Merkels nackter Po auf der Titelseite der *Sun*. Nicht nur das Kanzleramt, auch die deutsche Presse reagierte mit Empörung. Unisono hieß es: Das macht man (bei uns) nicht!

In der Tat heißt es im Pressekodex des Deutschen Presserates über „Grenzen der Recherche": „Bei der Beschaffung von personenbezogenen Daten, Nachrichten, Informationsmaterial und Bildern dürfen keine unlauteren Methoden angewandt werden." Doch was genau ist unter unlauteren Methoden zu verstehen? Wie weit Journalisten gehen dürfen – darüber herrschen schon in den westlichen Ländern ganz unterschiedliche Vorstellungen. In Großbritannien, aber auch in den USA müssen Politiker und Prominente damit rechnen, dass die Medien auch ihr Privatleben erbarmungslos durchforsten. In Deutschland und Frankreich hingegen galt lange Zeit die – ungeschriebene – Regel, dass Journalisten längst nicht über alles berichten, was sie wissen; das traf insbesondere für Privatangelegenheiten von Spitzenpolitikern zu. Inzwischen scheint dieser Comment allmählich aufzuweichen, weil der Wettbewerb um aufmerksamkeitsträchtige Schlagzeilen immer härter wird, und weil zugleich immer mehr Politiker ihr Privatleben aus Publicity-Gründen öffentlich zur Schau stellen. In Frankreich wurde der Chefredakteur von *Paris Match* auf Druck des damaligen Innenministers Nicholas Sarkozy entlassen. Er hatte ein Foto veröffentlicht, das die inzwischen geschiedene Frau des französischen Präsidenten mit einem angeblichen Liebhaber zeigte. Als Präsident inszenierte freilich auch Sarkozy die Scheidung von seiner zweiten Frau und seine Liebesgeschichte mit dem Model Carla Bruni als Medienereignis.

Bei Politikern wie Sarkozy, die ihr Privatleben selbst in die Öffentlichkeit tragen, weil sie sich davon Wählerstimmen versprechen, brauchen Journalisten keine besondere Rücksicht mehr walten zu lassen. Sie haben ihr Recht auf die Respektierung der Privatsphäre verspielt, und das gilt auch für Zeiten, wo diesen Politikern der öffentliche Blick nicht mehr ganz so willkommen ist. Ansonsten tun Journalisten vermutlich gut daran, im Zweifelsfall eine gewisse Zurückhaltung walten zu lassen, wenn es um die Veröffentlichung privater Details geht. Bei Politikern aus der zweiten oder dritten Reihe gilt das noch viel mehr als bei den wirklich Prominenten, die sich jederzeit bewusst sind, wie sehr sie im Rampenlicht stehen. Selbstverständlich ist auch, dass Kinder von Politikern von öffentlicher Aufmerksamkeit verschont bleiben sollten – das ist eine Grenze, die selbst die sonst so sehr aggressiven britischen Medien respektieren. Doch worüber man ansonsten berichtet und worüber nicht, ist immer auch eine Frage des Geschmacks, und endgültige und absolut trennscharfe Regeln wird es da nicht geben.

Auch was Einladungen durch Spitzenpolitiker angeht, gelten in den verschiedenen Ländern ganz unterschiedliche Maßstäbe: In den USA ist es beispielsweise verpönt, dass Journalisten auf Kosten der Regierung in der Präsidentenmaschine sitzen, wenn der Staatschef ins Ausland reist. In Deutschland ist es so, dass Korrespondenten, die mit Kanzler oder Kanzlerin fliegen wollen, für die Reise bezahlen müssen. Die Luftwaffe stellt für die jeweilige Strecke 30 Prozent des Lufthansa-Linientarifs in Rechnung. In Portugal sehen es Journalisten hingegen als normal an, dass der Regierungschef sie nicht nur gratis in seinem Flugzeug mitnimmt, sondern ihnen bei Auslandsreisen auch das Hotel bezahlt.

Die ethischen „Leitplanken", die Journalistinnen und Journalisten bei ihrer Arbeit kennen beachten sollten, hat der Deutsche Presserat in dem von ihm herausgegebenen, 16 Stichworte umfassenden Pressekodex zusammengefasst. Er soll für Fairness in der Berichterstattung sorgen und liegt seit Anfang 2007 in modernisierter Fassung vor. Denn: „Nicht alles, was von Rechts wegen zulässig wäre, ist auch ethisch vertretbar", so der Deutsche Presserat. Auch das Grundgesetz setzt der Pressefreiheit im übrigen Grenzen, so heißt es in Art. 5 GG:

> „Diese Rechte finden ihre Schranken in den Vorschriften der allgemeinen Gesetze, den gesetzlichen Bestimmungen zum Schutze der Jugend und in dem Recht der persönlichen Ehre."

Der Pressekodex hält zu wahrhaftiger und sorgfältiger journalistischer Berichterstattung an. Zwei Punkte betreffen insbesondere Politikjournalisten:

- „Zur wahrhaftigen Unterrichtung der Öffentlichkeit gehört, dass die Presse in der Wahlkampfberichterstattung auch über Auffassungen berichtet, die sie selbst nicht teilt," heißt es im Pressekodex.
- „Bei der Veröffentlichung von Umfrageergebnissen teilt die Presse die Zahl der Befragten, den Zeitpunkt der Befragung, den Auftraggeber sowie die Fragestellung mit. Zugleich muss mitgeteilt werden, ob die Ergebnisse repräsentativ sind."

In den USA haben viele Medien darüber hinaus hauseigene Ethik-Kodizes verabschiedet. So verbietet die *Washington Post* ihren Mitarbeitern, sich in politischen Vereinigungen zu organisieren. In Deutschland hat sich u.a. der Axel-Springer-Verlag „Journalistische Leitlinien" gegeben, die WAZ-Gruppe hat ebenfalls einen Ethik-Kodex für ihre Redaktionen veröffentlicht.

Zusammenfassung

Politikjournalisten genießen in Deutschland umfangreiche rechtliche Privilegien, zu nennen sind hier insbesondere das Zeugnisverweigerungsrecht und das Redaktionsgeheimnis. Im Vergleich zu ihren internationalen Kollegen sind deutsche Journalisten vergleichsweise zurückhaltend, wenn es darum geht, ethisch fragwürdige Recherchemethoden anzuwenden. Der Pressekodex des Deutschen Presserats hält Journalisten zu sorgfältiger und fairer Berichterstattung an.

Weiterführende Literatur

Baum, Achim/Langenbucher, Wolfgang/Pöttker, Horst/Schicha, Christian (2005): Handbuch Medienselbstkontrolle: Wiesbaden: VS Verlag für Sozialwissenschaften.
Branahl, Udo (2001): Medienrecht. 2. Auflage. Wiesbaden: Westdeutscher Verlag.
Deutscher Presserat (Hrsg.) (2007): Jahrbuch 2007. Mit der Spruchpraxis des Jahres 2006. Schwerpunkt: Boulevard und Persönlichkeitsrechte. Inklusive CD-ROM mit der Spruchpraxis 1985–2006. Konstanz: UVK.
Institut zur Förderung publizistischen Nachwuchses, Deutscher Presserat (Hrsg.) (2005): Ethik im Redaktionsalltag. Konstanz: UVK.

Kapitel 9: Verantwortung im Politikjournalismus
Perspektiven der Forschung

Um muslimische Gefangene im Lager Guantánamo zu demütigen, hätten US-amerikanische Soldaten einen Koran in der Toilette hinuntergespült: So hieß es in einem Bericht über das Internierungslager, der vor einiger Zeit im Magazin *Newsweek* erschien. Worte, die fatale Sprengkraft entfalteten: Bei antiamerikanischen Protesten, die daraufhin in Afghanistan ausbrachen, sollen mehr als ein Dutzend Menschen ums Leben gekommen sein.
    Heftige Kritik zog aber nicht nur das mutmaßliche Vorgehen der amerikanischen Soldaten auf dem Stützpunkt auf sich: Auch *Newsweek* musste sich wiederholt rechtfertigen, weil sich die Journalisten Michael Isikoff und John Barry, die den Beitrag recherchiert hatten, auf letztlich nicht belastbare und zudem anonyme Quellen im Pentagon gestützt hatten. War also schlampige Recherche, wie Kritiker dem Magazin vorwarfen, daran schuld, dass Menschen starben und die USA in der arabischen Welt weiter an Ansehen verloren? Hätte *Newsweek* den Artikel angesichts der angespannten politischen Lage überhaupt nicht veröffentlichen dürfen? Hatten sensationsgierige Medien aus kommerziellen Interessen solche Folgen bewusst in Kauf genommen?

Angesichts des öffentlichen Drucks zog *Newsweek* die Geschichte wieder zurück – zumal die von Isikoff und Barry befragte Quelle später angab, sich nicht mehr genau an den Vorfall erinnern zu können. Denkbar ist, dass das Magazin nicht gründlich genug recherchiert hatte; denkbar ist allerdings auch, dass die Recherche korrekt war, aber die Veröffentlichung einen solchen Aufruhr verursachte, dass die Quelle im Pentagon einen Rückzieher machte. Das Weiße Haus forderte von *Newsweek* jedenfalls publizistische Wiedergutmachung, sprich: positive Berichterstattung über die Arbeit der US-Armee.

Können, sollen Journalisten für die Folgen ihres Handelns zur Rechenschaft gezogen werden – so wie sie selbst regelmäßig Politiker dazu anhalten, für die Konsequenzen ihrer Entscheidungen gerade zu stehen? Genaue Kenntnis ihrer Rechte und Pflichten sind für Journalisten aller Ressorts ebenso unabdingbar wie Sensibilität für die Grenzen ihres beruflichen Handelns – sprich: journalistische Ethik. Politikjournalisten sind aber mutmaßlich häufiger als ihre Kollegen aus anderen Ressorts mit vertraulichen Informationen konfrontiert: Ihnen werden (noch) nicht zur Veröffentlichung bestimmte Gesetzesentwürfe, Dossiers, Positionspapiere oder Augenzeugenberichte aus vertraulichen politischen Runden zugespielt. Nicht selten geht es dabei um Themen von großem öffentlichem Interesse. In den vergangenen Jahren hat es vermehrt Konfrontationen zwischen politischen Journalisten auf der einen und Politikern sowie Behördenvertretern auf der anderen Seite gegeben, wenn es um den Verdacht des Geheimnisverrats insbesondere in Zusammenhang mit Ermittlungen gegen mutmaßliche Terroristen ging.

Lernziele

⊃ Wie steht es um die Verantwortung von Journalisten?
⊃ Welche Ebenen umfassen Modelle ethischen Handelns?
⊃ Wie kann man Qualitätssicherung im Journalismus betreiben?

Verantwortung in der Politik – Verantwortung im Journalismus

Entweder man lebt für die Politik – oder von der Politik, hat Max Weber in seinem berühmten Vortrag über „Politik als Beruf" vor fast hundert Jahren gesagt und Beobachtungen wie diese gemacht:

> „Es ist durchaus keine Kleinigkeit, in den Salons der Mächtigen der Erde auf scheinbar gleichem Fuß, und oft allgemein umschmeichelt, weil gefürchtet, zu verkehren und dabei zu wissen, dass, wenn man kaum aus der Tür ist, der Hausherr sich vielleicht wegen seines Verkehrs mit den ‚Pressebengeln' bei seinen Gästen besonders rechtfertigen (...) muss." (Weber 1992: 37)

Anders als Politiker seien Journalisten grundsätzlich nicht bereit, Verantwortung für die Folgen ihres Handels zu übernehmen, schreibt Weber weiter und unterscheidet Journalisten und Politiker damit in zweifacher Hinsicht (vgl. Weber 1992: 61ff.):

➲ Journalisten handeln nach Ansicht von Weber *wertrational*: Wenn sie überzeugt sind, für die richtige Sache einzutreten, nehmen sie keine Rücksicht auf die Folgen ihrer Entscheidungen. Politiker hingegen handeln Weber zufolge *zweckrational*: Sie müssen stets die Folgen ihres Handelns für andere mit bedenken.
➲ Nach Weber führen diese unterschiedlichen „Rationalitäten" dazu, dass Journalisten und Politiker gegensätzliche Vorstellungen von der Verantwortung für die Folgen ihres Tuns haben: Politiker handeln demnach *verantwortungsethisch* und werden auch für unbeabsichtigte Folgen ihrer Entscheidungen haftbar gemacht. Journalisten handeln hingegen *gesinnungsethisch* und weisen die Verantwortung für eventuelle unbeabsichtigte Folgen ihres Handelns von sich.

Weil Journalisten sich der Wahrheit verpflichtet fühlen, veröffentlichen sie brisante Informationen – ohne Rücksicht auf mögliche politische Folgen. Vermutlich hatte *Newsweek* in der Koran-Affäre genau dies getan. Auch eine deutliche Mehrheit der deutschen Journalisten ist einer Untersuchung von Kepplinger/Knirsch (2000) zufolge der Ansicht, dass Journalisten grundsätzlich keine Rücksicht auf eventuelle negative Folgen ihrer Berichterstattung nehmen sollten, wenn sie über einen Missstand berichten. Dieser Befund bestätigt Webers Annahme einer *wertrationalen Orientierung* unter (deutschen) Journalisten.[1] Ebenso lehnt eine Mehrheit der Befragten es ab, Verantwortung für unbeabsichtigte Folgen eines

---

1 Die Studie war experimentell angelegt: Verschiedenen Gruppen von Befragten wurde je verschiedene Antwortvorgaben zu zwei hypothetischen redaktionellen Entscheidungsfällen vorgelegt. Im ersten Fall ging es um einen Facharzt in einem kleinen Ort, dem ein Kunstfehler unterläuft. Im Fall der Berichterstattung droht dem Arzt der Entzug seiner Zulassung, was für die Patienten am Ort eine erhebliche Verschlechterung der Versorgung bedeuten würde. Wenn andererseits nicht über den Fall berichtet wird, kann es jedoch sein, dass der Arzt weitere Kunstfehler begeht und damit Patienten womöglich vermeidbares Leid zufügt. – In einem vergleichbaren zweiten Fall ging es um nicht fachmännisch ausgeführte Reparaturen in einer Autowerkstatt.

konkreten Berichts zu übernehmen, auch wenn sie dem Journalismus grundsätzlich durchaus eine „moralische Mitverantwortung" zusprechen. Die Befunde deuten, wie ebenfalls von Weber vermutet, auf eine *gesinnungsethische Orientierung* unter Journalisten hin. Am ehesten scheinen Journalisten bereit, Verantwortung für die Folgen zu übernehmen, wenn sie über ein bestimmtes Thema bewusst *nicht* berichtet hatten (Kepplinger/Knirsch 2000: 29ff.).

Gestufte Verantwortung für Missstände in den Medien

In Medienpraxis und Kommunikationswissenschaft ist in den vergangenen Jahren viel darüber diskutiert worden, inwiefern Journalisten ihrer Verantwortung gegenüber dem Publikum, aber auch ihren Quellen und Kollegen gerecht werden – erinnert sei in diesem Zusammenhang an die Medienskandale um den *Stern*-Titel, der den toten Ministerpräsidenten Uwe Barschel in einer Badewanne zeigte, um die Gladbecker Geiselaffäre, bei der ein Journalist zu den Gangstern ins Auto stieg, um den nur vermeintlich von ostdeutschen Neonazis getöteten Jungen Joseph in der Kleinstadt Sebnitz und um die gefälschten Interviews des Hollywood-Korrespondenten Tom Kummer in der *Süddeutschen Zeitung* (vgl. Weischenberg 2004: 212-216). In der Wissenschaft wurde die Debatte kontrovers geführt. Einige Autoren vertraten die Ansicht, dass dem einzelnen Journalisten allenfalls begrenzt Verantwortung für Missstände in den Medien zukommt. Schließlich stehen fast alle Medien unter starkem Wettbewerbsdruck, die Journalisten sind in vielerlei Hinsicht von den Entscheidungen in ihrer Redaktion abhängig und unterliegen vielfältigen Zwängen des Mediensystems.[2] Verantwortung für Missstände tragen in diesem Modell insbesondere die Medienunternehmen. Andere Autoren betonten, dass es im redaktionellen Alltag auf jeden Einzelnen ankommt. Jeder Journalist trägt eine persönliche Verantwortung für die Professionalität seiner Beiträge.[3] Wiederum andere Autoren messen berufsständischen Organisationen wie dem Presserat und den Berufsverbänden im

---

2 Vgl. im Überblick Weischenberg 2004: 171ff.; Rühl/Saxer 1981.
3 Vgl. im Überblick Ruß-Mohl 2003: 312 ff.; vgl. Boventer 1984.

Perspektiven der Forschung

Journalismus große Bedeutung zu, wenn es darum geht, für Ethik im Journalismus einzutreten. Aus den USA kommt schließlich das Konzept der Publikumsethik: Auch die Leser, Hörer, Zuschauer und User tragen demnach bereits durch ihre Nutzungsentscheidung eine Mitverantwortung für das Medienangebot. Wenn fragwürdige Sendungen wie das „Dschungelcamp" beispielsweise auf große Resonanz beim Publikum stoßen, ist die Verantwortung für die Produktion solcher Medienformate nicht allein den Machern zuzurechnen.[4]

Die nachfolgende Tabelle zeigt aber auch: Im internationalen Vergleich stehen deutsche Journalistinnen und Journalisten vielen umstrittenen Recherchemethoden skeptischer gegenüber als viele ihrer Kollegen beispielsweise in den USA.

Abbildung 12: Zustimmung zu Recherchemethoden in Prozent
Journalisten in den USA (2002) und Deutschland (2005)

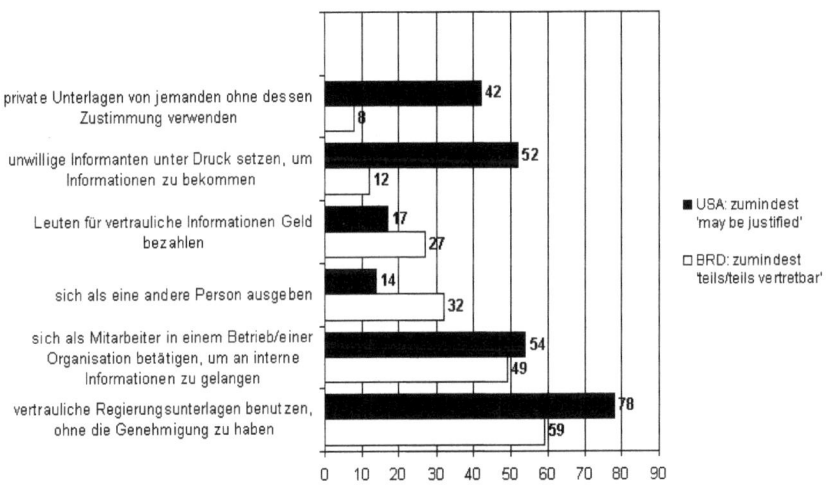

Quelle: Weischenberg/Malik/Scholl (2006): 179

4   Vgl. für eine Übersicht Stapf 2006.

„Auch Journalisten können gelegentlich irren": Qualitätssicherung im Politikjournalismus

Ein freier Informationsfluss und ein ungehinderter Wettstreit der Meinungen sind grundlegend für eine demokratische Gesellschaft. Ein Blick über die europäischen Grenzen hinaus genügt, um sich vor Augen zu führen, in welch günstiger Situation sich Medienmacher und Mediennutzer in Deutschland befinden. Solche Privilegien verpflichten allerdings auch: Journalisten sollten bereit sein, Fehler einzugestehen und die Schuld für Missstände nicht einfach dem Zeitmangel oder dem Konkurrenzdruck anzulasten. Der frühere Bundespräsident Johannes Rau hat die Journalisten in einer eindringlichen Rede dazu ermahnt, fair mit den Politikern umzugehen, über die sie berichten.

> „Auch Journalisten können gelegentlich irren. Allerdings erfahren die Leser und Zuschauer davon bemerkenswert selten. Dabei könnte die Glaubwürdigkeit der Medien sogar zunehmen, wenn sie falsche Meldungen bei besserem Wissen revidierten. Allzu häufig bleibt es aber bestenfalls bei einer verschämten Kurzmeldung, wenn sich ein zunächst groß aufgemachter Vorwurf hernach als falsch erweist. Ich will hier gar nicht von eigenen Erfahrungen sprechen. Ich nenne Ihnen als Beispiel den früheren Bundeskanzler Helmut Kohl. Über lange Zeit hinweg wurde der ungeheuerliche Verdacht erhoben und immer wieder publiziert, er und seine Bundesregierung seien im Zusammenhang mit dem Thema Leuna bestochen worden. Dieser Verdacht hat sich als haltlos erwiesen. Ich habe nicht wahrgenommen, dass Helmut Kohl in dieser Frage mit großen Aufmachern rehabilitiert worden wäre – von wenigen Ausnahmen abgesehen. Dafür ist beispielsweise Hans Leyendecker zu danken. Die Mehrheit ist dagegen irgendwann zur Tagesordnung übergegangen und die alte Weisheit könnte sich einmal mehr bestätigen: Irgendwas bleibt immer hängen." (Rau 2004)

Noch scheitern medieninterne Qualitätskontrollen vielfach an Zeitdruck und mangelnden Ressourcen (vgl. Hermes 2006). Jeder Journalist und jede Redaktion sollte sich dennoch – auch unter den verschärften Konkurrenzbedingungen eines kommerzialisierten Mediensystems – im Rahmen der Möglichkeiten für mehr Qualität im Journalismus einsetzen (vgl. Ruß-Mohl 2003). Dass auch Medienunternehmen und Journalisten künftig mehr gesellschaftliche Verantwortung übernehmen, indem sie auf breiter Front

Perspektiven der Forschung 183

Verhaltensrichtlinien und Leitbilder verabschieden und sich bei Verstößen zur Rechenschaft ziehen lassen, wird in Wissenschaft und Praxis unter dem Stichwort „Media Governance" diskutiert (vgl. z.B. Donges 2007).
Egal, ob als Volontär oder Ressortchef, ob bei einer kleinen Regionalzeitung oder bei der *Süddeutschen*, in der Nachrichtenredaktion eines Privatradios oder bei den *ARD Tagesthemen*: Im jeweils eigenen Rahmen lässt sich auch im Alltag Qualitätssicherung betreiben, fordert Ruß-Mohl (2003: 334-348):

- Journalisten sollten sich ihrer Sorgfaltspflicht bewusst sein und sich an die *Ethik-Kodizes* halten, die insbesondere der Pressekodex des Deutschen Presserates als „Hausordnung" für den Journalismus verabschiedet hat.[5]
- Die *Blattkritik* oder Sendungskritik kann ein Forum für Diskussionen über journalistische Qualität im Medienalltag sein.
- In *Korrekturspalten* können Printmedien auf Fehler in ihrer Berichterstattung hinweisen.
- *Medienjournalismus und Medienkritik* – auf Medienseiten, in Mediensendungen wie *Zapp (NDR)*, im Internet (Beispiel: *BildBlog*) und in Fachmagazinen wie z.B. dem *Journalist* – informiert und reflektiert über kritische Ereignisse im Journalismus.
- Der *Presserat* nimmt Beschwerden über journalistische Berichterstattung an.
- In den USA haben einige führende Medien gute Erfahrungen mit dem Konzept des *Ombudsmanns* als hausinternem „Anwalt" des Publikums gemacht.

Zusammenfassung

Die Verantwortung für Pannen und Fehler im Journalismus dürfen Journalisten nicht an „widrige Umstände" wegdelegieren. Das Konzept der „Qualitätssicherung im Journalismus" zeigt, wie man sich im redak-

---

5 Für eine Übersicht über US-amerikanische Medien-Kodizes vgl. www.asne.org/ideas/codes.

tionellen Alltag für besseren Journalismus einsetzen kann. Im Modell der „gestuften Verantwortung" stellen sich sowohl der einzelne Journalist als auch die Redaktion und die Profession der Herausforderung, ethisch richtig zu handeln.

Weiterführende Literatur

Bucher, Hans-Jürgen/Altmeppen, Klaus-Dieter (Hrsg.) (2003): Qualität im Journalismus. Grundlagen – Dimensionen – Praxismodelle. Wiesbaden: Westdeutscher Verlag.
Hermes, Sandra (2006): Qualitätsmanagement in Nachrichtenredaktionen. Köln: Herbert von Halem.
Stapf, Ingrid (2006): Medien-Selbstkontrolle. Ethik und Institutionalisierung. Konstanz: UVK.
Thomaß, Barbara (2008): Medienethik. Eine Einführung. Wiesbaden: VS Verlag für Sozialwissenschaften.
Wagner, Hans (2003): Journalismus mit beschränkter Haftung? Gesammelte Beiträge zur Journalismus- und Medienethik. München: Reinhart Fischer.

Nachwort

Im Jahr 2007 wurden weltweit 87 Journalisten ermordet, die meisten von ihnen im Irak. Nach Angaben der Organisation Reporter ohne Grenzen wurden weitere 124 Journalisten inhaftiert, unter ihnen viele in China, Kuba und Eritrea. Sie alle haben einen hohen Preis für ihren Mut bezahlt, Geschichten auch gegen den Willen der Mächtigen an die Öffentlichkeit zu bringen. In nur allzu vielen Ländern der Welt ist Journalismus, gerade auch der politische Journalismus, ein lebensgefährliches Geschäft.

Anders ist es bei uns: In Deutschland ist die Pressefreiheit sehr wirksam durch das Grundgesetz geschützt. Übergriffe der Staatsgewalt auf Journalisten, angefangen mit der *Spiegel*-Affäre, sorgen in der Öffentlichkeit für große Empörung. Wer hier Skandale aufdeckt und die Mächtigen angreift, muss dennoch nicht um Leib und Leben fürchten. Im Gegenteil: Erfolgreiche politische Kommentatoren und investigative Reporter sind in Deutschland bekannte und respektierte Leute.

Ohnehin ist der Journalismus bei uns ein privilegierter Beruf. Viele, die im Bereich der politischen Berichterstattung tätig sind, genießen hohes soziales Ansehen, relativ sichere Jobs und eine ordentliche Bezahlung. Wichtiger noch: Der politische Journalismus erlaubt nicht nur innere Unabhängigkeit, er fordert sie geradezu. Und er belohnt Neugierde: Neugierde auf die Personen, die das öffentliche Leben prägen und auf die Entwicklungen, die das Land verändern. Welch eine beneidenswerte Arbeit, die einem erlaubt, bei den großen Momenten der Geschichte dabei zu sein!

Sicher, der wirtschaftliche Druck auf die Medien hat zugenommen, genau wie der Konkurrenzkampf zwischen den Journalisten. Wir haben uns in diesem Buch bemüht, nicht nur diese Entwicklung zu beschreiben, sondern auch das, was für jeden einzelnen Journalisten daraus folgt: Es wächst die Versuchung, notfalls auch unfeine Methoden einzusetzen, um an seine Story zu gelangen. Dieses Phänomen wollten wir nicht nur beschreiben, sondern wir haben auch den Versuch unternommen zu definieren, was heute journalistisch noch vertretbar ist und was nicht.

Ein solcher Versuch ist notwendigerweise unvollkommen. Nicht nur, weil solche Grenzen nach der individuellen Einschätzung variieren, sie können sich auch über die Zeit verschieben. Egal sind sie dennoch nicht, und das ist die vielleicht wichtigste Botschaft dieses Buches: Journalisten sollten sich bewusst sein, dass die Privilegien ihres Berufs die Verpflichtung mit sich bringen, gegenüber den Lesern, Hörern und Zuschauern mit der größtmöglichen Aufrichtigkeit gegenüber aufzutreten. Zyniker gibt es auch im Journalismus viele, aber als Vorbilder taugen sie nichts.

Literatur

Abold, Roland (2005); Wahlkampf in der Blogosphäre – Weblogs im Vorfeld der Bundestagswahl 2005. Diskussionspapier Nr. 9, Bamberger Centrum für Europäische Studien.
ARD-Forschungsdienst (2008): Muster und Funktionen der Mediennutzung, in: Media Perspektiven 3/2008.
Armborst, Matthias (2006): Kopfjäger im Internet oder publizistische Avantgarde? Was Journalisten über Weblogs und ihre Macher wissen sollten. Münster: LIT.
AIM Research Consortium (Hrsg.) (2007): Reporting and Managing European News: Final Report of the Project „Adequate Information Management in Europe" 2004-2007. Bonn: Projekt-Verlag.
Alemann, Ulrich von/Marschall, Stefan (2002): Parteien in der Mediendemokratie. Wiesbaden: Westdeutscher Verlag.
Baerns, Barbara (1985, 1991): Öffentlichkeitsarbeit oder Journalismus? Köln: Verlag Wissenschaft und Politik.
Barth, Henrike/Donsbach, Wolfgang (1992): Aktivität und Passivität von Journalisten gegenüber Public Relations, in: Publizistik 37/2, S. 151-165.
Bentele, Günter/Fröhlich, Romy/Szyszka, Peter (Hrsg.) (2007): Handbuch der Public Relations. Wissenschaftliche Grundlagen und berufliches Handeln. 2., korr. Auflage. Wiesbaden: VS Verlag für Sozialwissenschaften.
Bentele, Günter/Großkurth, Lars/Seidenglanz, René (2005): Profession Pressesprecher. Vermessung eines Berufsstands. Berlin: Helios.
Bentele, Günter/Liebert, Tobias/Seeling, Stefan (1997): Von der Determination zur Intereffikation, in: Bentele, Günter/Haller, Michael (Hrsg.): Aktuelle Entstehung von Öffentlichkeit. Konstanz: UVK, S. 225-250.
Berghaus, Margot (1999): Wie Massenmedien wirken. Ein Modell zur Systematisierung. In: Rundfunk und Fernsehen, Heft 2, S, 181-199.
Bieber, Christoph (1999): Politische Projekte im Internet. Online-Kommunikation und politische Öffentlichkeit. Frankfurt/New York: Campus
Bieber, Christoph (Hrsg.) (2001): Parteipolitik 2.0. Der Einfluss des Internet auf parteiinterne Kommunikations- und Organisationsprozesse. Bonn: Friedrich-Ebert-Stiftung.
Bönisch, Julia (2006): Meinungsführer oder Populärmedium? Das journalistische Profil von Spiegel Online. Münster: LIT.
Boventer, Hermann (1984): Ethik des Journalismus. Zur Philosphie der Medienkultur. Konstanz: UVK.
Braun, Dietmar (1999): Theorien rationalen Handelns in der Politikwissenschaft. Eine kritische Einführung. Opladen: Leske + Budrich.
Brettschneider, Frank/Rettich, Markus (2005): Europa – (k)ein Thema für die Medien? In: Tenscher, Jens (Hrsg.): Wahl-Kampf um Europa. Analysen aus Anlass der Wahlen zum Europäischen Parlament 2004. Wiesbaden: VS Verlag für Sozialwissenschaften, S. 136-156
Brettschneider, Frank (2000): Demoskopie im Wahlkampf – Leitstern oder Irrlicht? In: Klein, Markus/Jagodzinski, Wolfgang/Mochmann, Ekkehard (Hrsg.); 50 Jahre empirische Wahlforschung in Deutschland, Entwicklung, Befunde, Perspektiven, Daten. Wiesbaden: Westdeutscher Verlag, S. 475-505.

Brosius, Hans-Bernd (2001): Stabilität und Wandel: Inhalte und Darstellungsformen von Fernsehnachrichten, in: Marcinkowksi, Frank (Hrsg.): Die Politik der Massenmedien. Heribert Schatz zum 65. Geburtstag. Köln: Halem, S. 115-141.

Brosius, Hans-Bernd/Esser, Frank (1998). Mythen der Wirkungsforschung: Auf der Suche nach dem Stimulus-Response-Modell, in: Publizistik, 43, S. 341-361.

Bruns, Thomas/Marcinkowski, Frank (1997): Politische Information im Fernsehen – eine Längsschnittsstudie zur Veränderung der Politikvermittlung in Nachrichten und politischen Informationssendungen. Opladen: Westdeutscher Verlag.

Burman, Andreas (2005): Pressefreiheit in Deutschland – Grundrecht zwischen Anspruch und Wirklichkeit. Deutschlandradio, Hintergrund Politik, v. 3.11.05.

Cario, Ingmar (2006): Die Deutschland-Ermittler. Investigativer Journalismus und die Methoden der Macher. Münster: LIT.

Dernbach, Beatrice (1994) Die Zeitungsredaktion als organisiertes soziales System. Revisited by Mrs. Gates, in: Bentele, Günter/Hesse, Kurt R. (Hrsg.): Publizistik in der Gesellschaft. Konstanz: UVK, S. 141-15.

Donges, Patrick (2008): Medialisierung politischer Organisationen: Parteien in der Mediengesellschaft. Wiesbaden: Verlag für Sozialwissenschaften.

Donges, Patrick (2007): Von der Medienpolitik zur Media Govenance? Köln: Halem.

Donovitz, Frank (1998). Journalismus und Demoskopie. Berlin: Vistas.

Donsbach, Wolfgang (2008): Journalismusforschung im internationalen Vergleich: Werden die professionellen Kulturen eingeebnet? In: Melischek, Gabriele/Seethaler, Josef/Wilke, Jürgen (Hrsg.): Medien & Kommunikationsforschung im Vergleich. Grundlagen, Gegenstandsbereiche, Verfahrensweisen. Wiesbaden: VS Verlag für Sozialwissenschaften, S. 271-290.

Donsbach, Wolfgang/Büttner, Katrin (2005): Boulevardisierungstrend in deutschen Fernsehnachrichten. Darstellungsmerkmale der Politikberichterstattung vor den Bundestagswahlen 1983, 1990 und 1998, in: Publizistik, Jg. 50, Heft 1, März 2005, S. 21-38.

Donsbach, Wolfgang/Jandura, Olaf (2005): Auf verlorenem Posten, in: Noelle-Neumann, Elisabeth, Donsbach, Wolfgang, Kepplinger, Hans-Mathias (Hrsg.): Wählerstimmungen in der Mediendemokratie. Analysen auf Basis des Bundestagswahlkampfs 2002, Freiburg, München: Alber, S. 44-68.

Donsbach, Wolfgang/Jandura, Olaf/Hastall, Matthias (2004): Neues aus der Fernsehdemokratie – Wahrnehmung und Wirkung des ersten TV-Duells, in: Oberreuter, Heinrich (Hrsg.): Der versäumte Wechsel. Eine Bilanz des Wahljahres 2002. München: Olzog, S. 136-156.

Donsbach, Wolfgang/Jandura, Olaf (2003): Schröder-Bonus statt Kanzler-Bonus. Die Fernsehauftritte der Kanzlerkandidaten von 1998 in den Nachrichten und Nachrichtenmagazinen, in: dies. (Hrsg.): Chancen und Gefahren der Mediendemokratie. Konstanz: UVK, S. 226-245.

Donsbach, Wolfgang/Wenzel, Arnd (2002): Aktivität und Passivität von Journalisten gegenüber parlamentarischer Pressearbeit, in: Publizistik 47. Jg., S. 373-378

Donsbach, Wolfgang/Jandura, Olaf (1999): Drehbücher und Inszenierungen. Die Union in der Defensive, in: Noelle-Neumann, Elisabeth/Kepplinger, Hans-Mathias/Donsbach, Wolfgang (Hrsg.): Kampa. Meinungsklima und Medienwirkung im Bundestagswahlkampf 1998. Freiburg u.a.: Alber, S. 141-171.

Donsbach, Wolfgang (1997): Einleitung. Legitimität und Effizienz von PR, in: ders. (Hrsg.): Public Relations in Theorie und Praxis. Grundlagen und Arbeitsweisen der Öffentlichkeitsarbeit in verschiedenen Funktionen. München: Reinhard Fischer, S. 7-20.

Donsbach, Wolfgang (1995): Lapdogs, Watchdogs and Junkyard Dogs, in: Media Studies Journal 1995 (3), S. 17-30.

Donsbach, Wolfgang (1991): Medienwirkung trotz Selektivität. Einflußfaktoren auf die Zuwendung zu Medieninhalten. Köln, Weimar, Wien: Böhlau-Verlag.
Donsbach, Wolfgang (1982): Legitimationsprobleme des Journalismus. Freiburg. Alber.
Dörner, Andreas (2001): Politainment. Politik in der medialen Erlebnisgesellschaft. Frankfurt: Suhrkamp.
Eilders, Christiane (2008): Massenmedien als Produzenten öffentlicher Meinungen – Pressekommentare als Manifestation der politischen Akteursrolle, in: Pfetsch, Barbara/Adam, Silke (Hrsg.): Massenmedien als politische Akteure. Konzepte und Analysen. Wiesbaden: Westdeutscher Verlag, S. 27-51.
Eilders, Christiane/Neidhardt, Friedhelm/Pfetsch, Barbara (2004): Die Stimme der Medien. Pressekommentare und politische Öffentlichkeit in der Bundesrepublik. Wiesbaden: VS Verlag für Sozialwissenschaften.
Emmer, Martin (2005): Politische Mobilisierung durch das Internet? Eine kommunikationswissenschaftliche Untersuchung zur Wirkung eines neuen Mediums. München: Reinhard Fischer.
Esser, Frank (2003): Wie Medien ihre eigene Rolle und die der politischen Publicity im Bundestagswahlkampf framen – Metaberichterstattung: ein neues Konzept im Test, in: Holtz-Bacha (2003), S. 162-193.
Esser, Frank (2001): Die Kräfte hinter den Schlagzeilen. Englischer und deutscher Journalismus im Vergleich. Freiburg; Alber.
Fengler, Susanne (2008): Media Wwwatchdogs? Die Rolle von Blogs für die Medienkritik in den USA, in: Quandt, Thorsten/Schweiger, Wolfgang (Hrsg.): Journalismus online: Partizipation oder Profession? Wiesbaden: VS Verlag für Sozialwissenschaften (im Erscheinen).
Fengler, Susanne/Kretzschmar, Sonja (Hrsg.) (2008): Innovationen im Journalismus (= KompaktwissenJournalismus) Wiesbaden: VS Verlag für Sozialwissenschaften. (in Vorbereitung)
Fengler, Susanne/Ruß-Mohl, Stephan (2006): Voodoo-Zauber, Prinzipale und Agenten. Zur Interaktion von Journalismus und Public Relations – Eine ökonomische Analyse, in: PR Magazin 11/2006, S. 55-62.
Fengler, Susanne/Ruß-Mohl. Stephan (2005): Der Journalist als Homo oeconomicus. Konstanz: UVK.
Franck, Georg (1998): Ökonomie der Aufmerksamkeit. Ein Entwurf. München, Wien: Edition Hanser.
Gillmor, Dan (2004): We the Media. Grassroots Journalism by the People, for the People. Sebastopol, CA: O'Reilly Media
Glotz, Peter/Meyer-Lucht, Robin (2008): Online gegen Print. Zeitung und Zeitschrift im Wandel. Konstanz: UVK.
Glotz, Peter/Langenbucher, Wolfgang (1969): Der mißachtete Leser. Zur Kritik der deutschen Presse. Köln und Berlin: Kiepenheuer & Witsch.
Grossenbacher, René et al. (2006): Politische Öffentlichkeitsarbeit in regionalen Medien. Kilchberg: Publicom AG.
Hachmeister, Lutz (2007): Nervöse Zone. München: DVA.
Haller, Michael/Lorbach, Ingrid (2006): Bedenkliche Ergebnisse über Verquickungen von PR und Regionalpresse. Eine Studie, in: Message 3/2006.
Hermes, Sandra (2006): Qualitätsmanagement in Nachrichtenredaktionen. Köln: Halem
Hohlfeld, Ralf (2006): Bundestagswahlkampf 2005 in den Hauptnachrichtensendungen, in: Aus Politik und Zeitgeschichte 38/2006, S. 11-17.
Holtz-Bacha, Christina (Hrsg.) (2006): Die Massenmedien im Wahlkampf. Die Bundestagswahl 2005. Wiesbaden: VS Verlag für Sozialwissenschaften.

Holtz-Bacha, Christina (2001): Das Private in der Politik: Ein neuer Medientrend? In: Aus Politik und Zeitgeschichte, B41-42/2001, S. 20-26.
Jäckel, Michael (2002): Medienwirkungen. 2., überarb. Auflage. Wiesbaden: Westdeutscher Verlag.
Jarren, Otfried/Donges, Patrick (2006): Politische Kommunikation in der Mediengesellschaft. Wiesbaden: VS Verlag für Sozialwissenschaften.
Jörges, Hans-Ulrich (2003): Embedded in Berlin. Vortrag anlässlich der Konferenz „Strukturwandel der Öffentlichkeit 2.0. Mediendemokratie = Medien + Demokratie?" der Bundeszentrale für Politische Bildung, 1./2.12.2003. Manuskript: http://www.bpb.de/veranstaltungen/G5HRVA,0,0,Strukturwandel_der_%d6ffentlichkeit2_0.html
Kepplinger, Hans Mathias (2005): Die Mechanismen der Skandalierung. Die Macht der Medien und die Möglichkeiten der Betroffenen. München: Olzog (2., aktualisierte Auflage).
Kepplinger, Hans Mathias (1998): Die Demontage der Politik in der Informationsgesellschaft. Freiburg/München: Karl Alber.
Kepplinger, Hans Mathias (1980): Optische Kommentierung in der Fernsehberichterstattung über den Bundestagswahlkampf 1976, in: Ellwein, Thomas (Hrsg.): Politikfeld-Analysen 1989. Wissenschaftlicher Kongress der DVPW. Opladen: Westeutscher Verlag.
Kepplinger, Hans Mathias (Hrsg.) (1979): Angepaßte Außenseiter. Was Journalisten denken und wie sie arbeiten. Freiburg i. B.: Verlag Karl Alber.
Kepplinger, Hans Mathias/Knirsch, Kerstin (2000): Gesinnungs- und Verantwortungsethik im Journalismus. Sind Max Webers theoretische Annahmen empirisch haltbar? In: Matthias Rath (Hrsg.): Medienethik und Medienwirkungsforschung, Opladen: Westdeutscher Verlag 2000, S.11-44.
Kepplinger, Hans Mathias/Maurer, Marcus (2005): Abschied vom rationalen Wähler. Warum Wahlen im Fernsehen entschieden werden. Freiburg, München: Karl Alber.
Kepplinger, Hans Mathias/Maurer, Marcus (2004): Der Einfluß der Pressemitteilungen der Bundesparteien auf die Berichterstattung im Bundestagswahlkampf 2002, in: Juliana Raupp, Joachim Klewes (Hrsg.): Quo vadis Public Relations? Wiesbaden: VS Verlag für Sozialwissenschaften 2004, S. 113-124.
Kimpeler, Simone/Mangold, Michael/Schweiger, Wolfgang (Hrsg.) (2007): Die digitale Herausforderung. Zehn Jahre Forschung zur computervermittelten Kommunikation. Wiesbaden: VS Verlag für Sozialwissenschaften.
Köcher, Renate (1986): Bloodhounds or Missionaries. Role Definitions of German an British Journalists, in: European Journal of Communication, Vol. 1, No. 1, S. 43-64.
König, Kathrin (2004): Kein Platz für Parolen, in: Berliner Zeitung v. 15.10.2004, S. 30.
Kretzschmar, Sonja/Möhring, Wiebke/Timmermann, Lutz: Lokaljournalismus. (= Kompaktwissen Journalismus). Wiesbaden: VS Verlag für Sozialwissenschaften 2008.
Krüger, Udo Michael (2007): InfoMonitor 2006: Fernsehnachrichten bei ARD, ZDF, RTL und SAT.1. Strukturen, Themen und Politikerpräsenz. In: Media Perspektiven 2/2007, S. 58-82.
Krüger, Udo Michael (2002): Politikvermittlung im Fernsehen – ARD, ZDF, RTL, SAT.1 und ProSieben im Vergleich, S. 77-87.
Leinemann, Jürgen (2004): Höhenrausch. Die wirklichkeitsleere Welt der Politiker. München: Karl Blessing.
Loosen, Wiebke (2005): Zur ‚medialen Entgrenzungsfähigkeit' journalistischer Arbeitsprozesse, in: Publizistik, 50. Jg., 3: 304-319.
Maier, Michaela/Ruhrmann, Georg/Klietsch, Kathrin (2006): Der Wert von Nachrichten im deutschen Fernsehen. Ergebnisse einer Inhaltsanalyse 1992-2004. Düsseldorf.
Machill, Marcel/Beiler, Markus/Fischer, Corinna (2005): Europa-Themen in Europas Medien – die Debatte um die europäische Öffentlichkeit, Eine Metaanalyse medieninhaltsana-

lytischer Studien, in: Langenbucher, Wolfgang R./Latzer, Michael (Hrsg.): Medialer Wandel und europäische Öffentlichkeit. Eine transdisziplinäre Perspektive. Wiesbaden: VS Verlag für Sozialwissenschaften, S. 132-155.

Marcinkowski, Frank/Greger, Volker (2000): Die Personalisierung politischer Kommunikation im Fernsehen. Ein Ergebnis der „Amerikanisierung"? In: Kamps, Klaus (Hrsg.): Trans-Atlantik – Trans-Portabel? Die Amerikanisierungsthese in der politischen Kommunikation. Wiesbaden: Westdeutscher Verlag, S. 179-198.

Marr, Mirko (2005): Internetzugang und politische Informiertheit. Zur digitalen Spaltung der Gesellschaft. Konstanz: UVK.

Matthes, Jörg (2007): Framing-Effekte. Zum Einfluss der Politikberichterstattung auf die Einstellungen der Rezipienten. München: Fischer.

Maurer, Marcus (2003): Politikverdrossenheit durch Medienberichte. Eine Paneluntersuchung. Konstanz: UVK.

Maurer, Marcus/Reinemann, Carsten (2007): Warum TV-Duelle Wahlen entscheiden können. Befunde und Konsequenzen der TV-Duell-Studie 2005, in: Maurer, Marcus/Reinemann, Carsten/Maier, Jürgen/Maier, Michaela (2007): Schröder gegen Merkel. Wahrnehmung und Wirkung des TV-Duells 2005 im Ost-West-Vergleich. Wiesbaden: VS Verlag für Sozialwissenschaften, S. 229-246

Maurer, Marcus/Reinemann, Carsten (2006): Medieninhalte. Eine Einführung. Wiesbaden: VS Verlag für Sozialwissenschaften.

Maurer, Marcus/Reinemann, Carsten (2003): Schröder gegen Stoiber. Nutzung, Wahrnehmung und Wirkung der TV-Duelle. Wiesbaden: Westdeutscher Verlag.

Maurer, Marcus/Reinemann, Carsten/Maier, Jürgen/Maier, Michaela (2007): Schröder gegen Merkel. Wahrnehmung und Wirkung des TV-Duells 2005 im Ost-West-Vergleich. Wiesbaden: VS Verlag für Sozialwissenschaften.

Maurer, Torsten (2005): Marktversagen: Politische Information im privaten und öffentlich-rechtlichen Fernsehen, in: Arbeitsgemeinschaft der Landesmedienanstalten (Hrsg.): Fernsehen in Deutschland 2005. Berlin: Vistas, S. 62-78.

McNair, Brian (2000); Journalism and Democracy. An Evaluation of the Political Sphere. London: Routledge.

Meier, Klaus (2006): Newsroom, Newsdesk, crossmediales Arbeiten. Neue Modelle der Redaktionsorganisation und ihre Auswirkung auf die journalistische Qualität, in: Siegfried Weischenberg/Loosen, Wiebke/Beuthner, Michael (Hrsg.): Medien-Qualitäten. Öffentliche Kommunikation zwischen ökonomischem Kalkül und Sozialverantwortung. Konstanz: UVK 2006, S. 203-222.

Merten, Klaus (1982): Der wahlentscheidende Einfluss des Fernsehens auf die Bundestagswahl 1976 – oder Alchemie in der empirischen Sozialforschung. In: Schatz, Heribert/Lange, Klaus (Hrsg.): Massenkommunikation und Politik. Aktuelle Probleme und Entwicklungen im Massenkommunikationssystem der Bundesrepublik Deutschland. Frankfurt a.M., S. 121-139.

Meyn, Hermann (2004): Massenmedien in Deutschland. Neuauflage. Konstanz: UVK.

Neuberger, Christoph (2006): Weblogs = Journalismus? Kritik einer populären These, in: Diemand, Vanessa/Mangold, Michael/Weibel, Peter (Hrsg.): Weblogs, Podcasting und Videojournalismus. Neue Medien zwischen demokratischen und ökonomischen Potenzialen. Heidelberg: dpunkt verlag, S. 107-135.

Neuberger, Christoph (1997): Was ist wirklich, was ist wichtig? Zur Begründung von Qualitätskriterien im Journalismus, in: Bentele, Günter/Haller, Michael (Hrsg.): Aktuelle Entstehung von Öffentlichkeit. Akteure – Strukturen – Veränderungen, Konstanz: UVK, S. 311-322.

Neuberger, Christoph/Nuernbergk, Christian/Rischke, Melanie (2007): Weblogs und Journalismus: Konkurrenz, Ergänzung oder Integration? Eine Forschungssynopse zum Wandel der Öffentlichkeit im Internet, In: Media Perspektiven. H. 2, S. 96-112.
Neuberger, Christoph/Tonnemacher, Jan (2003): Online. Die Zukunft der Zeitung? Das Engagement deutscher Tageszeitungen im Internet. Wiesbaden: VS Verlag für Sozialwissenschaften.
Noelle-Neumann, Elisabeth (1980): Die Schweigespirale. Öffentliche Meinung – unsere soziale Haut. München: Langen-Müller.
Ott, Raphaela (2006): Weblogs als Medium politischer Kommunikation im Bundestagswahlkampf 2005, in: Holtz-Bacha, Christina (Hrsg.): Die Massenmedien im Wahlkampf. Die Bundestagswahl 2005. Wiesbaden: VS Verlag für Sozialwissenschaften, S. 213-233.
Pfetsch, Barbara (1996): Konvergente Fernsehformate in der Politikberichterstattung? Eine vergleichende Analyse öffentlich-rechtlicher und privater Programme 1985/96 und 1993, in: Rundfunk und Fernsehen (4), S. 479-498.
Pfetsch, Barbara/Schmitt-Beck, Rüdiger (1994): Politische Akteure und die Medien der Massenkommunikation: Zur Generierung von Öffentlichkeit in Wahlkämpfen, in: Neidhardt, Friedhelm (Hrsg.): Öffentlichkeit, öffentliche Meinung, soziale Bewegungen (= Kölner Zeitschrift für Soziologie und Sozialpsychologie, Sonderheft 34). Opladen: Westdeutscher Verlag, S. 106-138.
Radunski, Peter (1996): Politisches Kommunikationsmanagement. Die Amerikanisierung der Wahlkämpfe, in: Bertelsmann-Stiftung (Hrsg.): Politik überzeugend vermitteln. Wahlkampfstrategien in Deutschland und den USA: Gütersloh: Verlag Bertelsmann-Stiftung, S. 33-53.
Quandt, Thorsten (2008): A 'whole new journalism' – stuck in the past? A comparative content analysis of online news in the US and Europe. Journalism Studies, 9(3) (im Erscheinen)
Quandt, Thorsten/Löffelholz, Martin/Weaver, David/Hanitzsch, Thomas/Altmeppen, Klaus-Dieter (2006): American and German online journalists at the beginning of the 21st century. A bi-national survey. Journalism Studies, 7(2), S. 171-186.
Quandt, Thorsten (2005): Journalisten im Netz. Wiesbaden: Westdeutscher Verlag
Range, Steffen/Schweins, Roland (2007): Klicks, Quoten, Reizwörter: Wie das Web den Journalismus verändert. Berlin: Friedrich-Ebert-Stiftung.
Rau, Johannes (2004): Rede beim Jahrestreffen des Netzwerks Recherche am 5.6.2004 in Hamburg.
Raupp, Juliana (2007): Politische Meinungsforschung. Die Verwendung von Umfragen in der politischen Kommunikation. Konstanz: UVK.
Raupp, Juliana (2003): Information, Instrumentalisierung, Reflexion: Die widerspruchsvolle Verwendung von Umfragen in der Wahlberichterstattung, in: Holtz-Bacha, Christina (Hrsg.) (2006): Die Massenmedien im Wahlkampf. Die Bundestagswahl 2005. Wiesbaden: VS Verlag für Sozialwissenschaften, S. 116-137.
Reinemann, Carsten (2003): Medienmacher als Mediennutzer: Kommunikations- und Einflussstrukturen im politischen Journalismus der Gegenwart. Köln u.a.: Böhlau.
Reitze, Helmut/Ridder, Christa-Maria (2006): Massenkommunikation VII Eine Langzeitstudie zur Mediennutzung und Medienbewertung 1964-2005. Baden-Baden: Nomos.
Requate, Jörg (1995): Journalismus als Beruf. Entstehung und Entwicklung des Journalistenberufs im 19. Jahrhundert – Deutschland im internationalen Vergleich. Göttingen: Vandenhoeck & Ruprecht.
Rheingold, Howard (2003): Smart Mobs: The Next Social Revolution. Cambridge, MA: Perseus Publishing.
Rössler, Patrick (2003): Big Pollsters are watching you! Zur Darstellung und Wahrnehmung von Umfragen zur Bundestagswahl 2002 in unterschiedlichen Medien, in: Holtz-

Bacha, Christina (Hrsg.): Die Massenmedien im Wahlkampf. Die Bundestagswahl 2002. Wiesbaden: Westdeutscher Verlag, S. 138-161.
Rössler, Patrick (1997): Agenda-Setting. Theoretische Annahmen und empirische Evidenzen einer Medienwirkungshypothese. Opladen: Westdeutscher Verlag.
Rühl, Manfred/Saxer, Ulrich (1981): 25 Jahre Deutscher Presserat, in: Publizistik 4/1981, S. 471-507.
Ruß-Mohl, Stephan (2003): Journalismus. Das Hand- und Lehrbuch. Frankfurt: F.A.Z. Buch.
Sarcinelli, Ulrich (2008): Politische Kommunikation in Deutschland. Zur Politikvermittlung im demokratischen System. (2. Auflage) Wiesbaden: VS Verlag für Sozialwissenschaften.
Schatz, Heribert/Rössler, Patrick/Nieland, Jörg-Uwe (2002): Politische Akteure in der Mediendemokratie. Politiker in den Fesseln der Medien? Wiesbaden: Westdeutscher Verlag.
Schmidt, Jan (2006): Weblogs. Eine kommunikationssoziologische Studie. Konstanz: UVK.
Schmitt-Beck, Rüdiger (2000): Politische Kommunikation und Wählerverhalten. Ein internationaler Vergleich. Wiesbaden: Westdeutscher Verlag.
Schoenbaum, David (2002): Ein Abgrund von Landesverrat: Die Affäre um den „Spiegel". Berlin: Parthas.
Schönhagen, Philomen (1999): Der Journalist als unbeteiligter Beobachter, in: Publizistik 2/1999, S. 271-287.
Schorr, Angela (2000): Das geheimnisvolle Publikum, die Transformation der Medien und die künftige Publikums- und Wirkungsforschung, in: dies. (Hrsg): Publikums- und Wirkungsforschung – ein Reader. Opladen: Westdeutscher Verlag, S. 3-27.
Schudson, Michael (1978): Discovering the News: A Social History of American Newspapers. New York: Basic Books.
Schultz, Tanjev (2006): Geschwätz oder Diskurs? Die Rationalität politischer Talkshows im Fernsehen. Köln: Halem.
Schulz, Winfried (2007): Politische Kommunikation. Theoretische Ansätze und Ergebnisse empirischer Forschung zur Rolle der Massenmedien. 2. Auflage. Wiesbaden: VS Verlag für Sozialwissenschaften.
Schulz, Winfried (2000): Medienexpansion und politische Kompetenz, in: Schorr, Angela (Hrsg): Publikums- und Wirkungsforschung – ein Reader. Opladen: Westdeutscher Verlag, S. 227-246.
Schweitzer, Eva Johanna (2006): Professionalisierung im Online-Wahlkampf? Ein Längsschnittvergleich deutscher Partei-Websites zu den Bundestagswahlen 2002 und 2005, in: Holtz-Bacha, Christina (Hrsg.): Die Massenmedien im Wahlkampf. Die Bundestagswahl 2005. Wiesbaden: VS Verlag für Sozialwissenschaften, S. 183-212.
Stapf, Ingrid (2006): Medien-Selbstkontrolle. Ethik und Institutionalisierung. Konstanz: UVK.
Tenscher, Jens (2003): Professionalisierung der Politikvermittlung. Politikvermittlungsexperten im Spannungsfeld von Politik und Massenmedien. Wiesbaden: Westdeutscher Verlag.
Tenscher, Jens (1999): „Sabine Christiansen" und „Talk im Turm". Eine Fallanalyse politischer Fernsehtalkshows, in: Publizistik, Jg. 44, H. 3, S. 317-333.
Trappel, Josef (2007): Online-Medien – Leistungsprofil eines neuen Massenmediums Konstanz: UVK.
Vowe, Gerhard/Emmer, Martin/Seifert, Markus (2007): Abkehr oder Mobilisierung? Zum Einfluss des Internets auf die individuelle politische Kommunikation. Empirische Befunde zu alten Fragen im Kontext neuer Medien, in: Krause, Birgit/Fretwurst, Benjamin/Vogelgesang, Benjamin (Hrsg.): Fortschritte der politischen Kommunikationsforschung. Festschrift für Lutz Erbring. Wiesbaden: VS Verlag für Sozialwissenschaften, 109-130.

Weaver, David H./Randal A. Beam/Bonnie J. Brownlee (2006): The American Journalist in the 21st Century: U.S. News People at the Dawn of a New Millennium. Mahwah, NJ: Lawrence Erlbaum Associates.
Weber, Max (1992): Politik als Beruf. Stuttgart: Reclam.
Wegener, Claudia (2001): Informationsvermittlung im Zeitalter der Unterhaltung. Eine Langzeitanalyse politischer Fernsehmagazine. Wiesbaden: Westdeutscher Verlag.
Weischenberg, Siegfried (1995): Journalistik. Theorie und Praxis aktueller Medienkommunikation. Band 2: Medientechnik, Medienfunktionen, Medienakteure.
Weischenberg, Siegfried (1989): Der enttarnte Elefant. Journalismus in der Bundesrepublik – und die Forschung, die sich ihm widmet, in: Media Perspektiven, H. 4, S. 227-239.
Weischenberg, Siegfried/Loosen, Wiebke/Beuthner, Michael (Hrsg.) (2006): Medien-Qualitäten. Öffentliche Kommunikation zwischen ökonomischem Kalkül und Sozialverantwortung. Konstanz: UVK.
Weischenberg, Siegfried/Malik, Maja/Scholl, Armin (2006): Souffleure der Mediengesellschaft. Report über die Journalisten in Deutschland. Konstanz: UVK.
Wied, Kristina (2007): Der Wahlabend im deutschen Fernsehen. Wandel und Stabilität der Wahlberichterstattung. Wiesbaden: VS Verlag für Sozialwissenschaften.
Wilke, Jürgen/Reinemann, Carsten (2003): Die Bundestagswahl 2002: Ein Sonderfall? – Die Berichterstattung über die Kanzlerkandidaten im Langzeitvergleich, in: Holtz-Bacha, Christina (Hrsg.): Die Massenmedien im Wahlkampf. Die Bundestagswahl 2002. Wiesbaden: Westdeutscher Verlag, S. 29-56.

Nachschlagen

Oeckl, Albert (2008): Taschenbuch des öffentlichen Lebens Europa 2007/2008. Bonn: Festland Verlag.

Links

www.bundespresseamt.de
www.bundespressekonferenz.de
www.bundestag.de/presse/index.html
www.bundesrat.de
http://europa.eu/
www.nato.org
http://www.gfk.com
http://www.ivw.de
http://blog.tagesschau.de/
http://www.kinau-mediaforschung.de/
http://www.tns-emnid.com
www.media-perspektiven.de
www.djv.de
http://dju.verdi.de
www.presserat.de

Register

Abgeordnete 23, 72
Abstand 19, 26
AFP 51
Agenda 54
Agenda-Setting 165
A-Länder 67
Amerikanisierung 121
Amtsbonus 78
Analysen 112
Anonyme Quellen 47
AOL 97
AP 51
Archive 141
ARD 33, 63
Aufmerksamkeit 35
Auskunftspflicht 171
Ausland 71
Auslandsberichterstattung 77
Autorisierung 42, 107, 108
Berliner Zeitung 114
Bild-Zeitung 86, 94
B-Länder 67
Blattkritik 183
Blattlinie 112
Blogger 98, 138
Boulevardisierung 121
Brüssel 60, 71
Bundespolitische Korrespondenten 101
Bundespresseamt 68

Bundespressekonferenz 67
Bundesrat 65, 67
Bundestag 66, 100
Bürger 31
Bürger-Journalisten 98
CDU 33
Click Rates 156
CSU 39
Darstellungsformen 101, 117
ddp 51
DDVG 33
Demokratie 32
Demoskopie 167
Determinations-Hypothese 55
Deutscher Bundestag 23
Deutscher Presserat 173
Deutschlandfunk 87
Die Grünen 39
Die Welt 94
Die Zeit 94
dpa 52, 87
E-Campaigning 100
E-Democracy 98
Elefantenrunde 124
E-Mail-Interview 143
Ethik 178
Ethik-Kodex 176
EU-Berichterstattung 71
EU-Kommission 72
Europa 76

Europa-Parlament 19, 66, 76
Europawahl 76
Events 34
Exklusiv-Geschichten 22
Exklusiv-Nachrichten 86
FAZ 87
FDP 39, 92
Feature 101, 104
Fernsehräte 126
Financial Times Deutschland 114
Focus 94
Fotos 104
Frankfurter Allgemeine Zeitung 94
Frankfurter Rundschau 94
Gatekeeper 98
Generalsekretäre 23
Google 143
Grafiken 104
Hintergrund 17, 104
Hintergrundkreise 25
Informanten 20, 47
Informantenschutz 171
Innenpolitik 77
Intereffikationsmodell 56
Interview 21, 102, 105
Jargon 104
Jungpolitiker 23
Kanzler 18
Kill 52
Kölner Stadtanzeiger 157
Kommentar 89, 112
Kommissare 72
Kommunalpolitik 70

Kommunikationsagenturen 44
Kontakte 22, 29
Korrespondenten 102
Landespolitik 69
Landespressekonferenz 70
Landesvorsitzende 23
Leitartikel 101, 112
Leitmedium 33, 85
Lobby 39
Lobbyarbeit 40
Manipulation 26
Märkische Oderzeitung 127
Marktmodell 56
Massenmedien 33, 161
Mediatisierung 32
Mediendemokratie 29
Medienkritik 183
Medien-Malaise 83
Meinungsbeiträge 112
Meinungsbildung 163
Meinungsforschungsinstitute 156
Meinungsführer 163
Minister 18, 72
Ministerpräsident 18
Mobilisierung 82
Nachricht 102
Nachrichtenagenturen 51
Nachrichtenwerte 78
Newsweek 177
Nutzerforschung 156
Öffentlichkeit 24
Online-Medien 89
Parlament 32
Parlamentarier 72

Register

Partei 29, 68
Parteilichkeit 133
Parteiloyalitäten 125
Parteimedien 33
Parteipräferenzen 131
Parteitage 39
Parteiveranstaltungen 33
Personalisierung 121
Planung 62
Plenarwoche 66
Podcast 92
Politainment 134
Politikverdrossenheit 31
Politische Akteure 29
Politische Institutionen 29
Porträt 110
PR 35
PR-Agenturen 40
Präsidium 68
Presseabteilungen 24
Pressefreiheit 31
Pressekodex 173
Pressekonferenz 18, 34
Pressemitteilungen 40
Presserabatt 39
Pressesprecher 40
Publikum 155
Qualitätssicherung 182
Quellen 22
Reader Scan 156, 158
Recherche 138
Redaktionsdurchsuchungen 171
Redaktionsgeheimnis 171
Redaktionskonferenz 27, 62
Redaktionsschluss 140

Referentenentwürfe 50
Regierung 32
Reportage 110
Reuters 51
Rollentrennung 148
Rollenverständnis 133
Rundfunkräte 126
Schweigespirale 165
Skandale 31, 81
SPD 33
Spiegel 86, 94
Spiegel Online 89
Spin Doctors 41
Spitzenpolitiker 24
Sprecher 31
Staatssekretären 23
Stilform 102
Strafaktionen 43
Stuttgarter Zeitung 129
Suchmaschinen 141
Süddeutsche Zeitung 87, 94
Tabellen 104
Tagesthemen 63
Tageszeitung (taz) 94
Tauschgeschäfte 18
Termine 68
Throughput 31
Tickets 125
T-Online 97
TV-Duelle 163
Verantwortung 178
Verbände 40, 49
Vertraulichkeit 21
Vierte Gewalt 29, 136
Volksparteien 68

Vorabmeldungen 84
Wahlempfehlungen 129
Wahlen 66
Wahlkampf 33
Wahlkreis 42
Watergate 48
WAZ 94
WDR 115
Weblog 138
Websites 33

Wechselwähler 33
Wikipedia 143
Wochenkonferenzen 62
Wortlaut-Interview 21, 105
Yahoo! 97
ZDF 33
Zensur 32
Zitate 22
Zitiert-Werden 88

Journalismus

Susanne Fengler /
Sonja Kretzschmar (Hrsg.)
Innovationen im Journalismus
(Arbeitstitel)
2008. ca. 180 S. (Kompaktwissen
Journalismus) Br. ca. EUR 19,90
ISBN 978-3-531-15450-3

Susanne Fengler / Bettina Vestring
Politikjournalismus
(Arbeitstitel)
2008. ca. 180 S. (Kompaktwissen
Journalismus) Br. ca. EUR 17,90
ISBN 978-3-531-15403-9

Hans J. Kleinsteuber / Tanja Thimm
Reisejournalismus
Eine Einführung
2. Aufl. 2008. 348 S. Br. EUR 29,90
ISBN 978-3-531-33049-5

Sonja Kretzschmar / Wiebke Möhring /
Lutz Timmermann
Lokaljournalismus
(Arbeitstitel)
2008. ca. 180 S. (Kompaktwissen
Journalismus) Br. ca. EUR 18,90
ISBN 978-3-531-15249-3

Bernhard Pörksen / Wiebke Loosen /
Armin Scholl (Hrsg.)
Paradoxien des Journalismus
Theorie - Empirie - Praxis
2008. 748 S. Geb. EUR 79,90
ISBN 978-3-531-15883-9

Thorsten Quandt /
Wolfgang Schweiger (Hrsg.)
**Journalismus online –
Partizipation oder Profession?**
2008. 287 S. Br. EUR 34,90
ISBN 978-3-531-15589-0

Perry Reisewitz (Hrsg.)
Pressefreiheit unter Druck
Gefahren, Fälle, Hintergründe
2008. 147 S. Br. EUR 16,90
ISBN 978-3-531-15771-9

Erhältlich im Buchhandel oder beim Verlag.
Änderungen vorbehalten. Stand: Juli 2008.

www.vs-verlag.de

Abraham-Lincoln-Straße 46
65189 Wiesbaden
Tel. 0611.7878-722
Fax 0611.7878-400

VS VERLAG FÜR SOZIALWISSENSCHAFTEN

Public Relations

Günter Bentele
Objektivität und Glaubwürdigkeit: Medienrealität rekonstruiert
Herausgegeben von Stefan Wehmeier, Howard Nothhaft und René Seidenglanz
2008. 367 S. Geb. EUR 59,90
ISBN 978-3-531-15637-8

Nanette Aimée Besson
Strategische PR-Evaluation
Erfassung, Bewertung und Kontrolle von Öffentlichkeitsarbeit
3., überarb. und erw. Aufl. 2008. 300 S. (Organisationskommunikation. Studien zu Public Relations/Öffentlichkeitsarbeit und Kommunikationsmanagement)
Br. EUR 39,90
ISBN 978-3-531-15517-3

Norbert Franck
Praxiswissen Presse- und Öffentlichkeitsarbeit
Ein Leitfaden für Verbände, Vereine und Institutionen
2008. 250 S. Br. EUR 19,90
ISBN 978-3-531-15761-0

Tobias Nolting / Ansgar Thießen (Hrsg.)
Krisenmanagement in der Mediengesellschaft
Potenziale und Perspektiven in der Krisenkommunikation
2008. 293 S. Br. ca. EUR 29,90
ISBN 978-3-531-15384-1

Ulrike Röttger
Public Relations – Organisation und Profession
Öffentlichkeitsarbeit als Organisationsfunktion. Eine Berufsfeldstudie
2. Aufl. 2009. ca. 390 S. Br. ca. EUR 39,90
ISBN 978-3-531-33496-7

Ulrike Röttger (Hrsg.)
PR-Kampagnen
Über die Inszenierung von Öffentlichkeit
4. Aufl. 2009. ca. 380 S. Br. ca. EUR 34,90
ISBN 978-3-531-16228-7

Ansgar Zerfaß / Betteke van Ruler / Krishnamurthy Sriramesh (Eds.)
Public Relations Research
European and International Perspectives and Innovations
2008. 454 pp. Hardc. EUR 59,90
ISBN 978-3-531-15602-6

Erhältlich im Buchhandel oder beim Verlag.
Änderungen vorbehalten. Stand: Juli 2008.

www.vs-verlag.de

VS VERLAG FÜR SOZIALWISSENSCHAFTEN

Abraham-Lincoln-Straße 46
65189 Wiesbaden
Tel. 0611.7878-722
Fax 0611.7878-400

MIX
Papier aus verantwortungsvollen Quellen
Paper from responsible sources
FSC® C105338

If you have any concerns about our products,
you can contact us on
ProductSafety@springernature.com

In case Publisher is established outside the EU,
the EU authorized representative is:
**Springer Nature Customer Service Center GmbH
Europaplatz 3, 69115 Heidelberg, Germany**

Printed by Libri Plureos GmbH
in Hamburg, Germany